中国科学院大学研究生教材系列

学术写作与规范

ACADEMIC WRITING AND RULES

刘 红 / 著

图书在版编目（CIP）数据

学术写作与规范 / 刘红著. — 北京：北京大学出版社，2021.9
ISBN 978-7-301-32349-6

Ⅰ.①学… Ⅱ.①刘… Ⅲ.①论文–写作–高等学校–教材 Ⅳ.① H05

中国版本图书馆 CIP 数据核字 (2021) 第 144233 号

书　　　名	学术写作与规范 XUESHU XIEZUO YU GUIFAN
著作责任者	刘　红　著
责 任 编 辑	朱房煦
标 准 书 号	ISBN 978-7-301-32349-6
出 版 发 行	北京大学出版社
地　　　址	北京市海淀区成府路 205 号　100871
网　　　址	http://www.pup.cn　　新浪微博：@ 北京大学出版社
电 子 邮 箱	编辑部 pupwaiwen@pup.cn　总编室 zpup@pup.cn
电　　　话	邮购部 010-62752015　发行部 010-62750672 编辑部 010-62754382
印 刷 者	三河市博文印刷有限公司
经 销 者	新华书店
	730 毫米 ×980 毫米　16 开本　20 印张　325 千字 2021 年 9 月第 1 版　2023 年 12 月第 3 次印刷
定　　　价	68.00 元

未经许可，不得以任何方式复制或抄袭本书之部分或全部内容。
版权所有，侵权必究
举报电话：010-62752024　电子邮箱：fd@pup.cn
图书如有印装质量问题，请与出版部联系，电话：010-62756370

目 录

前 言 ·· 1

第一章 学术规范与学术写作 ·· 1
    一、规范与学术规范 ·· 1
    二、学术写作与学术写作规范 ·· 11
    三、小结 ·· 22

第二章 学术写作的载体：学术期刊 ·· 23
    一、学术期刊及其发展径路 ·· 24
    二、学术期刊对学术规范建立的主要贡献 ··· 32
    三、学术期刊在科学发展中的作用 ·· 36
    四、小结 ·· 41

第三章 学术论文的同行评审制度 ··· 42
    一、学术期刊同行评审制度和方式 ·· 42
    二、同行评审制度面临的挑战 ·· 52
    三、评审专家的责任和义务 ·· 56
    四、论文撤销制度 ··· 58
    五、非同行评审电子文档库 ·· 60

六、小结 ··· 61

第四章　数据及其制度规范 ·· 62
一、数据及其种类 ··· 63
二、数据范例 ··· 67
三、数据的规范管理 ··· 77
四、小结 ··· 91

第五章　批判性思维和逻辑论证 ··· 92
一、批判性思维及其能力培养 ·· 92
二、逻辑论证 ··· 99
三、小结 ·· 104

第六章　学术论文的结构、类型及写作步骤 ······························ 105
一、什么是学术论文 ·· 105
二、学术论文的基本结构 ··· 108
三、学术论文的类型 ·· 111
四、学术论文的写作步骤 ··· 114
五、学术论文写作中的普遍问题 ·· 118
六、小结 ·· 119

第七章　学术论文的标题、摘要、关键词及国际通用分类 ········· 120
一、标题 ·· 120
二、摘要 ·· 128
三、关键词 ··· 137
四、标题、作者、摘要及关键词的语言表达要求 ·················· 138

五、国际通用分类 ·· 138
　　六、小结 ·· 139

第八章　学术论文的作者署名、地址和致谢 ················ **140**
　　一、为什么有署名问题 ·· 140
　　二、署名作者 ·· 141
　　三、署名作者的责任 ··· 149
　　四、致谢 ·· 152
　　五、不当署名和致谢 ··· 154
　　六、地址 ·· 157
　　七、小结 ·· 157

第九章　学术论文正文的写作 ································· **159**
　　一、学术论文正文的沙漏模型 ································ 159
　　二、引言 ·· 162
　　三、材料和方法 ·· 164
　　四、结果 ·· 168
　　五、讨论 ·· 170
　　六、结论 ·· 172
　　七、层次标题 ·· 174
　　八、附录与注释 ·· 175
　　九、小结 ·· 176

第十章　现代学术论文正文的引证方法 ···················· **177**
　　一、现代学术论文引证 ·· 178
　　二、正文中的文献引证 ·· 179

三、常识如何引证 ·················· 184
　　四、正文中文献引证的标注格式 ·········· 186
　　五、剽窃行为及其处罚 ··············· 195
　　六、小结 ······················ 201

第十一章　参考文献的写作格式 ··············· 202
　　一、参考文献 ···················· 202
　　二、学术期刊中新的页码排序方法 ········· 217
　　三、小结 ······················ 219

第十二章　学术论文的数据、单位、图、表 ········· 220
　　一、数据和单位的规范表达 ············· 220
　　二、图、表 ····················· 230
　　三、缩写词 ····················· 246
　　四、小结 ······················ 247

第十三章　文献注释论文和文献综述的写作 ········· 248
　　一、文献注释及文献注释论文 ············ 249
　　二、文献综述 ···················· 253
　　三、文献注释论文与文献综述的区别 ········ 262
　　四、小结 ······················ 264

第十四章　投稿与发表 ··················· 265
　　一、稿件投寄前准备 ················· 266
　　二、稿件投寄及处理 ················· 271
　　三、论文发表 ···················· 277

四、作者与编辑、审稿专家沟通 ·················· 279
　　五、编辑的职业道德 ······························ 281
　　六、小结 ··· 282

第十五章　专利和学术会议 ·························· **283**
　　一、专利与学术论文 ······························ 284
　　二、学术会议 ···································· 285
　　三、学术会议的交流方式 ·························· 290
　　四、小结 ··· 307

前　言

从2000年起，笔者开始对学术论文撰写和相关学术规范进行系统研究，并获得中国科学院的基金资助，从事科研道德行为研究。从2007年起，笔者先后开设面向中国科学院的硕士研究生和博士研究生的"学术论文写作规范"课程和面向本科生的"大学写作"课程，课程内容涵盖学术研究规范、科研道德行为以及学术论文撰写和发表的相关制度和道德规范。在教学过程中，我们对选修课程的学生进行了课程前后的跟踪调查，对学生的科研道德认知程度转变进行了研究分析，并对教学内容进行了调整和完善，取得了良好的教学效果。

2019年，中国科学院大学面向全校各类研究生开设了公共必修课"学术道德与写作规范"。笔者作为课程的组织者，和一些从事科研伦理教学的老师一起，通过对国内外相关教育和教学的调研，结合多年的教学，撰写了教学大纲和课程内容设置。此门必修课开设一年来，近万名研究生接受教育，教学效果良好，受到同学的欢迎和好评。本书内容也因此得到进一步丰富和完善。

本书对学术规范和学术写作规范进行了全面深入的介绍。从学术写作的背景出发，本书对学术期刊的发展和作用、同行评审制度、科学数据及其制度规范进行了详细论述。学术期刊是学术论文发表的载体，也是学术论文规范的主要制定者，对其演变历史的了解，对于深入理解学术规范的作用和意义有帮助。同行评审制度是目前学术界对学术水平和研究成果进行评价的重要制度保障，因学术期刊评价学术论文的需要而诞生，但其缺陷也与生俱来。随着网络技术的发展，同行评审过程中产生了一些不当科研行为，这对制度提出了新的挑战，如何完善同行评审制度是所有学者和管理人员需要考虑的问题。大数据时代的到来，为学术研究范式提供了新的研究方法和内容，数据资源的挖掘更是当今科学必不可少的重要研究手段。科学数据的获取、保存和共享需要相关制度和规范保驾护航，作为学者更需要具有相关的知识。

本书从学术写作应具备的基础知识出发，介绍了批判性思维和逻辑论证的基本概念及其在学术写作中的重要地位和作用。批判性思维和逻辑论证是学者在学术研究和论文撰写中应具备的基本素质。面对信息的爆炸，学者需要秉承批判性思维，对信息进行甄别和过滤。逻辑论证一直是学术研究内部和向公众证明研究成果的真实性和可靠性的基本方式。

本书系统阐述了学术写作中学术论文各部分撰写的规范和要求，以及学术论文发表过程和规范、参加学术会议和制作墙报的规范等内容。本书结合笔者二十多年来对学术论文和科研道德行为研究的经验，引用大量研究案例，深入细致地介绍了学术论文撰写和投稿的规范和实际操作方法。专利申请和学术论文发表都涉及知识产权的保护，但是它们的作用和功能却完全不同。解答如何协调两种形式以最大限度保护知识产权的问题，是笔者在此设置"专利与学术论文"一节的目的。除在学术期刊上正式发表学术论文之外，国际和国内的学术会议也是学术交流的绝佳途径。在利用有限资源展示研究成果这一方面，学术会议墙报起到了至关重要的作用，笔者也希望读者能从本书中获取有关学术会议墙报制作和使用的有价值的信息。

本书共由理论基础和实践两部分共15章组成。理论基础部分由前5章组成，内容包括"学术规范与学术写作""学术写作的载体：学术期刊""学术论文的同行评审制度""数据及其制度规范"和"批判性思维和逻辑论证"。实践部分由后10章组成，包括学术论文写作步骤及学术论文的各部分撰写规范、学术论文发表的规范和技巧、专利与学术论文发表的区别和作用、学术传播的另一重要形式——学术会议及学术会议墙报的撰写规范要求等内容。

本书在章节结构布局上依据相关性进行安排，尤其是学术论文的各部分撰写规范并非按照论文格式顺序进行。比如，由于署名不当是目前学术不当行为的重要表现形式之一，署名与致谢分别承担不同的功能和作用，但它们又有密切的联系，因此，本书将其放在一起讲解，这样更易于让学生理解和记忆。同样，正文的引证和参考文献两章虽各为一章，但将两章前后相邻编排也是因为它们具有较为紧密的相关联性。

本书参考、引用了国内外大量组织机构的规范和学者们的研究资料，笔者在此向相关组织机构人员和研究者表示谢意。

本书的撰写从构思到完稿历经了6年时间，在此期间笔者对书稿一直反复打磨，尚有不断改进的空间。笔者多年的教学、科研经历和科技期刊编辑工作是本书撰写的基本条件，教学中相关教材的匮乏和学生学习的需求是本书撰写的直接动力。感谢中国科学院的信任和支持，笔者主持的中国科学院决策科技支持系统建设的科技与经济社会互动系统之科研项目"科研道德失范的研究"为本书的撰写奠定了坚实的基础，感谢课题组成员李斌、王楠、贾宝余、常征、白晶等的合作研究。感谢笔者指导的研究生汪伟良和翟辛睿，他们参与了"学术论文写作规范"课程的教学研究，为教学内容改革和实践提供了条件。感谢十多年来参与"学术论文写作规范""学术道德与写作规范"课程学习的研究生和"大学写作"的本科生，他们在每次教学结束时都提供了大量改进教学的意见和建议。感谢笔者指导的研究生马明阳对引证文献格式编排调整的贡献。

本书得到中国科学院大学教材出版中心资助，感谢教务部李春楠常务副部长、马凌龙副部长、田晨晨老师的支持和帮助。感谢教务部组织的匿名同行评审专家的宝贵意见和建议。同时感谢北京大学出版社张冰教授、朱房煦编辑为本书的出版付出的辛勤劳动。

本书可作为本科生和研究生学术规范和学术写作教育的教材和参考书，也可作为高校教师、研究人员和相关管理人员论文写作与学术交流的参考用书。

由于笔者能力和时间有限，书中尚有不少缺陷、不足和挂一漏万的情况需要进一步完善，恳请读者给予批评指正。

第一章　学术规范与学术写作

从广义来说，学术写作随处可见，大到正式发表在学术期刊上的学术论文，小到产品说明书，甚至于工作报告和年终总结，都属于学术写作的范畴。文学或艺术写作，如小说、诗歌创作，常常可以采用虚构、拟人、抒情等手法。与小说、诗歌类文学或艺术写作相比，学术写作更强调真实、清晰、准确、公正和诚实。

在进行学术写作时，作者应自觉地遵守学术写作规范：一方面，作者应主动地、自觉地坚守学术道德规范，即保证学术写作的真实、清晰、准确、公正和诚实；另一方面，作者还应遵守学术组织和政府为学术研究和学术写作制定的相应学术制度规范，其包括学术组织制定的规章制度和国家颁布的标准及法律法规，如《中华人民共和国著作权法》等，以保证读者和公众获取真实、清晰和准确的信息。

本章从规范与学术规范、学术写作与学术写作规范等基本概念的介绍入手，使读者了解和掌握学术规范的作用、学术写作规范的内容和面向不同人群的写作策略。

一、规范与学术规范

（一）规范及其类型

什么是规范？我们为什么需要规范？

为了在一定的范围内保证最佳的社会秩序，人们制定了相应的行为标准来约束人们的行为，规范就是指"人们共同认可及遵守的行为标准"，规范是一个社会学概念。这里的标准一般被认为是"对的",也就是说这个标准包含道德含义,不论该标准是否有用或有效,都"应当"并加以遵守。社会规范是社会成员共同遵守的协议,其存在的主要目的是为了维持社会秩序,因此,打破社会规范的成员往往会受到相应的惩罚。

规范是一个庞杂的体系,其类型划分比较复杂。就社会规范的形成方式而言,美国经济学家、历史学家道格拉斯·诺斯(Douglass C. North)认为,社会规范就是"一个社会的游戏规则,或更规范地说,他们是为决定人们的相互关系而人为设定的一些制约",包括"正规约束"(例如规章和法律)和"非正规约束"(例如习惯、行为准则、伦理规范),以及这些约束的"实施特性"。① 按照诺斯对规范的界定,社会规范可分为正式制度和非正式制度,正式制度是高度理性的产物,是人为制定的,如规章和法律;非正式制度是一种社会自发的维护社会秩序的规则系统,经由不断试错、日益积累而艰难获致,是人们以往经验的总结,是长期演进的产物,如风俗、惯例和伦理规范。就规范的实施特性而言,社会规范可以分为强制性规范和非强制性规范两种。就规范的表达形式而言,社会规范则可以分为成文规范和不成文规范。就规范的具体表现形式而言,社会规范可分为习俗性规范、伦理道德性规范、宗教信仰性规范以及法律性规范等四类,也有学者将伦理道德规范和宗教信仰规范合并为一类,即宗教伦理规范。

规范的第一种具体表现形式是习俗性规范。习俗性规范是指人们的行为和举止在其特定的生活环境里,在长期的生活中积淀下来的风尚、习俗、礼仪,以及人们的行为心理和行为方式的总称,是一个社会的自然环境、历史传统、生产生活方式和心理情感的综合反映。习俗性规范具有广泛性、稳定性和传承性的特点。习俗性规范作为指导人们行为的原则,渗透到人们社会活动的各个领域,对人们的生活具有广泛的影响。习俗性规范是在人类的生活中最早发展出来的一个社会规范的形式,也是最容易随着时代、地域而变迁或与其他文化接触后而有所变更的规范形式。

---

① 参见道格拉斯·C. 诺斯:《制度、制度变迁与经济绩效》,刘守英译,上海三联书店,1994年,第12页。

规范的第二种具体表现形式是伦理道德性规范。伦理道德性规范是指通过秉承社会主流道德标准的社会舆论和人的道德观念来调节人与人、人与社会之间关系的行为准则和规范的总和。伦理道德性规范具体表现为一个社会共同承认的一般道德观念及价值准则。严格而言，伦理和道德是两个概念。汉语中，在一定的词源意义上伦理和道德是相通的，而且与英语中的Ethics和Morality的词源含义暗合。"伦理"是指人们待人接物的时候应该要遵守的规范，体现了人与人之间、人类与环境之间的关系，具有客观性、外在性、社会性、独特性。伦理是客观法，是他律的。"道德"则是指人内在的良知判断，是衡量是非善恶的标准，反映了个人对事物进行判断的能力。道德更多地或更有可能用于个人，含主观性、内在性、个体性、特殊性意味。道德是主观法，是自律的。伦理的价值核心是正当，道德的价值核心是善和好。通常情况下，人们将伦理和道德不加区分，交叉使用。正如狄冀所说："道德的规则是强迫一切人们在生活上必须遵守这全部被称为社会风俗习惯的规则。人们如果不善于遵守这些习惯，就要引起一种自发的、在某种程度上坚强而确定的社会效应。这些规则由此就具有一种强制的性质。"① 因此，从实施的实际效果来看，伦理道德性规范和宗教信仰性规范（规范的第三种具体表现形式）都表现出一定的强制性。但是，伦理道德性规范和宗教信仰性规范的强制性与规范的第四种具体表现形式——法律性规范的强制性有所不同。

规范的第三种具体表现形式是宗教信仰性规范。宗教信仰性规范是指依靠宗教信仰来调节人与人、人与社会之间关系的行为准则和规范的总和，其表现为社会成员之宗教信仰的规范形态——宗教教义和训诫，宗教信仰不仅在信徒中扮演心灵慰藉的角色，同时还可以约束信徒的日常生活，因此也能够起到稳定社会秩序的作用。与其他一般社会规范相比而言，伦理道德性规范和宗教信仰性规范基本上是依靠人的良心和内心的虔敬等内在力量来维持和实现的，从这个意义上来说，伦理道德性规范和宗教信仰性规范都体现出较强的自律性的特征，是一种非强制性规范。伦理道德性规范和宗教信仰性规范一旦内化为个人内心的强烈意识和价值标准，往往会对人的行为取向和选择产生很大的影

---

① 莱翁·狄冀：《宪法论》，钱克新译，商务印书馆，1959年，第67页。

响，表现出强支配性的特点。

规范的第四种具体表现形式是法律性规范。法律性规范，包括各种法律、法规和规章制度等，是指由国家强制力量或组织纪律等保证实施的用以调节人与人、人与社会之间关系的行为准则和规范的总和。法律由一系列的制度、相对稳定的规则组成，通常需要由一套制度来落实。法律会以各种方式影响着每个人的日常生活与整个社会。法律性规范的形式较上面的三种形式——习俗、伦理道德和宗教信仰不同的是，违反法律会受到国家强制力的制裁以及惩处。法律性规范的基本特征就在于其强制性。法律性规范一般都是成文规范，其制定需要遵循严格的程序，并且最终由国家或社会组织明令颁布实施，由此获得一种广泛的公信力和权威性。

以上四种规范的具体表现形式就控制范围而言，伦理道德性规范和宗教信仰性规范的控制范围最广，几乎涉及人们所有的行为；习俗性规范的控制范围次之；而法律性规范的控制范围最窄，只对那些严重涉及他人利益或公共利益的行为进行控制。就控制强度而言，法律性规范的强制性最强，属于外在控制的刚性约束，而伦理道德性规则、宗教信仰性规范和习俗性规范的强制性相对较弱。

对于从事不同领域工作的人群而言，不同专业领域有不同的规范体系。涂尔干把规范分为两类：一类是"适于所有相似的人"即普遍性规范，一类是适用于特定人群的规范如家庭道德、职业伦理等。[①]如从事医疗救助的医学人士，因其工作的特殊性，他们的行为除了遵守普通人群的普遍性规范之外，还应遵从医学专业的行为规范。同样，从事学术研究的人群的行为除了遵守适用于普通人群的普遍性规范之外，还应遵从学术研究的职业规范。

（二）学术规范

学术规范是世界范围内所有从事学术研究的学者所遵循的一切规范的综合，包括道德的基本原则和各种规范以及调节学者之间关系的某些特殊方面

[①] 参见爱弥尔·涂尔干：《职业伦理与公民道德》，梁敬东、付德根译，上海人民出版社，2001年，第5—7页。

的要求，包括学术职业伦理道德的规范和针对学术群体制定的制度规范。所有的学术规范都是在基本道德原则的指导下构建起来的，也就是说，学术规范是根据基本道德原则的总要求形成的行为准则，基本道德原则和学术规范有实质上的一致性。学术规范具有区域性特征，某个特定国家、民族或地区的学者的学术行为也会受到地域文化和所在国家、地区的法律、法规的限制和约束。因此，从事学术研究的学者的规范行为不仅要满足基本道德原则的要求，还需要满足学术共同体的学术规范要求，同时，还要遵循当地的习俗性规范和法律性规范。

学术研究，尤其是自然科学研究，经历了从自由探索到职业化的过程。学术规范也经历了从习俗性规范和宗教信仰性规范占主要地位到道德伦理性规范和法律性规范占主要地位过渡的历程。早期学术的习俗性规范是基于揭示自然奥秘的好奇心、经历了学术先驱们长期积累而成的学术研究习惯，是从事学术研究的群体的心理和行为方式代代积累和强化的产物。早期的习俗性学术规范信息和具体事项通过训练、传授、教育和日常影响等方式进行传递，从而实现自身的复制。师傅带徒弟的"传帮带"形式一直是学术界传承学术规范的主要形式，直至20世纪90年代在学术界的科研欺诈行为不断曝光后，各种途径（如讲座、正式的常规教学等）的学术规范教育才在全球逐渐推广。

与此同时，随着科学技术的高速发展，科学技术成果对社会生活的影响越来越大，从学术研究中获取利益的机会也越来越多，仅仅依赖原有的习俗性学术规范来限制和规范学者们的学术研究行为已经不能满足学术秩序正常运行的要求，学术规范的内容扩展到了由政府和学术组织创建的学术制度性规范，同时，学术道德规范也越来越受到学术共同体的重视。在基本道德原则指导下的学术制度规范和学术道德规范共同形成了现代学术规范。

制定和实施学术规范的目的是营造良好的学术氛围和保障学术秩序有序发展，维护学术活动的正常运行。学术共同体要求学者在进行学术研究的过程中严格遵循的学术规范要求，包括基本的道德原则、学术准则和规范（学术道德规范和学术制度规范）。学术研究的基本道德原则不仅包括针对普通公众的不撒谎、不欺诈、不偷窃等原则，还强调诚信、尊重、公开、可靠等原则。学术研究的基本道德原则是学术研究的基石，只有所有学者拥有和秉承学术研究的基本道德原则，学术活动才能正常进行。

从学者个体的主观性和客观性，也即从内部和外部规范来分，可以将学术行为准则和规范分为学者自身拥有的学术道德规范和外界对学者制定的以确保良好学术秩序的学术制度规范。良好的学术氛围和有意识的培养训练均可以将外部的制度规范转化为内在的道德规范。因此在严格的意义上讲，将学术道德规范和学术制度规范进行明确划分是很难实现的。学术界已经意识到制定严格的学术制度规范和培养具有高尚道德水准的学者均是维护学术研究秩序的必要条件。秉承科研诚信、倡导负责任研究行为已经成为学术界基本准则。

学术规范具有明显的历史性特征，它将会随着时代的演变而发生形式和内涵的变化。20世纪，学术界的欺诈行为被公众关注，学术规范的制定就不仅仅是学术共同体内部的事，政府、学术团体都在制定相关法律法规，用以规范学术行为。21世纪以来，随着互联网等高新技术的普及，学术界利用网络技术欺诈的行为出现，迫使政府和学术团体制定新的制度规范，学校的学术规范教育也因此提到议事日程上来。

（三）学术道德规范

一个职业化的学者具有多重社会角色。从日常生活的社会角色看，学者承担着养家糊口、为生存奔波的普通社会公民的责任和义务，因此，他们必须遵守社会通用的基本道德原则，如不撒谎、不欺诈、不偷窃；作为职业化的学者，他们还需要遵从诚信、尊重、公开、可靠等基本学术道德原则。"对科学家个人来说，诚信首要地体现在致力于学术诚实及对自己的行为负责，还有遵守一系列体现负责任的科研行为的处事惯例，包括：研究工作选题立项、执行以及报告方面的学术诚实；研究项目申请及研究报告中，对自己贡献表述的准确性；同行评议中的公正性；学术交流（包括互通信息和资源共享）中的同行相尊；在有利益冲突或潜在的利益冲突时的透明度；保护研究工作中涉及的人体对象；善待研究工作中涉及的实验动物；坚持承担研究人员与其研究群体之间的相互责任和义务。"① 具体来说：在涉及学术研究过程时，必须保证测量数据的客观性和准确性；在涉及面向人体对象实验时，需遵循人体实验对象的知情同意原则；在涉及动物实验时，需获得相关伦理道德委员会的许可；在公布研究成果时，应严格遵循先发表后新闻发布的原则；发表在学术期刊上的学术论文，应按照学术规范要求撰写，这些学术论文规范涉及论文的引证、发表、署名、数据……学术职业道德规范是社会通用的基本道德原则和基本学术道德原则的总和。

为保证学术活动的正常运行，极其关键的是，除了上述的学术职业道德规范外，学者还应拥有学术道德。学术道德是指学者自身应具有的学术道德评判能力。研究发现，学者面对明显的道德失范行为②是很容易判断的，比如属于学术不端行为的伪造、篡改和剽窃；但是人们常常遇到的更多的是道德分歧的两难问题，如数据的取舍、署名人数的增减等问题，面对这些问题如何做出符合道德要求的行为，要求学者具备良好的道德素养。

什么是良好的道德素养？我们以署名问题为例来阐述。随着时代的变化，合作或协作的学术研究方式代替了单打独斗的学术研究方式，最为明显的是，以前不存在的署名问题，因为研究的参与者增多并涉及荣誉分配，成为重要问题。拥有良好道德素养的学者，会从诚实评价所有参与者贡献的角度，依据相关学术制度规范，正确地处理署名问题；相反，如果仅仅从个人利益最大

---

① 美国医学科学院、美国科学三院国家科研委员会撰：《科研道德：倡导负责行为》，苗德岁译，北京大学出版社，2007年，第5页。

② "道德失范是指在社会生活中，作为存在意义、生活规范的道德价值及其伦理原则体系或者缺失或者缺少有效性，不能对社会生活和人们的个人生活发挥正常的调节和引导作用，从而表现为社会生活和个人生活的失控、失序和混乱。道德失范表征出社会精神层面的某种危机和剧烈冲突，它常常是社会急剧变革或转型时期的产物。通常道德失范首先指的是这样一种社会状态：在这种状态中，社会原有的道德价值观念、行为模式和道德规范体系被普遍怀疑、否定，或被严重破坏，逐渐失去对社会成员的影响力与约束力，而新的道德价值观念、行为模式和道德规范体系又尚未形成，或尚未被人们普遍接受，对社会成员不具有有效的影响力与约束力，从而使得社会成员发生存在的意义危机，行为缺乏明确的道德规范约束与指导，在现象界形成道德规范的事实'真空'、缺失，呈现出某种明显的道德混乱或堕落。"朱贻庭主编：《伦理学大辞典》（修订本），上海辞书出版社，2011年，第21页。

化的视角出发署名，就可能出现不道德的结果。由此可见，无论道德标准如何变化，良好的道德素养之诚信是学术道德中千古不变的核心组成部分。

诚信是良好的道德素养的重要特征之一，同时也是学术研究之根基。学术研究是我们认识周围世界并获得新知识的过程，是在旧观念与新事实之间产生令人困惑的冲突时不断变革、自我纠错的人类活动。学术研究是系统和严谨的，它增进人类对自然、物质世界和人类社会的了解，其实验和分析过程必须融入高度的诚信。诚信对于维护学术的良好发展和公众的信任至关重要，它是学者个人和其所在机构的必备品质。[①]因此，诚信是学术研究的基础。

除诚信外，每一位学者对于科研道德失范和道德分歧行为的认识，还依赖于其文化背景、教育程度，甚至他所处的学术环境。国际学术界在应对科研道德失范行为的长期实践中，总结出了学者自身职业道德标准的形成途径，包括：第一，对从业人员进行学术规范的教育和培训，尤其是对学生进行系统培养。第二，学者个人和群体形成自主性要求。在学术实践中，他们会有意识地关注各学科领域专业团体公布的行为道德准则、学科从业准则和规范。第三，政府和学术组织不断发布职业的道德准则或行为标准的相关政策、法律法规文本，帮助从业人员不断培养和完善自身的职业道德水平。第四，构建良好的学术环境。人们已经意识到，只强调提高学者个人的道德水平而忽视学术环境的建设，无助于学术团体及个人伦理道德水平的提高。

笔者在讲授相关学术规范课程时，对研究生参加课程学习前后的变化进行跟踪问卷调查。调查结果显示：科研道德教育对研究生在科研不端行为的认知方面并没有显著影响，而对研究生在科研问题行为的认知上有显著影响。通过教育，研究生对于科研道德行为中的问题行为的认知程度有了明显提高。[②]

[①] 参见美国医学科学院、美国科学三院国家科研委员会撰：《科研道德：倡导负责行为》，苗德岁译，北京大学出版社，2007年，第5页。

[②] 参见刘红、翟辛睿：《教育对研究生科研道德行为认知的影响——基于中国科学院大学<学术论文写作规范与科研道德>调查数据的实证分析》，《自然辩证法通讯》2017年第5期，第107—114页。

（四）学术制度规范

学术制度规范是指政府和学术组织针对学术活动及学术共同体成员的行为进行规范、制约与协调而制定的相对稳定和具有强制性的、正式的法律法规、规定、规程、方法与标准体系。良好的学术制度规范的目的在于："研究机构若旨在营造一种提倡科学家个人负责任行为以及加强道德建设的环境，就必须建立并持续监测一套结构、途径、政策和程序，使它们能：在支持学术活动中负责任行为方面起指导作用；鼓励尊重参与研究活动的每一位学者；推进师生间教学相长的关系；倡导遵守研究活动中的各项规则，尤其当科研工作中涉及人体和动物研究时；预测、公布和管理个人间以及机构间的利益冲突；及时彻底地询问和调查对科学不端行为的投诉，并给予适当的行政惩戒；提供有关科研工作道德建设的教育机会；监督和评估机构的科研道德建设环境，并利用这方面的资料进行不断的质量改进。"[①]

在学术组织内部成立相应的学科协会或学会，其目的在于将有相同的研究对象、学术目的和研究范式的相同或相近的学科领域的学者组织起来，为他们提供相应的学术活动和服务。世界各国的各种学会蓬勃发展，它们都制定了相应的章程，明确了工作任务：组织和推行广泛的学术信息交流和学术讨论，以促进相关学科的发展；对外普及学术知识，传播学术精神、思想和方法，推广先进技术；出版相关学术书籍和创办学术期刊；反映学者的意见和要求，维护学者的合法权益，组织学者参与国家科技政策、科技发展战略、有关法律法规的制定和国家事务的科技决策工作；发现并推荐学术人才，奖励、表彰有突出贡献的学者；对国家经济建设中的重大决策进行科学论证和科技咨询，提出政策建议；接受委托承担科技项目评估、科技成果评价、技术职务资格评审，受政府委托承办或根据学科发展需要组织举办科技展览，为编审科技文献和标准提供技术咨询和技术服务；开展民间国际科技交流与合作；开展对会员和工作者的继续教育和培训工作等。在章程背后是相关的制度规范，如同行评审制度、优先权认定等。例如，美国化学会（ACS）的《化学研究出版道德指南》

---

① 美国医学科学院、美国科学三院国家科研委员会撰：《科研道德：倡导负责行为》，苗德岁译，北京大学出版社，2007年，第6页。

（*Ethical Guidelines to Publication of Chemical Research*）对作者、编辑和评审专家的道德行为进行了规范，该指南也成为美国众多学会在制定学术交流的制度规范时的重要依据。

需要强调的是，在此我们仅仅讨论学术组织自身制定的学术制度规范，这是一种狭义的界定。在学术活动成为一种由职业学者从事的事业之后，学术组织就已经成为一个与外界相联系的开放的组织，除学术组织之外，其他社会环境对学术组织的行为也会产生相应的制约和影响，也需要制定相应的制度规范以协调学术组织与社会环境的关系。因此，从广义上讲，学术制度规范还应包括相应的法律法规及其他的制度规范。

（五）学术规范是学术活动的基础

学术研究的目的和本质自其诞生起就在于追求真理，探寻事物本质。学术研究活动能够诞生的原因包括：一方面是人类的好奇心的本能，对与自然界和谐相处的希望，以及对人类社会有序发展的渴望；另一方面在于从事这项活动的人们的执着和心无旁骛，古时从事学术研究和探索的人很多都家境优越、衣食无忧。因此，在学术研究活动诞生之初，学术研究可以说是一种完全自由的探索状态。

随着科学技术的发展，学术研究的成果对人们的日常生活和社会的影响越来越大。同时，成为学者的群体也在悄然发生变化，由原来自由探索的人群变为具有职业背景的专业人员。从伦理角度看，学者的社会责任也越来越凸显。一方面，为了替人类谋取福祉，保证社会和环境的可持续发展，学者承担着相应的社会责任，必须对研究成果进行是否有利于社会和谐发展的考量，必须充分评价研究对社会和环境的正面的和负面的影响。这可能导致在研究的纯粹探索性目的和社会责任之间的选择上产生两难的困境，如在克隆、安乐死等研究上就一直存在伦理学争议，这些虽属于学术伦理的范畴，但也是学术规范的范畴。另一方面，由于社会发展的需要，强大的科学技术力量及学术研究活动已成为国家职能之一，学术活动需要根据国家的需求进行调整，如"两弹一星"的研究等。这些社会责任不仅是学者的个人责任，也成为学术组织的集体责任。

1998年4月18日,英国《新科学家》(*New Scientist*)发表了一份关于公众对不同职业信任程度的调查报告,报告显示公众对记者的不信任程度达78%,对政治家的不信任程度达80%,而对医生和大学教授的信任程度达80%和70%。医生和大学教授可以被看为从事学术研究的学者。这表明,经过几百年的发展,学者在公众中建立起了崇高的形象,他们代表着社会的先进性和引领性。这也使得学术界在资源的获取上得到了社会和政府的广泛支持,大量源于社会资金的科研经费保障了学术研究的正常进行。然而近年来曝光的学术界的不端行为,严重损害了学者的学术形象。为了维护学术形象,更好地推动科学发展,造福人类,学术规范就显得尤为重要。

学术规范已成为人们近年来逐渐关注的重要话题,这与学术研究活动中日渐凸显的道德选择密切相关。一方面,学术研究的纯粹性目的和自由探索与学者的职业化、社会责任之间产生了矛盾和冲突;另一方面,学术研究的竞争性及功利性与维护学术秩序和学术形象之间形成了张力和博弈。这些矛盾和冲突、张力和博弈是社会发展的必然,需要学术界积极面对,同时也需要通过不断完善和加强学术规范,来化解矛盾和冲突,协调张力和博弈。

从学者的个人道德角度讲,为了维护学术共同体内部的有序发展,保证学者之间的公平竞争,学者的道德水准尤为重要。学术资源的有限必然导致分配和利用的竞争,除有效的制度规范之外,学者的学术道德(或自律)和学术组织的道德规范是促使竞争公平、环境有序的重要保障。学者的道德水平,能保证他们在出现道德两难问题时,自觉做出遵循大多数人利益最大化、不损害他人利益等普遍认同的基本道德原则的道德选择。

二、学术写作与学术写作规范

(一)学术写作

卡文迪许(Henry Cavendish,1731—1810)出生于英国贵族家庭,天生腼腆,不愿与人打交道,说话口吃。他终身只有一个爱好,就是做科学研究。他在独自研究中度过了将近60年,留下了20捆实验笔记。他出于一种纯粹的好奇而进行研究,不关心他的成果是否发表和是否能得到荣誉,一生中仅仅发表了极少的研究成果。1871年,著名物理学家、电学大师麦克斯韦应聘担任剑桥大学教授并负责筹建卡文迪许实验室时,仔细阅读了卡文迪许百年前充满智慧和心血的笔记,于1879年出版了《尊敬的亨利·卡文迪许的电学研究》一书。从此,人们才知道卡文迪许已经做过的许多著名的电学实验。麦克斯韦不惜搁下自己的一些研究课题,全力以赴地梳理卡文迪许的手稿,使卡文迪许的研究成果流传千秋。后人评价麦克斯韦的贡献时,认为他的一个重要成果是发现了电磁效应,另一个重要成果在于整理了卡文迪许的研究成果。

麦克斯韦整理卡文迪许手稿虽然成为科学史上的一段佳话,但从另一个方面也反映出研究成果及时发表的重要性。成果的发表是对扩充人类知识的贡献,也同时为后人进一步寻求事物的客观规律奠定了基础。

今天,学术界流行着一句话"发表或者灭亡"(publish or perish),它的意思是,作为学者如果不发表论文就意味着在学术界不能生存。也就是说,学者的学术成果如果没有发表,就等于不曾存在;如果没有论文发表,学者的职业生涯将难以为继。这是由于学术活动已经成为一种职业,人们从事学术活动是为了获取回报,物质上获得相对稳定的经济收入,精神上获得同行的肯定,从而实现自身价值。

如何鼓励学者发表研究成果,同时又保持学术研究的本质,是学术组织甚至政府制定政策的重要因素,这当然是学术规范的话题。

学术写作仅仅是学术活动的一个环节,有良好的学术氛围和良好的学术规范,学术活动才能正常进行。所以我们说,学术规范是学术写作的基础和前提。

1. 从信息传播到写作

在讨论学术写作之前,有几个基本的概念需要界定。什么是信息传播和科技信息传播?什么是写作和学术写作?

信息传播是人类最常见的活动之一,是指人们进行信息及思想的交流和传播。信息传播过程包括几个基本要素:信息发送者、信息接收者、信息内容、信息表达方式、信息传播渠道。有效及良好的信息传播应该是双向沟通:

一方面，信息发送者要用信息接收者明白的语言，尽量清晰、简洁、明了地表达自己的思想和观点；另一方面，信息接收者要善于倾听和理解信息发送者的信息，并对信息内容做出响应和反馈。日常的交谈活动是最为直接和最基本的信息传播方式。

随着人类社会的发展，信息传播方式和渠道不断丰富。借鉴学者们的观点，按照传播渠道方式的演变，人类信息传播的历史有以下几个具有划时代意义的时间节点：

（1）大约在公元前20万—30万年，人类的语言表达构成了最基本的信息传播方式——口述传播（Oral Communication）。人们通过口述传播传授生存技能和思想，信息发送者和信息接收者只能面对面传播信息，传播的范围极其有限，信息内容的传播范围受到极大限制。

（2）大约在公元前4000年，人们将传播的信息以字符形式雕刻在泥土上，形成了文字传播（Literal Communication）。文字的出现使得信息的传播范围扩大，保存时间变长。

（3）105年，中国人蔡伦改进了造纸术。纸张成为信息传播的载体，更利于保存和运输，使得信息接收者迅速变多。纸张的发明成为现代信息传播开始的标志。

（4）1041—1048年，中国人毕昇发明活字印刷术，人们可以大批量复制信息，这促成了印刷传播（Press Communication）的产生。1436—1450年，德国人古腾堡发明了金属活字印刷术。活字印刷术使得信息传播进入新的阶段，实现了信息传播大众化。1455年，古腾堡利用活字印刷术成批印刷出版了《圣经》，《圣经》成为印刷量最多、传播最广的宗教思想读物。同时，活字印刷术也在欧洲广泛使用。

（5）1844年，美国人莫尔斯鼓动美国国会架设了一条由华盛顿到巴尔的摩的电报线路。5月21日，电报线路开通，第一条电报线路在美国诞生，这是电子传播（Electronic Communication）的开始。

（6）1969年，美国国防部高级研究计划署（Advanced Research Projects Agency, ARPA）建立"阿帕网"（ARPANET），渐渐扩大为今天的因特网，

自此网络传播（Internet Communication）诞生。

这些传播方式不是替代关系，而是并存发展、相互补充的关系，这些传播方式共同构成了现代信息传播方式。现代信息传播方式不仅提升了信息的传播速度，更重要的是直接影响信息传播者和信息接收者的行为模式，对信息传播者和信息接收者行为规范提出了更高的要求，也对信息内容的真实性提出了规范性要求。

在信息传播中，写作是信息内容的重要表达方式，是运用语言文字符号反映客观事物、表达思想感情、传递知识信息的创造性脑力劳动过程。简单来说，写作是生活中与人沟通、交流、分享信息的一种方式，就像我们平常说话一样。通俗地说，写作就是用笔来说话。当然，由于电子技术、网络技术的发展，键盘等都成为书写的工具。

写作与口头交流的最大差别在于，口头交流是面对面的交流，信息接收者随时可以反馈对信息内容的理解程度或质疑，信息发送者也能就信息接收者的问题及时做出回应，实现充分的沟通。而写作是通过媒介，如纸张、网络等传播信息。为了更好地实现相互沟通，要求写作者在写作时尽量考虑到读者对信息的接受和理解程度，同时，作者还要考虑读者可能产生的质疑。

2. 学术写作及其特征

学术传播是以科学技术知识为传播内容的信息传播。学术传播的渠道和方法主要包括：以口头传播为主要形式的会议和讨论；以书面传播为主要形式的书籍、报纸、期刊；以电子传播为手段的电子期刊和通信；以网络传播为主要渠道的网络交流、博客、预印本库、视频会议等。

学术写作是众多写作形式中的一种，要求传播的信息内容符合客观事物的规律，强调其真实性；在写作格式上要求规范化，其目的在于让信息内容易于被信息接收者即读者接受，强调其可读性。所以，学术写作必须遵循信息内容的真实性和可读性的基本原则。

为保证有效的学术交流，学术写作必须满足以下五个特征[①]：准确、清

[①] Leslie C. Perelman, James Paradis and Edward Barrett, *The Mayfield Handbook of Technical and Scientific Writing*, McGraw-Hill Humanities/Social Sciences/Languages, 1997, pp. 3-5.

晰、简洁、一致和恰当。

准确（Accuracy）是指文章报道内容严格符合真相和事实，表现为内容、格式和技术准确三个方面：内容准确是指对主题的适当报道；格式准确是指谨慎使用语言表达观点；技术准确取决于作者对主题及其词汇的概念掌握程度，以及他分析信息和数据的能力。

清晰（Clarity）是要求文章在阅读时易于理解，这一目的可通过使用专业的语言、详细的数学分析、复杂概念的清晰阐述来实现，涉及结构、语言、格式、文脉等方面：使用摘要、目录、引言、标题、参考文献等部分，实现文章结构清晰；使用简单句，避免过长的复杂句，实现语言清晰；适当使用图表、专业术语，实现格式清晰；按照背景、目的、方法、结论的写作步骤，实现文脉清晰。

简洁（Conciseness）是指仅仅传递需要的信息，通过聚焦达到简洁，包括：明了的引言、详细的提纲、文章长度和范围的控制、附录和图表的准确使用。

一致（Coherence）是指文章写作目的与读者需求保持一致，要求通过逻辑组织文章素材，引导读者更好地阅读和理解文章，包括：使用专业模板，体例符合专业学术规范；通过摘要、次级标题、引言连接文章的各个部分；段落是文章一致的最重要的组成单元，每段由主题语和支持的其他语句组成；注意段落之间的衔接；注意图表的规范使用。

适当（Appropriateness）是指针对不同的读者群使用不同的写作方法，依据科学共同体的普遍原则和特殊专业习惯进行写作。

（二）学术写作策略

本部分主要观点引自相关手册[①]。

学术写作是科技信息书面表达的主要方式，包括专业性比较强的学术论文、学术会议报告、科研工作总结、专利申请、基金申请等，也包括普及性较

---

① Leslie C. Perelman, James Paradis and Edward Barrett, *The Mayfield Handbook of Technical and Scientific Writing,* McGraw-Hill Humanities/Social Sciences/Languages，1997.

强的科普性文章、仪器和设备的使用说明书等。一般而言，信息发送者为科研人员，而信息接收者可以是科研人员也可以是大众，因而，信息接收者的知识和学术背景有很大差异。信息接收者，尤其是非专业人士，与信息发送者面对面获取信息的机会相对较少，主要通过阅读书面信息材料获取信息。这些阅读书面信息材料的人群就是读者。读者群是一个相对比较复杂的群体，针对不同背景的读者，信息发送者在进行学术写作时应该对信息内容的组织和安排采取不同的策略和方法，以满足学术写作适当性特征的要求。

对于通过学术文章获取信息的读者群，可以根据他们的学术背景划分为专家（Experts）、专业技术人员（Technicians）、管理者（Managers）、外行（Laypersons）和混合读者（Mixed Audiences）。

1. 面向专家的写作策略

专家分为专业专家和普通专家。专业专家是指精通本领域专业知识的专业人士。普通专家具有渊博的知识，但可能对学术文章中涉及的专业术语、设备信息以及学科前沿不熟悉。无论是专业专家还是普通专家，他们坚持阅读学术文章是出于以下几个原因：第一，由于学术研究的不断发展和进步，专家们需要不断获取相关专业的知识；第二，虽然他们是专家，但是为了保持和扩充他们现有的一般专业知识或技能，也需要坚持阅读学术文章；第三，所有学术共同体的成员都具有参与各种评审活动的责任和义务，专家们需要通过阅读他人的学术论文和成果，评估他们的专业水平和学术水平，如评审基金申请等。

针对由专业专家组成的读者群，由于他们的专业水平可能超过作者或与其相当，信息传播者即作者写作的时候应该采取的策略是，不必在论文中做大量的背景介绍，若非使用一套全新的专业术语和缩写词则不必对行业通用的专业术语和缩写词进行重新定义。针对由普通专家组成的读者群，作者写作时要考虑他们的知识背景，在论文中提供充分的背景知识，并定义所有他们不熟悉的术语，在术语的定义中不要只提供概念，还要对概念进行详细解释。

2. 面向专业技术人员的写作策略

专业技术人员是指制造、操作和维护修理特定仪器和设备的人，如电话机或洗衣机的维修人员。他们的专业特长表现为，在操作仪器和设备及了解仪器和设备的性能方面比别人更加专业。他们熟悉使用仪器设备的普通专业术语，但对仪器设备和其操作的概念和理论背景并不一定精通。专业技术人员的阅读目的在于了解怎样执行专业任务，解决实际操作过程中的特殊问题，了解与专业任务相关的新的设备和操作流程，获取和扩充背景知识以帮助完成专业任务。

针对由专业技术人员组成的读者群，写作的策略应该是：为他们提供简洁的引言和背景信息；语言不能过于专业，要保证信息易于理解；有针对性地适当压缩对他们并不重要的理论知识部分；增加面向操作、诊断和修复具体问题的指导性信息；可以使用图表，以易于信息的简洁表达；尽量使部分或全部说明简短；应提供检索和参考资料，以备他们对相关信息进行进一步查询。

3. 面向管理者的写作策略

管理者通常需要阅读大量信息作为他们决策的依据。他们每天评阅大量文件，所以提交给他们阅读的文章一定要简洁。管理者通常指导和管理多个项目，他们很难做到熟悉每一个专业领域的技术前沿，他们可能是市场和管理专家，但未必具备专业技术知识。他们的阅读目的在于，利用获得的信息做出决定，了解相关领域的发展现状，保证他们的普通专业水平，评价项目进展和了解职工工作状况。

针对由管理者组成的读者群，写作的策略应该为：将关键信息提取成为行政提纲，便于管理者了解信息的整体框架；按照现有信息的重要性对信息进行排队，便于管理者鉴别信息，以利于信息的取舍；强调对决策有用的信息，帮助管理者做出恰当决策；在引言部分提供充分的背景知识，供管理者了解相关领域现状；在结论部分提出建设性意见；将信息分割到各部分便于管理者选择性阅读；为了不影响文章的完整性，可以将一些必要的、篇幅较长的信息和技术解释部分放入文后的附录部分；可使用图表总结信息，使文章生动易读；文章提及的管理者不熟悉的专业术语在第一次出现时需要加以说明。

4. 面向外行的写作策略

外行是指不像专家和专业技术人员一样拥有专业知识的人。随着科学技术专业化的高度发展，没有人能成为所有领域的专家，相对于某一专业而言，其他专业人员也是外行。外行是一个相对庞大的读者群体，他们的阅读目的在于扩充他们自身的普通知识，接受科学普及；作为没有专业背景的消费者和投资者等外行读者群体，他们往往通过阅读做出日常决策，了解日常生活设备的使用方法和操作规程；也有部分外行读者希望通过阅读学术文章促使自身变成某领域的专家。

针对由外行组成的读者群体，写作策略应该为：在引言中提供广泛的信息背景；组织信息时，从他们熟悉的信息向不熟悉的信息过渡，以激发他们的阅读兴趣；在文章中使用满足读者需要的相应水平的简单信息；使用通俗语言解释所有技术术语和相关概念，帮助读者理解。

5. 面向混合读者的写作策略

混合读者是指由不同背景的读者组成的群体。通常不同专业背景的读者会阅读同一篇文章，比如，熟悉软件和硬件的专家、将要使用计算机的技术人员、决定是否购买软件的管理人员以及偶尔使用计算机的外行都可能阅读同一篇计算机方面的文章。很多期刊也希望刊登一些能让更多不同背景的读者关注的论文，如著名期刊《自然》（Nature）和《科学》（Science）的读者就是混合读者。

针对混合读者的写作策略应该为：使用通俗的语言在提纲中论述文章的要点；将较长的技术讨论放入附件中，在文章主体中引用即可；将文章分割成不同章节，以满足不同读者阅读不同部分；在引言部分说明哪部分适合什么读者群体阅读和预期达到什么目的；在页首或末尾使用详细的术语表用以解释所有的技术术语。

表1.1是面向不同读者群体学术文章不同部分写作的重点分布，可在具体写作时参考。

表1.1　面向不同读者群体的文章分布（Document Density）[1]

文章部分	专家	管理者	外行
引言	专业	问题/解决	适当
数学模型	需要	避免	避免
公式	需要	简单/避免	避免
图表	详细、分析	简单、直观	一般、示例
详细程度	准确、数值	一般、准确	简单、描述
技术术语	专业、技术	管理	一般、示例
重点	分析	运作、成本	信息、兴趣

学术写作的过程包括撰写草稿、修改、编辑、校对。学术文章的形式要遵循一定的规范要求。

（三）学术写作规范

学术写作规范包括道德规范和制度规范。学术共同体内部的学术写作规范的具体内容将在随后的各章中，就学术论文的各部分分别论述，在此介绍道德写作的概念和学术共同体面向学术界外的学术写作的制度规范。

1. 道德写作

每一位作者在进行学术写作时应秉承诚实报道研究成果的基本原则。本节我们将解决的基本问题包括：什么是道德写作？可能存在的无意错误有哪些？如何规避？

关于道德写作和无意错误的基本观点来源于美国科研诚信办公室网站[2]和

---

[1] Leslie C. Perelman and James Paradis Edward Barrett, *The Mayfield Handbook of Technical and Scientific Writing*, McGraw-Hill Humanities/Social Sciences/Languages, 1997, p. 16.

[2] Miguel Roig, *Avoiding Plagiarism, Self-Plagiarism, and Other Questionable Writing Practices: A Guide to Ethical Writing*, Office of Research Integrity US Department of Health and Human Services，2015, https://ori.hhs.gov/sites/default/files/plagiarism.pdf [2017-10-10].

美国科学社会学家默顿的著作①。为了便于读者理解，笔者对相关内容在语言表达方面进行了加工处理，并对规避规则进行阐释。

　　道德写作（或诚实写作，Ethical Writing）是指：作者的书面作品，无论是向学术期刊投寄的论文，或是课堂上提交的研究论文，还是向资助机构申请基金提交的项目申请书，都隐含着作者与读者之间的一种约定：作者是该书面作品的唯一原创者，包括材料、文字、数据。为了保证论证中的论据的充分和有效，作者有必要借鉴和引证他人的观点、数据和文字，这些观点、数据和文字必须通过脚注、参考文献和引文标记等加以规范标注，以便读者能清晰地区分作者原创性的工作和借鉴他人的工作，确认该书面作品所传递的所有信息准确地反映了作者的研究能力和研究成果。学者们认为符合道德规范的写作是清晰、准确、公正和诚实的，与此同时，作品的进一步传播也向读者传递了作者对其作品其他方面的道德实践的承诺。

　　在写作的过程中，也可能会出现一些作者无意识的错误。比如，作者在提炼新的思想和展示新数据时，主观地认为某些证据和数据是不重要或无关紧要的，这些数据或证据不能支持或完全否定作者自己的观点，因此省略了相关的数据或证据；在描述一个实验工作时，作者忽略了对其进行理论解释。近来，从PubPeer和Retraction Watch等各种新兴媒体上出现的读者评论来看，这类疏忽在科学领域相对频繁，尤其是在涉及争议话题的时候。

　　在学术活动中有一个相对著名的现象——"重新发现"，这一现象是指，在某些情况下，一个由作者完全原创的观点可能已经被其他人更早地阐明了，这种情况经常发生在相对较近的时间范围内。学术界之所以将其纳入错误行为行列，这是因为学术研究具有原创性特征，"重新发现"可能被认为是作者没有充分阅读文献或有意剽窃所致。在某些情况下，这些"新"发现是完全独立的，因为"新"的发现者可能根本不知道更早的发现，这有可能是地域或文献的不同语言等原因而致。在其他情况下，"新"发现者可能在某一时刻曾经接触到过这些发现的原始想法，如在交谈或听报告时获取到观点，但在其研

---

① R. K. 默顿：《科学社会学：理论与经验研究》（全二册），鲁旭东、林聚任译，商务印书馆，2003年。

究中却遗忘了这些观点或想法的来源，并误认为是自己的原始观点。认知心理学家为这种"隐性记忆"（Cryptomnesia）或"无意识剽窃"[①]的存在提供了相当多的证据。从心理学角度，"隐性记忆"指的是，之前接触过他人想法的人往往会记住这个想法，但不会记住它的来源，并错误地将这个想法归因于他们自己。不幸的是，以前是否有过这种想法往往是很难确定的。

其他无意识的错误也会发生，比如，作者过度引用大量的信息，虽然确认和注明信息源，但关键问题在于自己的研究比例相对较少。这些以及其他类型的疏忽在科学领域中经常发生。在某些情况下，这样的失误被认为是有意的，涉嫌不道德写作，而且很可能被判定为科研不当行为。

剽窃被认为是三大科研不端行为之一，另外两种是伪造和篡改。通常，被发现有科学不端行为的人会付出高昂的代价，他们会被降级，会被学校开除，会失去工作、学位和荣誉。

因此，学术写作的道德规范要求诚实地反映和报道研究成果，并对已有的成果，包括作者本人的已有成果，进行正确的标注和引证。对于可能出现的"重新发现"，作者应保留原始数据、实验记录和材料，以证明研究成果是自己独立研究的结果。过度引证有失严谨，也应特别重视。

2. 面向学术界外的学术写作规范

在学者面向学术界外的读者进行的学术写作中，最为典型的是科普文章的撰写。学者应该从读者的文化背景和专业知识的局限性视角出发，考虑自己应承担的学术写作责任。以下信息来源于美国化学会的《化学研究出版道德指南》。

第一，学者出版科普著作时，应与在学术期刊上发表论文一样准确和无偏见地解释科学内容。

第二，在使用科学术语方面，学者应通过通俗的语言帮助公众理解。考虑到学者与公众交流的重要性，使用一些不十分准确的科学语言是可以原谅的。在有效传播科学信息的前提下，学者应该尽可

[①] "隐性记忆"或"无意识剽窃"也为科学不端行为的界定带来了困难。

能使用准确的科学语言，面向大众出版他们的作品、进行评论和接受采访。

第三，学者对公众宣布某项发现时，应有大量已发表在科学期刊上的论文作为支持。大量实验工作和研究结果支持的未发表的发现，应在向公众公告的同时尽快在科学期刊上发表。

学者们应该意识到，通过新闻媒体、电子数据库、电子公告栏公布的研究结果，可能被期刊编辑视为已经在科学期刊上发表过。[①]

三、小结

学术活动从完全自由探索的状态转变为由职业化引发的竞争性和功利性状态，愈发依赖于学术界制定完善的学术制度规范和提高学者的道德水平，来保障其正常运行。学术信息交流是学术活动的重要组成部分，学术写作要求学者从读者利益出发，针对不同的读者群采取不同的撰写策略，以使学术信息得以充分交流。因此，学术写作必须遵从相应的学术规范。

学者在学术共同体内部的学术交流和对共同体外部的科学普及中进行道德写作，是应坚持的基本原则，它包括写作中的清晰、准确、公正和诚实。对数据的取舍、"重新发现"和过度引用等可能出现无意错误的地方应该保持高度重视，谨慎处理，避免剽窃、伪造和篡改等学术不端行为的产生。

---

① ACS, "Ethical Guidelines to Publication of Chemical Research," 2015, https://pubs.acs.org.ccindex.cn/userimages/ContentEditor/1218054468605/ethics.pdf[2019-2-13].

第二章　学术写作的载体：学术期刊

学术研究强调自由探索，但学术自由并不代表没有规范。学术规范具有职业化的特征，即学术共同体不仅要求学者自身拥有符合道德标准的道德认知，同时制定了相应的学术制度规范以保障学术活动的正常进行。学术论文是学术研究阶段性成果的书面表达，只有通过学术论文的发表，学者才能获得学术界同行的认可，学者的研究成果才能成为人类知识的一部分而被载入史册。学术共同体在对学者进行学术评价时，也常常依据学者发表学术论文的质量、数量和影响来评价学者的学术能力。这种评价通常会伴随学者一生，对学位获取、职位晋升、基金获取或科研奖励的认证起到决定性作用，直接影响着学者能否获得竞争性资源和荣誉。伴随利益的驱动，有的学者不惜一切代价在学术研究和学术论文的撰写与发表上造假，也有的学者由于对学术规范缺乏认知而出现了各种有悖于学术规范的行为。近年来，该类事件频频发生，已经引起各界高度关注。学术论文撰写的规范要求也越来越受到学者们关注。

学术期刊作为学术论文发表的载体，其自身的学术影响力与发表的学术论文产生的学术影响有直接关系。随着科学技术的发展，尤其是网络的普及，学术期刊的形式和种类也变得多样化。学术期刊在学术论文的体例规范上有相应的规范要求，这为学术论文的有效发表和传播奠定了基础。

学术期刊承担起了发表学术论文的重担，是学术交流信息的基本载体。学术期刊凭借其所承载的学术论文为进行新的学术研究提供相关信息，同时也为发表研究成果提供场所。因此，有学者将学术期刊比喻为学术研究的龙头和龙尾。学术期刊是学者进入具有共同兴趣的研究团体的通路（门关），发表是科学进程中的一项独特环节，是进程的中间点。学术论文的发表会使学术研究成果公布于众并使之成为重要的学术财富。发表又是一个新的开始，继之而起的是新的合作与竞争，这是学术研究的与众不同之处。"随着成果的发表，延伸工作、精心研究、订正问题、调整表述逐步展开，这些过程使得新知识被融入已知世界的图景中。"[1]

一、学术期刊及其发展径路

（一）什么是学术期刊

百科全书将学术期刊定义为一种报道学术研究最新进展、最新研究成果的连续出版物。[2]其特点为：第一，大多数学术期刊具有很强的专业性。第二，通常而言，学术期刊发表的论文需要通过同行评审，以保证期刊的学术水平和科学有效性。第三，学术期刊定期和连续出版，可以汇聚学术研究者群体的力量，保证了学术研究的连续性。第四，学术期刊易于传播交流和存储。第五，相较于书籍、报纸和私人通信等信息传播方式，学术期刊的特别之处在于：比书籍的出版周期短，报道及时，使个人的研究成果迅速成为社会化的知识；比报纸的信息容量大，内容详尽而且具体，可以验证、借鉴和推广；弥补了科学家私人通信的不稳定性。

在学术期刊上发表论文的标准极其广泛。有的期刊，如《自然》和《科学》只发表那些被认为在其领域有突破性工作的论文，即使有很好的研究工作但是没有达到具有突破性的标准的论文也将被拒之门外；有的期刊，如《物理学年刊》(Annalen der Physik)、《天体物理杂志》(Astrophysical Journal)和《物理评论》(Physical Review)认为，没有严重和根本错误的论文均可发表；有的期刊关注区域性焦点问题，专门刊登一些来自特殊地区的文章；有的期刊刊登其覆盖的科学领域中具有高技术性、反映最新理论研究和实验结果的论文。学术期刊是科学文献中至关重要的组成部分。

---

[1] 霍勒斯·弗里兰·贾德森：《大背叛：科学中的欺诈》，张铁梅、徐国强译，生活·读书·新知三联书店，2011年，第204页。

[2] 参见 http://encyclopedia.laborlawtalk.com/Scientific_journal [2019-2-13]。

(二)学术期刊的诞生

最早的学术期刊17世纪60年代诞生于欧洲。当时欧洲的社会、文化和经济状况为学术研究的发展和学术期刊的诞生提供了良好的环境:

第一,资本主义手工工场的发展是学术期刊诞生的物质条件。14世纪初期至17世纪中期,欧洲封建社会处于动荡和转变时期。随着工商业的发展、生产技术的进步和国外市场的扩展,资本主义生产关系逐步发展起来,出现了经济繁荣的景象。进入15世纪,德国的资本主义手工工场生产的繁荣,促进了印刷业的发展。德国工匠古腾堡将中国的活字印刷技术应用到印刷行业,于1439年成功研制出一种使用金属活字印刷技术的新式印刷机。这种新型印刷技术的推广使用,使欧洲进入了一个新的历史时期。它改变了手工抄写的方式,加速了各种信息的传播和交流,成为传播科学知识的手段,为学术期刊的产生提供了必要的物质条件。

第二,资产阶级文化运动的兴起是学术期刊诞生的文化基础。14—17世纪西欧各国的文艺复兴运动,是人类文化史上的一次伟大变革。这场运动的实质是新兴资产阶级为争取政治上的解放,在思想和文化领域反对封建教会统治的文化运动。

第三,学术研究的复兴和学术研究团体的出现促进了学术期刊的产生。文艺复兴运动唤醒了人们对自然界的兴趣,使科学摆脱了神学的束缚,推动了近代自然科学形成。学术研究团体的出现,特别是学会的成立,促进了自然科学的发展,它们要求更好地开展学术交流。学术期刊产生之后,很快成为报道学术研究新发现和传播新理论的重要工具。

到18世纪末期,学术期刊虽然诞生了一个半个世纪,但学者们对学术期刊的依赖仍远远低于书籍。人们仍然习惯于利用书籍传播科学信息,到1800年仅仅出现了100种学术期刊,而且这些期刊几乎全部分布在欧洲。[1]学术期刊在1800年到1900年的100年里得到了快速发展,比较保守的估算是,到1900年大约有5000种学术期刊。学术期刊数量的增加,表明科学家们对这种传播方式

---

[1] 参见 http://encyclopedia.laborlawtalk.com/Scientific_journal [2019-2-13]。

的接纳、认同和需求。

（三）学术期刊的专业化

19世纪诞生的很多学术期刊在今天的学术研究活动中仍然扮演着极其重要的角色，目前具有重大影响力的《自然》和《科学》都诞生于19世纪。《自然》由英国天文学家和物理学家洛克耶（Joseph Norman Lockyer）创办并担任第一任编辑，于1869年11月4日正式出版发行。该刊是历史较为悠久而且具有极高声誉的覆盖自然科学各个领域的综合性学术期刊。[①]《科学》于1880年由美国著名科学家爱迪生（Thomas Edison）创办，1990年成为美国科学促进联合会（American Association for the Advancement of Science, AAAS）的期刊。《科学》也是覆盖了所有的自然科学领域的综合性学术期刊，与此同时，还发表与科学有关的新闻、有关科技政策的观点、科学家们和与科学技术有关的人员关注的话题。与《自然》不同的是，《科学》还发表有关社会科学的文章。[②]

19世纪学术期刊的另一个显著特点是专业性日益突显。随着学术研究分工越来越细，专业性学术期刊迅速成长。1823年第一本医学期刊《柳叶刀》（The Lancet）创刊。1830年有关动物学研究的专业期刊《动物学杂志》（Journal of Zoology）创立发行。[③]1849年由美国天文学家古尔德（Benjamin Apthorp Gould）创办的天文学专业期刊《天文学期刊》（Astronomical Journal）出版发行。

（四）学术期刊的网络化

全球化和网络化时代的到来，给学术期刊的发展带来了更为有利和方便的技术条件。各种网络化期刊（包括音像电子期刊）应运而生。这些网络化期刊不仅能像传统印刷期刊一样传播文字、图、表，而且实现了对声音、影像的

---

① 参见 http://encyclopedia.laborlawtalk.com/Nature_%28journal%29[2019-2-13]。

② 同上。

③ 参见 http://encyclopedia.laborlawtalk.com/Scientific_journal[2019-2-13]。

传播，还实现了实况的在线传播，实现了作者和读者同时异地的图文并茂的讨论，这些都是传统的印刷期刊难以实现的。网络化期刊在出版周期上较传统印刷期刊更短，时效性更强；在资料保存方面，网络化期刊较传统印刷期刊具有储存量大、保存时间长的优点；在资料查询方面，网络化期刊的快捷、便利的优点更是传统印刷期刊不能相比的。因此，网络化期刊的发展是时代发展的必然趋势。

（五）开放获取学术期刊

开放获取（Open-Access, OA）是指免费和无限制在线获取通过同行评审发表的文献，OA文献是数字化的、在线的、免费的、免除版权和许可障碍的。①

2001年12月1日至2日开放获取协会在匈牙利布达佩斯召开一个小型的会议，起草了《布达佩斯开发式访问倡议》（Budapest Open Access Initiative，BOAI），第一次引入开放获取的概念。开放获取协会将开放获取定义为：

> 文献可通过公共互联网免费获取，允许任何用户阅读、下载、复制、传播、打印和检索论文的全文，或者对论文的全文进行链接、为论文建立索引、将论文作为素材编入软件，或者对论文进行任何其他出于合法目的的使用，而不受经济、法律和技术方面的任何限制，除非网络本身造成数据获取的障碍。对复制和传播的唯一约束，以及版权在此所起的唯一作用是，应该保证作者拥有保护其作品完整性的权利，并要求他人在使用作者的作品时以适当的方式表示致谢并注明引用出处。②

其策略包括两个方面：

---

① 参见 Charles W. Bailey, Jr, "What is Open Access?", http://www.digital-scholarship.org/cwb/WhatIsOA.htm[2019-4-16]。

② http://legacy.earlham.edu/~peters/fos/boaifaq.htm#openaccess[2019-4-16]。

一是自归档（Self-Archiving）。学者将他们已发表的学术论文存放在符合"开放档案"倡议创建标准的开放式电子档案（自归档）中，自归档被搜索引擎和其他工具视为一个单独的档案。用户无须知道自归档的地址就可以找到并使用学术论文。二是开放获取期刊（Open-Access Journals）。学者们在创办新的开放获取期刊的同时，帮助现有期刊选择性向开放获取过渡。为了让学术论文尽可能广泛传播，开放获取期刊将使用版权和其他工具来确保学术论文的永久开放访问，而不是传统地援引版权来限制学术论文的访问和使用。开放获取期刊将不收取订阅或访问费用，费用将转向其他支付方法，以避免由于价格产生访问障碍。①

2002年10月30日，在柏林形成了《欧洲文化遗产在线宪章》（European Cultural Heritage Online Charter，简称《ECHO宪章》）②，将开放获取从科学出版物推广到了文化遗产；2003年6月20日，《贝斯达开放获取出版声明》（Bethesda Statement on Open Access Publishing）③发布，明确了研究所和基金会、图书馆和出版商、科学家和科学协会对开放获取的责任和义务；2003年10月22日，由德国马普学会发起，德国、法国、意大利等多国科研机构在柏林联合签署了《关于开放获取自然科学与人文科学资源的柏林宣言》（Berlin Declaration on Open Access to Knowledge in the Sciences and Humanities，简称《柏林宣言》）④。这一宣言旨在利用互联网整合全人类的科学与文化财产，为来自各国的研究者与网络使用者在更广泛的领域内提供一个免费的、更加开

---

① Budapest Open Access Initiative, "Budapest Open Access Initiative," 14 February 2002, http://www.soros.org/openaccess/read.shtml[2019-4-16].

② 参见 http://echo.mpiwg-berlin.mpg.de/home/search?searchSimple=European+Cultural+Heritage+Online+Charter[2019-4-16]。

③ 参见 "Bethesda Statement on Open Access Publishing," https://legacy.earlham.edu/~peters/fos/bethesda.htm[2019-04-16]。

④ 参见 "Berlin Declaration on Open Access to Knowledge in the Sciences and Humanities," 22 October 2003, https://openaccess.mpg.de/Berlin-Declaration [2019-4-16]。

放的科研环境，呼吁向所有网络使用者免费开放更多的科学资源，以更好地促进利用互联网进行科学交流。

2005年5月24日，在庆祝中国科学院和德国马普学会科学合作30周年的庆祝大会上，时任全国人大常委会副委员长、中国科学院院长路甬祥和国家自然科学基金委主任陈宜瑜分别代表中国科学院和国家自然科学基金委签署了《柏林宣言》，以推动中国科学家参与网络科学资源全球科学家共享。根据《柏林宣言》，"开放访问"贡献必须满足以下两个条件：

1. 做贡献的作者和专利拥有者需要向所有用户提供免费的、不可撤销的访问权及证书，允许用户在任何数字媒体、以任何目的、不考虑作品原作者归属问题（现行共有标准将继续为加强已发表作品正确属性和责任使用的管理提供机制）的公开复制、使用、发行、散发和展示其作品及衍生作品，同时允许用户打印少量用于个人目的的复印件。

2. 完整的作品及所有附加材料，包括一份如上所述的标准电子格式的许可应存放（发表）在至少一个使用适当技术标准（如开放档案定义）的在线存储器中，该存储器由学术机构、学会、政府部门或其他已经完善建立的机构进行管理和维护，保证其开放访问，无限制发行、内部可操作及长期存档。①

截至2019年4月16日，正式出版发行的开放获取期刊已达13039本。②

（六）电子文档库

网络技术的发展为学术论文的发表提供了多样化的发表平台，为了满足作者尽快地发表自己的研究成果和与同行进行交流的需要，电子文档库应运而生。预印本（Preprint）是指科研工作者的研究成果还未在正式出版物上发

---

① 《中国科学院、国家自然科学基金委签署〈柏林宣言〉》，2004年5月24日，http://www.cas.cn/xw/zyxw/yw/200906/t20090608_602643.shtml [2019-4-16]。

② 参见 http://www.doaj.org/[2019-4-16]。

表，而出于和同行交流的目的，自愿打印自己研究论文、科技报告等文稿供学术同行交流。电子文档库为预印本的网络传播提供平台。与刊物发表学术论文的电子版本和印刷版本相比，电子文档库具有交流速度快、利于学术争鸣、可靠性高的特点。电子文档库虽不是传统的学术期刊，但随着学术交流的加强，学术界对其越来越重视，电子文档库中的学术论文已经成为参考文献引证的正式文献，被学术界广泛使用。电子文档库种类也得到快速发展，下面只介绍其中的三种。

1. 电子文档库arXiv

电子文档库是一个研究论文的存档和发送的完全自动化的电子印刷服务器。arXiv数据库由金斯伯格（Ginsparg）发起，旨在促进科学研究成果的交流与共享，于1991年8月启用，由美国国家科学基金会和美国能源部资助，在美国洛斯阿拉莫斯（Los Alamos）国家实验室建立，2001年后转由康奈尔大学进行维护和管理，是私有的非营利的教育机构。[①]

arXiv数据库所刊载的内容遵从康奈尔大学的学术标准，覆盖的领域包括物理学及相关学科、数学、非线性科学、计算机科学和定量生物学。研究者按照一定的格式将论文进行排版后，通过网络、电子邮件等方式，按学科类别上传至相应的数据库中。要说明的是，送入预印本库中的论文是不经过任何审核的，也没有任何先决条件决定某一论文能否送入arXiv库中，实际上这默认了文责自负的原则。收入该库中的论文可以受到同行随时随地的评论，论文作者也可以对这种评论进行反驳。论文作者在将论文提交至arXiv的同时，也可以将论文提交至学术期刊正式发表。论文一旦在某种期刊上发表，在arXiv相应论文记录中将会加入文献正式发表期刊的卷期信息。

使用者可以通过网络或者是通过电子邮件给系统发指令，从数据库获得论文。作者通过网络提交研究论文，也可以修改论文，原版本仍然保留有效。使用者也可以订阅他们感兴趣领域的文章目录，通过电子邮件收到相关目录，在浏览新稿件和阅览旧稿件时则需使用网页界面。

---

① 参见 https://arxiv.org[2019-4-16]。

arXiv电子文档库对加快科学研究成果的交流与共享、帮助研究者追踪本学科的最新研究进展、避免研究工作的重复等方面都大有裨益，对科学研究者有很高的参考价值。

该数据库自创办以来，受到全世界相关领域科学家的广泛关注，到2004年已经在韩国、德国、中国、以色列、巴西、西班牙、日本、俄罗斯、澳大利亚、印度的大学和有关物理研究机构开辟了镜像点。1997年9月9日数据库为中国读者在中国科学院理论物理研究所开辟了镜像点cn.arXiv.org。

2. 中国预印本服务系统

中国预印本服务系统由中国科学技术信息研究所与国家科技图书文献中心联合建设，以提供预印本文献资源服务为宗旨，已于2004年3月15日正式开通服务。该系统明确规定：

> 系统收录的预印本内容主要是国内科研工作者自由提交的科技文章，一般只限于学术性文章。系统的收录范围按学科分为五大类：自然科学，农业科学，医药科学，工程与技术科学，图书情报学等。中国预印本服务系统只对上传文章进行粗略的审核，系统会删除非法、有害、淫秽、胁迫、骚扰、中伤他人、诽谤、侵害他人隐私或诋毁他人名誉或商誉、种族歧视或其他不适当的信息，以及与学术讨论无关的内容。系统不对文章进行学术审核，文章仅仅代表作者个人的观点，不代表中国预印本服务系统的观点。中国预印本服务系统完全按照文责自负的原则进行管理。系统不拥有文章的任何版权或承担任何责任，在系统中存储的文章，作者可以自行以任何方式在其他载体上发表。中国预印本服务系统鼓励作者将预印本文章投递至传统期刊发表，一旦文章在传统期刊上发表，作者可以在预印本系统中修改该文章的发表状态，标明发表期刊的刊名和期号，以方便读者查找。①

---

① 《中国预印本服务系统简介》，《中国信息导报》2004年第10期，第42—43页。

3. 中国科学院科技论文预发布平台（ChinaXiv）

中国科学院科技论文预发布平台（ChinaXiv）是由中国科学院科学打造的国内第一个按国际通行模式规范运营的预发布平台。ChinaXiv是一个面向科研人员的可靠、规范的自然科学领域的中国科研论文开放仓储库，接收中、英文科学论文的预印本存缴和已发表科学论文的开放存档，涵盖物理学、生物学、天文学等24个学科领域。ChinaXiv（http://chinaxiv.org）于2016年6月正式上线提供服务，系统平台由中国科学院文献情报中心维护和运营。ChinaXiv用户可以通过平台检索、下载论文。注册用户也可以使用ChinaXiv提交他们的论文和评论，同时也可以对已提交论文进行版本更新和管理。ChinaXiv还为用户提供了感兴趣领域论文的定制推送功能，用户可以自主订阅并获得电子邮件通知。①

中国科学院科技论文预发布平台具有三个鲜明的特点：一是营造了一个公开透明的科技成果交流共享空间，有助于科研人员公平竞争，促进我国科技水平的快速提升；二是保障优秀科研成果首发权的认定，有助于扩大我国科技工作者的国际影响力，促进原创成果的不断涌现；三是缩短了科技成果发布周期，有助于推动科技成果的快速流转和开放获取，促进科技成果的有效转化。②

二、学术期刊对学术规范建立的主要贡献

本部分参考作者的研究成果③。1665年1月5日，历史上第一本科技期刊《学者期刊》(Journal des Scavans)在法国出版发行。同年，英国伦敦皇家学会第一任秘书奥登伯格受到《学者期刊》的启发，有了创办期刊的想法。早在1663年，胡克曾有过类似的想法，这一想法可能比奥登伯格更早，但是，奥登伯格的想法得到了当时皇家学会会员罗伯特·莫里(Robert Moray)和其他会员

---

① 参见 http://www.chinaxiv.org/home.htm [2019-4-16]。
② 同上。
③ 刘红、胡新和：《科学的制度规范之兴起与演变——伦敦皇家学会首任秘书亨利·奥登伯格的历史贡献》，《自然辩证法通讯》2011年第4期，第64—71页。

的鼓励和支持，并获得政府的许可。1665年3月5日，科学史上历史最为悠久的学术期刊《哲学学报》(*Philosophical Transactions*) 开始正式出版发行，奥登伯格担任第一任编辑。

《哲学学报》是当时世界上唯一的只用于传播自然科学知识的科技期刊。期刊刊登的内容主要包括皇家学会会员投交的论文和摘要、观察奇异现象的各方报道、与国外研究者的学术通信和争论以及最新出版的学术书籍的介绍。在语言上，《哲学学报》使用了英语，突破了当时学术界流行的拉丁语和希腊语的限制，为学术的大众化提供了条件，使学者们用本国语言撰写论著成为一种发展趋势。在学术事业形成之初，它对学术成果获得大众的认可和学术的普及起到了至关重要的作用。

《哲学学报》不仅是历史最为悠久的学术期刊，而且在学术制度规范的制定上起到了特别重要的作用。目前，学术期刊已经成为学术组织的基本配置，学术期刊的专业化越来越突出。毫无疑问，学术期刊的出版规范应与相关学会的学术制度规范保持一致。

（一）学术的制度规范之优先权建立

17世纪，由于印刷技术的落后，书籍的印刷过程要经历漫长的时间，研究成果不时遭到剽窃，对学术研究做出杰出贡献的人常被反对的人控告，他们的工作被否认，优先权问题无法得到保障，如早期的牛顿对研究成果的出版就心存戒备。为了防范这些事件发生，有些人用密码记录他们的证明过程和实验数据，有些人使用变换单词即字谜的方法，或把资料的复印件放在没有经过他们允许无法获取的地方。希望研究成果得到保护的呼声得到了皇家学会的响应，1667年11月16日理事会通过了相关决定，皇家学会成为研究成果存放的安全场所。对于不是皇家学会会员的作者，他们的著作通过会长的审批后也可保存在皇家学会。

《哲学学报》的办刊宗旨是发展和传播学术知识，其目的在于吸引自然哲学家们为期刊投稿，向世人公开他们的研究成果，为实现此目标，皇家学会采用各种措施引导学者向期刊投稿。与此同时，通过记录首次收到稿件的日期确认研究成果发现的优先权,使公开和及时发表研究成果成为保护知识产权的重要措施之一。①这一措施不仅促进了学术知识的传播,而且对知识产权进行了注册。奥登伯格在给波义耳的信中坚信这种制度实现了"所有杰出的人都会得到鼓励尽可能地通报他们的知识和发现,我们相信这一古老名言: Suum cuique tribuere(物归其主)"②。

1672年2月8日,皇家学会的日志中记载:

> 根据他(牛顿)对自然光、折射度和颜色的观察研究,可证明光不是由单一成分构成的物质,而是由不同成分组成,含有各种色光,这些色光具有不同的折射度。而颜色则由这样或那样的光线生成——一些物体发出红光,一些物体发出绿光,一些发出蓝光,另一些发出紫光等。白光只不过是各种各样的色光混合罢了,或者说,它是由各种色光混合在一起所产生出来的综合光色。
>
> 因此,学会决定以学会的名义给予作者诚挚的感谢,感谢他做出的具有创造性的结果。如果他本人愿意的话,学会将发表这一成果,以供所有哲学家参考。从而保证作者的重要见解和观点,不被他人冒认和剽窃。③

1672年,牛顿的有关光的论文发表在《哲学学报》的第80期上,这是牛顿发表的第一篇学术论文。

(二)学术的制度规范之同行评审制度的建立

为了保证期刊的质量,在《哲学学报》创刊之初,奥登伯格借鉴多年来与学者进行学术信息交流的经验,开创性地将投稿文章送给能够判断其质量的

---

① 参见美国科学、工程与公共政策委员会:《怎样当一名科学家:科学研究中的负责行为》(第三版),曹莉译,中国科学技术出版社,2014年,第27页。
② R.K.默顿:《科学社会学:理论与经验研究》(下册),鲁旭东、林聚任译,商务印书馆,2003年,第640页。
③ 亨利·莱昂斯:《英国皇家学会史》,陈先贵译,云南省机械工业学会、云南省学会研究会(译本未公开出版),第86页。

同行专家，甚至是竞争对手审查，这一做法促成了现代学术期刊同行评审制度的诞生。①

相应制度措施的采取，促使自然哲学家们转变观念，即对其研究成果从保密到要求公开发表。皇家学会努力在学术共同体中形成积极公开研究成果，由此来换取因向他人提供新知识的荣誉性产权的氛围，促使自然哲学家们心甘情愿地发表他们新的研究成果，而不再对研究成果保密或只对其进行有限范围的交流。这为学术事业的迅猛发展铺平了道路。

同行评审对现代学术事业的重要意义在于，它被广泛地应用于学术评价的各个阶段，如基金的同行评审、论文发表的同行审查。基金的同行评审、论文发表的同行审查和研究的可重复成为衡量学术活动可靠性的三种机制。

伴随着同行评审制度的诞生，其缺陷也暴露出来，如暗箱操作、科研成果剽窃等。但是，时至今日，还没有能够替代同行评审制度的更好的制度规范。

（三）学术的制度规范之引证制度的建立

学术论文的引证在18世纪已初见端倪，《哲学学报》刊登的学术论文已有对前人研究的引证。19世纪，在学术期刊迅速发展的同时，学术论文的现代引证方法诞生并得到广泛使用。现代引证方法使学术期刊刊登的学术论文格式，即文中引证和文后参考文献著录更加规范，明确了要在论文中标注前人的科学研究成果，体现了科学研究的继承性，在避免剽窃他人成果方面起到了重要作用。相应制度的不断完善，保证了学术期刊的质量，规范了科学家的行为，促进了学术期刊的发展，也增进了科学家对学术期刊的依赖。学术期刊成为科学活动中科技信息传播和交流必不可少重要工具。

---

① Aaron Klug, "History of Peer Review," Royal Society of London Anniversary Day Address given by the (then) President, 1999, https://www.citiprogram.org/ [2010-6-11].

（四）学术论文的规范表达来自学术期刊的体例要求

目前不同学科的学术期刊在体例要求上并不统一，这需要作者根据期刊的具体要求进行论文撰写，体例要求在每一期刊的《征稿简则》或《作者须知》里都能查询到。

《征稿简则》或《作者须知》是每一个期刊对作者撰写论文的体例格式（包括论文格式、电子版本格式、专业术语、参考文献著录格式等）、论文提交方式、评审过程以及论文修改出版规范的全方位指南，一般还对涉及的相关伦理道德进行提示，如面向人体实验的知情同意、面向动物实验的相关伦理道德委员会审核等。

大多数学术期刊由学会主办，因此学术期刊的体例要求应遵循学科领域的制度规范。美国化学会对其麾下的期刊制定了专门的出版指南"The ACS (American Chemical Society) Style Guide"，从作者、编辑到审稿专家的责任和义务等视角进行了道德和制度规范。美国医学学会的"American Medical Association Manual of Style"、美国心理学会的"Publication Manual of the American Psychological Association"、美国物理学会（APS）的"AIP Style Manual"都是专业学科领域的出版体例规范指南。有的专业学会明确指出它们的期刊所遵循的出版体例规范，如美国电子电气工程师学会明确指出，在其期刊上刊登的文章的语法、语言使用，如果在专业规范指南中没有提及，则应遵守"The Chicago Manual of Style"。

学术期刊的《征稿简则》或《作者须知》是学者撰写学术的论文的工具，因此青年学者应有意培养阅读它们的习惯。

三、学术期刊在科学发展中的作用

从第一本学术期刊诞生至今三百多年的历史显示，学术期刊的发展与学术研究的发展密切相关。随着科学的发展，学术研究的对象越来越具体，学科划分越来越细，新的学术研究范式形成。学术期刊的形式和内容都随之发生变化，从早期的综合性期刊发展为专业性期刊。新的学术研究领域必然产生新的专业性的学术期刊,新的学术期刊成为在学术研究共同体中传播新的学术范式、新的学术思想最为重要的方式之一。在三百多年发展史中,学术期刊在传播学术、凝聚学术研究共同体、传承和培养学术研究接班人、造就和形成学术规范等方面,都扮演了关键的角色,起到了重要作用。

1962年著名科学哲学家和科学史专家库恩在他的《科学革命的结构》一书中提出了范式理论。[1]库恩的学术研究范式是学术研究共同体的信念、价值、工具和方法的整体架构。学术研究共同体作为范式的承担者和载体,是在学术研究发展的某一阶段该学科中持有共同的基本观点、理论和方法的学术研究者集团。学术期刊对于学术研究思想的创生与繁衍、学术研究共同体的形成与传承、学术研究知识的传播与进化、学术规范的确立与发展,产生了巨大的作用和影响。为了便于学术研究共同体研究成果的内部和外部交流,学术研究共同体都会创建相应的学术期刊,学术期刊成为学术研究范式整体架构的重要组成部分。学术期刊在科学发展中的作用表现在以下五个方面:

(一)改变科学家的价值观取向

在学术期刊的诞生和发展中,学术期刊标注投稿日期方式的引入和同行评审制度的建立,从根本上解决了长期以来困扰学术研究共同体的优先权问题,同时保证了学术期刊的学术质量,从而吸引科学家的关注并促成他们主动向学术期刊投稿。这些措施的实施使学术研究者们认识到了学术期刊的作用:不仅有利于学术研究知识的存储,而且对学术研究者在学术研究共同体中地位的树立和其声誉的维护都有极大的好处。学术研究管理机构以学术研究者发表学术研究论文为依据评价学术研究成果,同时以此为依据向学术研究者提供学术研究经费支持其学术研究活动,以推动学术研究的进一步发展。学术研究者的个人利益和国家利益的满足,促使学术期刊得到学术研究共同体的承认,并在学术研究者的参与和支持下得到快速发展。

可以说,现代学术期刊模式,不仅改变了学术研究成果的传播方式,而且从根本上改变了学术研究者的价值取向,真正体现了学术研究的公开性和共

---

[1] 托马斯·库恩:《科学革命的结构》,金吾伦、胡新和译,北京大学出版社,2003年。

享性。

美国社会学家默顿认为:"随着学术团体和学术杂志的相继创办,科学家们开始抓住新的机会,使自己的研究得到其他权威科学家有相当水准的评价,这种态度和行为模式是同行评议制度的基础。"[①]

(二)凝聚学术研究共同体

学术期刊作为学术研究群体学术信息传播的媒介,除承担在学术研究共同体内部进行学术信息交流的任务外,也承担着对学术研究共同体外部的广大公众进行科学知识宣传和普及的任务。学术期刊跨越时间和空间,将全世界学术研究同行紧紧联系在一起,成为学术研究范式中不可缺少的一个重要组成部分。为了保证学术期刊的权威性,根据学术研究的环境变化和自身发展的要求,学术期刊的制度规范也在不断地建立和完善。从学术期刊诞生之初的同行评审制度到近年来逐渐完善的撤销论文制度,一系列制度规范的建立都是为了保障学术期刊的正常运行和其权威性。正由于此,学术研究活动中通过学术期刊发布学术研究信息成为最为正规和规范的渠道。学术研究者通过学术期刊了解科学活动的最新动态,也通过学术期刊发表自己的最新研究成果。学术期刊成为凝聚学术研究共同体的重要媒介。

(三)培养学术研究人才

在常规科学时期,在培养学术研究共同体接班人模式上,学术期刊与科学教科书起着近似的作用。但学术期刊所载论文有别于科学教科书,其特点是出版具有周期性和即时性,学术论文具有创新性。它不仅是学术研究知识和学术研究过程在常规时期的积累,而且记载着学术研究革命(科学革命)阶段的历史。青年学子通过大量历史文献的查阅,除了获得常规学术研究知识,把握学术研究前沿,更为重要的是可以了解学术研究革命(科学革命)的历

[①] R.K.默顿:《科学社会学:理论与经验研究》(下册),鲁旭东、林聚任译,商务印书馆,2003年,第643页。

程，为参与到常规学术研究和学术研究革命（科学革命）在知识储备上做充分准备。另一方面，学术论文的发表是一个青年科学工作者进入学术研究共同体必须具备的条件。青年学者通过阅读相关学术研究领域的学术期刊，掌握特定范式中学术研究的方法，熟悉学术研究的表达方式，在此基础上进行学术研究，将学术研究结果以学术论文的形式发表，最终得到学术研究共同体的接纳。

（四）补充和完善学术研究范式

库恩认为在常规学术研究时期，学术研究中的实验、观察和理论研究都是在特定范式下对已有的理论进行补充和完善。由于大多数学术观察都要耗费大量的时间、设备和金钱，对于已知事实，力求增进其准确性，扩大其范围，实验科学与观察科学在学术研究文献中占有重要的比例。常规学术研究的理论问题是用现存的理论去预测具有内在价值的事实信息，学术期刊刊载大量对这些问题的理论讨论。它们的目的是展示范式的新应用，或者是提高已有知识的精确性。由此可见，学术期刊在常规学术研究时期起到积累和完善知识的作用。常规学术研究时期，对特定的学术研究范式的补充和完善，必然导致交叉学科的产生。1903年诺贝尔化学奖得主阿累尼乌斯、1909年诺贝尔化学奖得主奥斯特瓦尔德和1901年首位诺贝尔化学奖得主范·霍夫等曾于1887年共同创办《物理化学杂志》，促成物理化学学科从经典的化学学科中诞生，该年也被称为物理化学创建年。[①]

（五）孕育和推动学术研究革命（科学革命）

学术期刊记载了学术研究的历史。无形的学术研究革命（科学革命）或者在前范式学术研究时期，学术期刊的作用更加突显。在一定意义上，它推动了学术研究革命（科学革命）的产生。

笔者对创刊于1799年的德国《物理学年刊》在19、20世纪之交物理学革

---

① 参见 http://www.cessp.org.cn/2003_3_hy08.htm[2010-6-11]。

命中的作用进行了研究。①在这场物理学革命中，光电效应被认为是重要工作之一，有关光电效应研究的学术研究论文基本上都集中发表在物理学界享有盛誉的《物理学年刊》上。1887年赫兹在《物理学年刊》第33卷第983页发表的论文第一次呈现光电效应的记录。1900年普朗克在《物理学年刊》上首次根据黑体辐射的实验和理论，提出振动能量不连续的量子论假说，由此开启了物理学变革之门。1902年伦纳德对光电效应的突破性工作发表在《物理学年刊》第8卷149页上。1905年3月17日爱因斯坦完成了《关于光的产生和转化的一个启发性观点》一文，发表在《物理学年刊》第4系列第17卷第132—148页上。该文引用了普朗克在《物理学年刊》1900年第1卷第99页和1901年第4卷第561页发表的有关黑体辐射的理论和伦纳德在《物理学年刊》1902年第8卷和1903年第12卷第469页上发表的文章。爱因斯坦提出用量子论来说明光电效应，是在普朗克量子论假说基础上的大胆尝试，是量子论发展历史中的重要里程碑。

一个理论从萌芽到成熟，凝聚了许多科学家的智慧。从17世纪学术期刊诞生以后，它成为传承这些智慧的主要途径之一，这得益于学术期刊的权威性、连续性和快捷性。从光电效应的发现和传播过程可以看到，其开创性的工作和重大突破都发表在《物理学年刊》上，《物理学年刊》成为该项理论的主要传承和传播载体。

1905年，爱因斯坦4篇具有革命性的学术研究论文，以未经同行评审的非同寻常的方式先后在《物理学年刊》上发表。普朗克当时作为《物理学年刊》的主编，认识到爱因斯坦所投论文的价值，及时地给予发表，使得爱因斯坦的相对论思想得到传播。人们常说，普朗克有两大功绩：一是确立量子理论，二是发现了爱因斯坦。

遗传学的奠基人、奥地利修道士格雷戈尔·孟德尔（1822—1884）撰写的论文《植物杂交实验》在布吕恩自然科学研究协会上宣读并于1865年发表。在世期间，他的研究一直未能得到认可。据说，他曾将该文寄给达尔文。不幸的是，达尔文直到离开人世也未打开这封可以解释达尔文进化理论的学说。直

---

① 参见刘红、胡新和：《〈物理学年刊〉与物理学革命》，《自然辩证法通讯》2006年第4期，第81—85、70页。

到1900年，荷兰的汉斯·德弗里斯、德国的C.科伦斯和奥地利的E.切尔马克重新发现了孟德尔遗传规律，才引发了孟德尔学说革命。

无论是爱因斯坦的相对论还是孟德尔的遗传理论，虽然在论文发表以后相当一段时间不被人们接受，但是这些科学危机中出现的反常现象通过学术期刊被记录了下来。不能不说，学术期刊记载了学术研究革命（科学革命）的历史，并对后来的学术研究革命（科学革命）产生了影响，孕育了学术研究革命（科学革命）的火种，为科学革命的到来提供条件。

四、小结

学术期刊是发表科技成果、传播科学技术知识和信息的重要手段之一，它作为科学范式中的重要组成部分对科学思想的创生和繁衍、科学共同体的形成和传承、科学知识的传播和进化、科学规范的确立和发展有着巨大的影响。学术期刊以其特有的专业性、多样化的传播方式，在同行评审制度的保障下，已经成为科学家们从事科学活动和进行学术交流必须依赖的媒介，成为推动科学事业发展的助进器和培养科学共同体科学技术人才的孵化器。

学术期刊的产生是科学信息得到广泛传播的里程碑；网络化技术使得学术期刊的传播形式向多元化方向发展，促进了科学信息的高速传播；开放获取移除了读者获取信息的各种障碍，使科学信息成为全人类的共同资源。

第三章 学术论文的同行评审制度

同行评审制度起源于17世纪的学术期刊，是对待发表的学术论文的可接受程度和科学发现的真实性的评判。该制度实施的主要目的在于判断复杂稿件的学术价值和保证出版物的质量。目前，同行评审已经成为学术研究共同体内部进行学术评价的一种常用方法。保障同行评审有效和公正的前提是科学家应具有较高的科学道德水准，应自觉遵守道德规范和制度规范。然而，在同行评审过程中，当涉及评审专家自身利益或出现利益冲突的情况时，同行评审结果有时也会失去其公正性。虽然同行评审制度从其诞生之日起就备受争议，但是到目前为止还没有找到可以取而代之的更好的学术评价制度。

本章将介绍同行评审制度产生的缘由及其对学术论文发表的作用，探讨撤销已发表论文的意义，以及评审专家的责任和评审过程中的不端行为。本部分内容主要源于笔者早期发表的研究。[①]

一、学术期刊同行评审制度和方式

（一）同行评审制度的形成

《哲学学报》是科学史上历史最为悠久的学术期刊，其办刊目的主要是发展和传播科学知识。17世纪，书籍是学术交流和传播的主要形式，由于当时

---

① 刘红、胡新和：《学术期刊同行评审的发展、方式及挑战》，《中国科技期刊研究》2005 年第 5 期，第 605—608 页；刘红：《预印本库和撤销论文制度：同行评议有益补充》，《中国社会科学报》2012 年第 B06 版；刘红、胡新和：《国际学术期刊撤销已发表论文的实证分析——以 ScienceDirect 数据库为例》，《中国科技期刊研究》2011 年第 6 期，第 848—852 页。

印刷技术的落后和印刷过程的漫长，学者们的研究成果被人盗取几乎是不可避免的。在《哲学学报》诞生之初，出于对自己研究成果所有权保护的考虑，包括牛顿在内的杰出人物对公开发表自己的研究成果都心怀顾虑。学者们十分重视其研究成果的保密，以防止研究成果被别人占为己有。

为了维持期刊的发展，第一任编辑亨利·奥登伯格和学会关心此事的其他同事一起，采用各种措施，引导学者们向《哲学学报》投稿。英国伦敦皇家学会在发表的学术论文上标记论文的收稿日期，以此作为研究成果优先权的判定标准，这一正式确认研究成果发现优先权的规范举措解除了学者们的顾虑。由于相应制度措施的实施，皇家学会和期刊主办者成功地说服了学者们，让他们心甘情愿地发表他们的最新研究成果，而不再对研究成果保密或只对其进行有限形式的交流。在发表的学术论文上标记论文的收稿日期业已成为当今学术期刊的制度规范之一。

在稿件量增加的同时，为了保证期刊的质量，亨利·奥登伯格开创了将投稿文章送给能够判断其质量的同行专家审查的做法，成为现代学术期刊同行评审制度的前身。[①]

印刷技术的发展为科学精神的要素——"公有化"的实现提供了技术支持；学术论文收稿日期的标注和同行评审制度的产生也促成了科学家观念的转变，即对其研究成果从保密到要求公开发表。皇家学会引导学者们主动交流其研究成果的理念是：学者们通过公开研究成果，来换取向他人提供新知识的荣誉性产权。

17世纪近代科学的发展对人们的社会生活产生了影响，科学研究从个人兴趣逐渐成为一种职业。在培根"知识就是力量"口号的影响下，人们希望通过学术研究了解和控制自然，科学精神的另一要素——"功利性"日益凸显。学者们认识到了发表学术论文的重要性：第一，学术论文可以在学术档案中永久保存；第二，其研究成果可以得到后人的引用；第三，有的成果甚至可能成为被世人广泛应用的常识；第四，就学者本人而言，通过学术论文的发表

---

① 美国科学、工程与公共政策委员会：《怎样当一名科学家：科学研究中的负责行为》（第三版），曹莉译，中国科学技术出版社，2014年，第27页。

能使其研究成果得到同行的承认，体现学者自身的价值，并达到学术交流的目的。所有这些都成为学者向学术期刊投稿的动机。

同时，在创办学术期刊的过程中，办刊者意识到，学者们成果和发现的产权不仅归学者个人拥有，而且也归国家所有，科学研究的学术水平代表国家的实力，这也成为办刊者创办学术期刊的动力。在《哲学学报》的发展过程中，皇家学会制订了严格的出版许可标准，严格筛选出版对象，以维持学者对期刊的信任；同时，作为科学团体，皇家学会在使自己合法化的过程中，为了确立其权威性，制定了一系列规范措施，对重要的学术研究成果提供证实。那些取得了被证实的学术研究成果的学者成为权威学者，他们具有三重角色：皇家学会的成员、《哲学学报》的撰稿人和读者。

作为学术研究的"生产者"，学者们关心的是通过发表其研究成果，经学术研究共同体内部的其他成员评价，得到承认。另一方面，作为学术研究成果的"消费者"，学者们关心的是其他人的经过同行评审且有相当水准的成果能成为自己继续研究的可靠依据。

17世纪末，编辑角色得到了进一步分化，出现了编辑部和编辑委员会。《学者期刊》于1702年规定，编辑部的每一位成员负责一个专门的学术分支，他们每周碰面，讨论选题。1752年《学者期刊》建立了论文委员会（Committee on Papers），委员会被授权寻找学会的任何一位与论文学科相关的专家评审论文。① 学术期刊编辑角色的出现和学术研究共同体的同行评审制度的建立，形成了更加制度化的模式，为学术期刊提供了研究成果采用的标准。同行评审制度和编辑委员会等几乎与学术期刊的创立和发展同步，延用至今日。

默顿学派认为同行评审制度的作用有如下几个方面："第一，同行评审专家帮助编辑从更加专业的角度评价稿件质量，尤其是一些难于取舍的稿件。

---

① 参见 Drummond Rennie, "Editorial Peer Review: Its Development and Rationale," Frona Godlee and Tom Jefferson (eds.), *Peer Review in Health Sciences*, Second Edition, BMJ Publishing Group, 2003, pp. 1-13, http://www.culik.com/1190fall2012/Paper_1_files/rennie.pdf [2019-4-30]。

第二，……除了判断稿件质量这一显著功能之外，匿名评审制度还存有一个潜在功能，即保护了很容易查找到的编辑，使编辑免受因稿件被否决而失意的作者的迁怒。第三，同行评审专家常常对论文提出根本性的、建设性的修改意见。他们还会提醒作者与论文有关的其他文献，通过对文献补充完善，使作者避免无意中重复前人的成果。第四，作为其领域的专家，经过他们的推荐发表，事实上证明了学术论文作者对学术研究领域的贡献。第五，编辑部在不断对同行评审专家进行筛选，这一过程像对将要发表的论文筛选一样，也是评审制度的一种功能。第六，同行评审制度为学术研究共同体提供了一个信念，即学术研究档案中所记录的东西可能是可靠的。第七，学术研究日益分化为大量的专门学科和广泛的专业网络，增强了同行评审制度的重要性。第八，对于年轻的科学家和学者而言，当他们被认为可以担当评审专家时，是一种象征性奖励。第九，同行评审制度有助于提高学术研究交流的质量。由于作者知道其论文会受到同行专家评审，他们在提交论文前会认真地准备，这有利于学者们将高标准内化。"[①]

评审专家的建设性意见事关重要，常常会对稿件产生实质性影响，因此审稿专家的意见应引起学者的高度重视。在此我们使用一个案例来说明同行评审的作用和意义。

著名物理学家爱因斯坦在位于美国普林斯顿的高等研究院度过了他的后半生，广义相对论的研究就是在此期间完成的。在1933年从德国到美国后，爱因斯坦并不熟悉美国物理学会的同行评审制度。1936年6月1日，爱因斯坦和罗森（N. Rosen）向《物理评论》编辑部提交的学术论文《引力波存在吗？》。在编辑部按照美国物理学会审稿规则将认为论文的结论是错的并要求作者修改的评审

---

① 参见 R. K. 默顿：《科学社会学：理论与经验研究》（下册），鲁旭东、林聚任译，商务印书馆，2003年，第二十一章"科学界评价的制度化模式"（本章与哈丽特·朱克曼合著），第633—680页。

> 意见反馈给爱因斯坦时,编辑部收到的爱因斯坦的回复却是:"亲爱的先生:我们(我和罗森博士)曾将我们的稿件寄给你发表,但我们并未授权你在该文印出前拿给任何专家看。我觉得我没有任何理由去回答你那位匿名专家的评论,况且评论是错误的。鉴于此,我宁可在别处发表这篇文章。"在获得编辑部同意退稿的退稿信之后,爱因斯坦将此论文投寄到了《富兰克林研究所杂志》(*Journal of Franklin Institute*)。此稿发表在1937年1月出版的《富兰克林研究所杂志》(第233卷第1333—1334期)上,文章的标题改为《论引力波》,结论从否认引力波存在变成肯定引力波存在;与原稿的另一个不同是,作者在文末加了一个附注:"因罗森博士前往苏联,本文的第二部分由我做了相当大的改动,这是因为我们先前错误地解释了我们所得公式的结果。在此我希望感谢我的同事罗伯森教授在澄清原来错误上给予的友好协助……,A.爱因斯坦。"①

爱因斯坦的稿件结论最终得以更正,得益于其同事罗伯森教授(H. J. Robertson)的讨论和坚持。由于《物理评论》采取的是匿名评审,所以爱因斯坦并不知道当时的评审专家就是他的同事罗伯森教授。从该案例我们可以得到以下启示(也是学术规范):

第一,同行评审专家意见常常具有建设性,作者应引起重视。就本案例而言,虽然爱因斯坦不能接受《物理评论》编辑部将其论文送交同行评审专家评审,我们也无从知晓评审意见是否对论文结论的改变有直接影响,但是审稿专家的评审意见从客观上提出了爱因斯坦论文的错误所在。爱因斯坦无疑是幸运的,因为他遇见了锲而不舍的罗伯森教授,罗伯森教授不仅在评审意见中指出了论文的问题,而且能通过交流讨论提出问题所在。我们要强调的是,作者对同行专家的评审意见都应高度重视,无论他们是肯定作者工作的意见还是否定作者工作的意见。

---

① 参见刘寄星:《爱因斯坦和同行审稿制度的一次冲突术》,《物理》2005年第7期,第487—490页。

第二，按照学术规范，作者应在稿件正式退稿后再投寄下一期刊。爱因斯坦向《物理评论》编辑部提出退稿要求，并在收到编辑部退稿信后将其论文提交到《富兰克林研究所杂志》编辑部，爱因斯坦的行为严格遵循了学术规范的要求。

第三，对于论文有帮助的人员，作者应在致谢中表达感谢之情。该案例中，爱因斯坦的同事罗伯森教授对爱因斯坦的论文从《引力波存在吗？》到《论引力波》的内容修改上起到了关键性作用。在罗伯森教授发现爱因斯坦的论文《引力波存在吗？》中的错误后，一直通过爱因斯坦的新的学术助理因费尔德说服爱因斯坦，直至最后《论引力波》一文结论的修改。因此，在正式发表的《论引力波》的致谢中，爱因斯坦特别对罗伯森教授表示了感谢。

第四，作者应对论文内容中有重大修改的，尤其是未经同行专家评审的部分，在论文后加以说明。该案例中，虽然爱因斯坦将论文从《物理评论》转投到了《富兰克林研究所杂志》，他仍然非常诚实和客观地描述了研究的过程。在其文后，他陈述了另一位署名作者罗森回苏联后后续研究工作的进行情况。这体现了文责自负的责任担当。我们要强调的是，一篇学术论文如果出现同行评审以后的重大修改，应该在论文中加以说明，这样的行为才是诚实、负责任的研究行为。

（二）常见的几种同行评审方式

同行评审制度虽然成为当前各类学术性期刊对稿件进行遴选时遵循的基本原则，但是同行评审也有其缺陷，自从其诞生以来就受到各种质疑：评审过程花费了大量人力和经费；同行评审专家可能会受到作者的名气、地位甚至利益冲突的影响，稿件评审可能出现不公正的现象等。[1]同行评审可能被视为暗箱操作，延缓了学术论文发表的进程；同行评审中有同行专家做出了不负责任的行为；同行评审抑制了学术论文的创新；同行评审滋生了学术不当行为……针对这些质疑，学术界不断创新同行评审方式，以期望同行评审尽量做到公平

---

[1] Trisha Gura, "Peer Review Unmasked," *Nature*, CDXVI, 2002, pp.258-260.

和受到学界监督。

单向匿名评审制、双向匿名评审制、开放式交互评审制是目前各种科技期刊评审中使用最为普遍的，研究者们对其利弊也进行过很多分析[①]。

1. 单向匿名评审

单向匿名评审是将同行评审专家的信息对投稿人保密，而作者的姓名对同行专家公开，目的在于使同行专家无须为拒稿可能引发的作者报复而担忧，以保证同行评审专家能专注于评审稿件质量，同时，作者的声誉及学术严谨作风等研究背景给同行专家评判稿件提供了方便。这是目前国际上使用最普遍的一种评审形式。

默顿根据1948—1956年间美国知名科技期刊《物理评论》的档案，针对编辑和同行评审专家对论文是否录用所做决定的方式进行了系统研究。《物理评论》的评审方式就是单向匿名评审制。他得到的结论是，《物理评论》所运用的同行评审标准是严格的。在整个评审过程中，评审是公正的，多位评审专家意见具有一致性，评审结果与参与评审的同行专家的地位、权威无关。同时默顿也发现，存在同行专家由于利益冲突有意压制稿件发表的可能。[②]

在这种评审过程中，只有编辑、评审人参与其中，了解是否出现评审不公的现象。作者只被告知结论式评审结果，这种形式对作者似乎是不公平的。同时，评审时间过长、费用偏高、易于形成学术垄断等都是其弊端。

2. 双向匿名评审

双向匿名评审就是将同行评审专家的信息对投稿人保密的同时，也将投稿人的名字从稿件中隐去，使审稿者不受作者的名气、地位或个人恩怨所影

---

① 参见杨丽君：《关于审稿制度的思考》，《中国科技期刊研究》2003年第1期，第87—89页；包雅琳、钱寿初：《网上公开审稿：审稿机制的改革》，《中国科技期刊研究》2001年第1期，第44—46页；江星：《论非理性因素对科技期刊专家审稿的影响》，《编辑学报》2004年第4期，第245—246页；R. K. 默顿：《科学社会学：理论与经验研究》（下册），鲁旭东、林聚任译，商务印书馆，2003年，第二十一章。

② 参见R. K. 默顿：《科学社会学：理论与经验研究》（下册），鲁旭东、林聚任译，商务印书馆，2003年，第655页。

响，保证在评审过程中以学术质量为唯一标准，以实现评审的公正。

默顿对此也有研究，研究发现：双向匿名评审不能确保达到倡导者最初的意图。即使采用双向匿名评审制度，同行审稿人也能通过研究内容及写作方式知道结果从哪里来，由谁完成或者受到什么人的指导。因此，"去掉作者的名字和所属研究机构并不能使稿件匿名化"①。

对于评审专家而言，相较于编辑将投稿人的名字从稿件中隐去，他们更希望通过编辑部提供作者的信息，作者的信誉和研究背景有助于他们对稿件质量做出准确判断。这种想法和潜意识的作用是不可避免的，同时，双向匿名式会使评审专家产生不被编辑部信任的想法。

3. 开放式评审

开放式评审是将作者和审稿人的背景向双方公开，其目的是加大评审过程的透明度。事实上，这种方式也不能保证评审的公正性，它并不能保证评审人不受作者的名气、地位或个人恩怨影响。由于在学术研究共同体内部学者们不仅是撰稿人同时也是审稿人，对于会受到报复的担心是开放式评审所不能回避的。

《英国医学杂志》（*BMJ*）从1999年起开始采用开放式评审制度，作者和审稿人相互了解对方的背景。该方法要求审稿人在他们的审稿报告上签名和注明他们在哪里工作。编辑部也请作者提供与他们工作有关的审稿人名单。但是该方法并不是作者可以与评审人直接联系讨论评审报告，整个过程必须通过编辑部进行。在出版物中，每篇论文的最后都有审稿人的姓名。采取该种评审方法是为了避免匿名评审中的弊端，使审稿过程成为一种科学讨论，而不是结论式判决。但在实施中，也有同行专家申明，如果采用开放式评审形式，他们将不参与评审。②

---

① 参见 R. K. 默顿：《科学社会学：理论与经验研究》（下册），鲁旭东、林聚任译，商务印书馆，2003年，第663页。

② Richard Smith, "Open up BMJ Peer Review: A Beginning that Should Lead to Complete Transparency," *British Medical Journal*, CCCXVIII, 1999, pp. 4-5.

采取何种评审方式，不仅仅是期刊的单方面要求，也需要根据同行专家的意见确定。在《自然》设定的"Reviewer information"项目中，包含了对具体同行专家和匿名审稿专家的感谢。如："Reviewer information：Nature thanks J. Hanna, J. Neefjes and the other anonymous reviewer(s) for their contribution to the peer review of this work."① 这一信息表明，《自然》尊重同行专家的意见，是否愿意公开自己的信息由同行专家自己决定。

（三）开放共享交互式评审

随着科学技术的进步，网络化给科技期刊带来了更多更快的发展空间，使知识的传播得以进一步加快，同行评审过程通过网上实施已成为现实。这里我们介绍一种与传统评审方式不同的利用网络技术完善审稿过程、保证期刊质量、缩短出版周期的开放共享交互式评审过程。

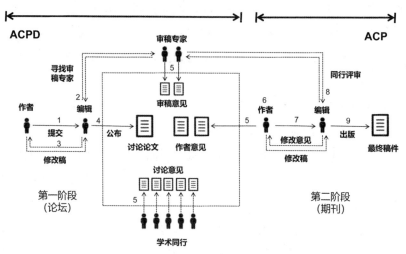

图3.1　ACP和ACPD交互评审过程图

首先推出这种评审方式的是2004年由欧洲大气科学联合会创办的《大气化学与物理》（*Atmospheric Chemistry and Physics, ACP*）。②ACP是一种开放

---

① *Nature*，DLXVI, February 2019, p. 274.

② http://www.copernicus.org/EGU/acp/ACPStats2.html [2019-4-30].

交互式的学术期刊，它的同行评审和出版过程不同于传统学术期刊。在以正式版本发表在ACP的印刷版、CD版和永久存放在档案里以前，他们利用"大气化学与物理讨论"（Atmospheric Chemistry and Physics Discussions, ACPD）论坛，在网上进行科学讨论。

交互式评审包括两个阶段。第一阶段，作者的投稿经编辑部初步审定后，请同行专家评审。最初由编辑部完成的审定保证了发表在ACPD上论文的科学质量和技术质量。该阶段的具体实施过程包括：（1）作者提交论文。（2）编辑初步审查，并提出初审意见。（3）作者根据编辑要求对论文进行技术修订，以保证论文达到放置到ACPD论坛上的要求。（4）编辑将通过初审的论文发表在ACPD论坛上，论文成为被讨论论文（Discussion Paper）。

第二阶段，对发表在ACPD论坛上的被讨论论文，由审稿专家、作者和科学共同体成员共同参加交互式讨论和公共评论，所提意见经编辑对其中具有人身攻击内容或过激的言论进行过滤后也提交到网上。通过交互式讨论和公共评论，作者可以不断地修改和完善原稿，以提升和保证在ACP上发表的论文的质量。具体实施过程包括：（5）完善ACPD论坛内容，该过程包括三个方面：同行专家对被讨论论文进行评审，评审意见放入ACPD论坛之中；科学共同体的其他研究同行对被讨论论文的进行评阅，评阅意见也放入ACPD论坛之中；作者可以针对同行们的意见进行讨论和辩护。（6）作者汇集所有意见，并对论文进行修改。（7）作者向编辑提交修改稿。（8）同行评审完成。（9）最终的论文修订版正式在出版物ACP上出版。

这种方式突破了传统的封闭式的同行评审方法，充分利用网络的潜力鼓励学术讨论，以提高论文质量，加快学术论文的发表速度。即使没有收到学术共同体其他同行提出的意见，也保证了传统意义上同行评审的完整性。这种透明的方法评审保证了ACP的论文质量。

该种评审方式的倡导者认为，该评审形式可以避免审稿人的暗箱操作，加快论文的发表周期。也有专家认为该种方法只适合部分专业期刊，由于在稿件的快速移动中存在剽窃的可能，在高竞争领域中不适合使用这种评审方式。《自然》杂志编辑认为该评审方式的一些创新值得关注，但无论是《自然》还是《科学》都没有计划实施任何形式的开放交互式评审。①

（四）未经同行评审发表案例

虽然同行评审是评价研究成果的基本方法之一，但在科学史上，并非所有具有重大意义和划时代的研究成果都通过同行评审之后才公开发表。

1951年《自然》发表了沃森（J. D. Watson）和克里克（P. H. C. Crick）有关DNA（脱氧核糖核酸）结构的论文，该文没有送出去进行传统的同行评审。编辑约翰·马杜克斯（John Maddox）说："沃森和克里克的文章没有通过同行评审，该文可以不通过评审，它的正确性是不证自明的。"②

1905年，著名的德文期刊《物理学年刊》发表了爱因斯坦的四篇包括狭义相对论和光电效应的非凡论文。当时《物理学年刊》的主编普朗克认识到这种新奇观点的重要价值，爱因斯坦的论文没有一份发给外部的评审专家。出版的决定是由主编普朗克和联合编辑威廉·维恩（Wilhelm Wien）专门做出的，他们后来也都获得过诺贝尔物理学奖。没有实施外审就发表论文，得益于当时《物理学年刊》的出版政策。其出版政策允许作者在发表过一篇论文以后有言论自由的权利；对一种新观点，评审中提不出否定意见就可以发表。事实上，近年来的评审过程显示，对于一个新观点，反对意见比赞同意见更多。③而当时的爱因斯坦仅仅是一位专利局职员，从某种意义上而言，他极有可能被断定为民间科学家。其当时超前的研究成果如果放在今天，我们并不能确定能否得到发表。

二、同行评审制度面临的挑战

同行评审制度建立在科学家能严格遵守科学道德规范的基础之上，同行评审的公正、公平需要学术研究共同体的自律来维护。评审专家、作者以及评审过程产生的不当行为是目前同行评审制度面临的最大挑战。

---

① Trisha Gura, "Peer Review Unmasked," *Nature*, CDXVI (2002), pp.258-260.
② John Maddox, "How Genius Can Smooth the Road to Publication," *Nature*, CDXXVI (2003), p.119.
③ Editorials, "Coping with Peer Rejection," *Nature*, CDXXV (2003), p.645.

（一）评审专家的不当行为

评审专家可能利用职权将作者的研究工作占为己有；有意通过拖延评审时间，将自己类似的研究成果抢先发表；对不同的语言、种族和性别抱有偏见；对研究内容抱有主观性态度等。如1980年《科学》杂志分两次报道了震惊科学界的耶鲁医学院学术剽窃事件：《耶鲁错综复杂的论文作假案（1）：作假事件暴露》[①]，《耶鲁错综复杂的论文作假案（2）：失去高级职位》[②]。担任《新英格兰医学杂志》同行评审专家的费利格利用评审职务之便，擅自将一篇由其评审的手稿转于其同研究领域助手索曼传阅。为抢夺优先发表权，一方面，费利格给予该手稿"拒绝"的评审建议，另一方面，索曼复印该手稿，重新整理后与费利格共同署名发表。

（二）作者的不当行为

如果作者对数据蓄意造假，同行评审将失去其把关的作用。同行评审过程中，同行专家仅仅依赖于个人的研究经验来判断学术论文的真实性和可靠性，没有责任、义务和时间去重复学术论文中报道的结果。这为那些在利益发生冲突或在急功近利的驱使下有意产生不当行为的学术论文作者创造了机会和条件。2002年物理学界的两个重大事件——劳伦斯伯克利国家实验室（LBNL）的尼诺夫事件和美国朗讯科技公司贝尔实验室的舍恩事件就是最好的例证。

面对20世纪70和80年代主要发生在生命医学领域的各种欺诈行为，1987年美国物理学会在《今日物理》（*Physics Today*）上发表文章认为：在科研活动中，物理学共同体一直拥有高的道德水平和科研诚信。美国物理学会是无须证实的道德规范的少数专业学会之一。[③]但在2002年发生的尼诺夫事件和舍恩事件彻底改变了美国物理学界的这一局面。

---

① Broad William, "Imbroglio at Yale (I): Emergence of a Fraud," *Science*, CCX (October 1980), pp.38-41.

② Broad William, "Imbroglio at Yale (II): A Top Job Lost," *Science*, CCX (October 1980), pp.171-173.

③ *Physics Today*, June 1987, p.81.

1999年劳伦斯伯克利国家实验室在合成118号超铀元素时，委托尼诺夫独自一人承担模拟、处理原始数据的任务。实验数据缺乏合作者的核实和监督，最终导致论文数据造假。2002年劳伦斯伯克利国家实验室主动向PRL编辑部提出撤销1999年发表的论文。在反思该事件时，劳伦斯伯克利国家实验室主任尚克认为，其中重要的一条是："在一篇论文发表之前，所有作者都有责任核实数据。" 尚克还特别强调了"科学诚实"的重要性，认为："对一个实验室来说，没有比科学诚实更重要的东西了。只有拥有了这种诚实，资助研究的公众才会对我们有信心。"①

2002年，贝尔实验室的舍恩被发现研究数据造假。贝尔实验室在查实事实后将其开除；2003年，舍恩被撤销了21篇论文，其中包括《科学》的8篇、《自然》的7篇和《物理评论快报》的6篇；2004年6月，其博士学位被其母校康斯坦茨大学撤销。舍恩事件的独立调查小组在调查中发现：舍恩没有做实验笔记的习惯；储存在计算机中的原始实验数据已经被舍恩全部删除，据说是因为计算机硬盘空间不够；舍恩制造出来的实验样品或者已被扔掉，或者已毁坏，没法重新测量……这些都是有悖学术规范的做法。

不久之后，韩国生物科学家黄禹锡的研究造假行为也被世人所知晓。2004年2月，黄禹锡在《科学》杂志上发表论文，宣布在世界上率先用卵子成功培育出人类胚胎干细胞；2005年5月，他又在《科学》杂志上发表论文，宣布攻克了利用患者体细胞克隆胚胎干细胞的科学难题，其研究成果一时轰动全球。2005年12月，他被揭发伪造多项研究成果。2006年2月10日，首尔大学调查委员会发表最终调查报告，宣布黄禹锡这两项突破性研究的实验数据是伪造的。美国《科学》杂志12日正式宣布，撤销黄禹锡等人的两篇被认定造假的论文。《科学》杂志发表声明说："鉴于首尔大学的最终调查报告确认两篇论文均系假造，《科学》杂志的编辑们认为有必要立即且无条件地撤销这两篇论文。同时，我们通告科学界，两篇论文所报告的研究成果被视为无效。"《科学》杂志还表示，将建立更为完善、更加严格的论文发表程序，避免此类事件

---

① 中国科学院网站：《美国一国家实验室承认两种超重元素实验数据造假》，http://www.cas.cn/xw/kjsm/gjdt/200207/t20020717_1005964.shtml[2021-7-26].

的再次发生。《科学》杂志的主编肯尼迪说："同行评审有时的确无法做到万无一失。如果一位非常精明的研究人员伪造数据，再机敏的审稿人也难以识别出来。不能期望审稿人发现故意作假行为。"

（三）评审过程的造假

学术期刊的评审过程中，有一个通用的规则——大多数学术期刊编辑部要求作者向编辑部提供同行评审专家名单或欲回避审稿专家名单。这一规则的目的和作用在于：第一，随着学术研究的专业性凸显，以及交叉学科领域的扩大，由于编辑本身学术专业的限制，在选取同行专家时可能会出现评审专家对论文内容不熟悉或不能实施评审的情况，从而延误评审过程。因此，编辑部为了提高评审效率，希望作者本人推荐能对稿件的学术性和质量做出准确判断的专家的名单。通常，推荐名单对编辑部而言仅仅是建议性的，编辑常常会根据需要调整评审专家人选，这一规则对学术期刊的正常发展起到了非常重要的作用。第二，作者推荐审稿专家，也帮助编辑部不断扩充和完善审稿专家队伍，实质上为同行专家名单数据库的建立和完善做出了贡献。第三，为了避免因潜在的个人恩怨或裙带关系（比如师徒关系、同事关系）对评审公正性的影响，编辑也希望作者提供欲回避审稿专家名单。因此，在学科专业化和学科交叉高度发展的情况下，编辑部能根据作者诚实推荐的同行专家，快速寻找能准确判断论文学术水平的同行专家，不断完善同行专家名单数据库。这一规则的实施前提必须是学术研究共同体的成员高度诚实。

然而，这一建立在信任和诚实基础上的提供同行评审专家名单或欲回避审稿专家名单的制度规范被一些不诚实的作者所利用。网络技术的发展使得学术论文评审过程得以实现全程在网上完成，在评审效率提高的同时，也为作者或第三方在推荐同行评审专家名单上造假提供了条件。近年来论文作者因涉嫌编造审稿人和同行评审意见而被撤销论文的事件逐渐增加。2017年4月施普林格·自然（Springer Nature）出版集团旗下《肿瘤生物学》（*Tumor Biology*）期刊撤稿107篇，并说明撤稿原因是论文作者编造审稿人和同行评审意见，论文的作者全部来自中国。[①]就这一事件的原因和责任，学者们还存在争议，但作者投机取巧、不诚实的行为却是不争的事实，这一不当行为已经严重地损害了中国学术界的国际形象和声誉。

造假作者本人或经第三方通过申请邮箱（如gmail等）账号，伪造同行专家的联系方式，致使编辑送审的稿件回到了作者或第三方手中，由作者或第三方冒专家之名对论文进行评审。这一欺诈行为是非常恶劣的，因此，相关单位也制定了相应的规范。如2018年中共中央办公厅国务院办公厅印发《关于进一步加强科研诚信建设的若干意见》，强调"不得购买、代写、代投论文，虚构同行评议专家及评议意见"。2018年中国科学院科研道德委员会办公室发出的《关于学术论文署名中常见问题或错误的诚信提醒》之提醒八为："不建议使用公众邮箱等社会通讯方式作为作者的联系方式。"

三、评审专家的责任和义务

虽然国际学术期刊的同行评审过程占用了同行评审专家大量时间和精力，却没有实质性的酬金回报，但是对同行专家而言这往往是一种象征性荣誉。长此以来，学术界的同行专家秉承相互信任、诚实守信的原则，使评审制度得以坚持并扩展到了学术活动的其他领域。针对在评审过程中的科学不端行为，各学会团体或组织机构在规范同行专家的行为方面也出台了专门的政策措施。2006年美国化学会发布了《化学研究出版道德指南》，2015年的新版中对同行专家的责任和义务进行了详细的规定。本节我们以《化学研究出版道德指南》为例，介绍同行专家的责任和义务。

（1）同行评审是学术论文发表的重要步骤，每一位科学家都有责任参与公正的评审。

（2）评审专家如果不能胜任评审工作，应及时将稿件退回编辑部。

---

① 参见 http://news.sciencenet.cn/news/sub26.aspx?id=2959[2019-4-30]。

（3）评审专家应从实验、理论、语言表达和翻译角度，使用恰当的语言客观地评价论文质量……评审专家应尊重作者的学术独立性。

（4）在评审论文与专家正在进行或已经发表的工作相近时，评审专家应该特别注意是否存在利益冲突。如果怀疑存在，评审专家应及时将稿件退回编辑部，并告知编辑可能引发的冲突或偏见。或者，审稿专家在评审中进行标注，由编辑做出判断并转告作者。

（5）应避免评审专家与作者因个人或学术上的关系而导致评审的偏见。

（6）被评审稿件是保密材料，评审专家不应将稿件内容透露给其他专家，或与其他专家讨论稿件的内容。如果评审需要得到其他专家的建议，应将参与评审的专家身份告知编辑部。

（7）评审专家应有充分的理由解释并支持其评审意见，使编辑和作者可以理解评审意见的基本观点。对任何已经发表的观察资料、词源或论点的陈述都应有相应的引用文献。在审稿专家的评审意见或作者的反驳意见中，应避免没有价值的无法证实的评判。

（8）评审专家应指出作者的引文错误，包括对其他科学家和评审专家自己的工作的引用。……如果发现评审稿件与已经出版的和其他期刊正在评审的稿件之间存在实质性的相似之处，评审专家应提醒编辑注意。

（9）评审专家应按时反馈审稿意见。若由于各种原因未能及时处理稿件，应将未审稿件尽快返回编辑，或者通知编辑，请求延期。

（10）在未经作者同意时，评审专家不能使用或透露评审中的论文所涉及的任何信息。稿件的内容与审稿专家部分工作存在分歧时，按照规定，审稿专家可以终止评审，或者将其研究情况告知作者和编辑。

（11）审稿专家的评审意见有时是对作者工作的批评，甚至是措辞严厉的批评，必要时可适当提及，但不能对研究人员进行人身攻击。[①]

四、论文撤销制度

撤销已发表论文政策是对同行评审缺陷的弥补，是对学术道德失范行为行之有效的惩罚措施，同时，也是净化学术文献的政策保障。[②]1987年，国际医学期刊编辑委员会(ICMJE)首次实施撤销论文的政策，对不宜在文献资源中继续保存的有错误的学术论文进行处理，并将错误分为两类：一类是可通过发表勘误更正的错误；另一类是需要撤销已发表论文的错误。在同行评审过程中未被发现的各种问题论文均会通过纸质版和电子版发布撤销声明。这一政策的实施进一步净化了学术文献，保证了学术文献的可靠性和准确性，实质上是对同行评审制度不足的弥补，被各学会和学术期刊推广采用。《自然》出版集团明确表示，若发表的论文中出现剽窃、篡改、伪造等科学不端行为，编辑部将进行调查，一经核实，通知作者单位和其基金资助单位，严重者将撤销论文。美国化学会的出版刊物要求，作者必须严格遵守该学会颁布的出版道德指南，该指南将撤销论文作为对涉及科研道德失范行为的作者的处罚。2009年，受路透社委托，《泰晤士报》负责高等教育的部门进行了一项调查，调查显示在2008年发表的140万篇论文中，有95篇被撤销。而自1990年起，发表的论文总数翻了一倍，但撤销论文的数量增加了10倍。

中国作者在国际期刊上发表的论文被撤销的情况相对比较严重。笔者曾承担一项科研项目，专门对ScienceDirect数据库中1992—2010年间的撤销论文

---

① ACS, "Ethical Guidelines to Publication of Chemical Research," http://pubs.acs.org/userimages/ContentEditor/1218054468605/ethics.pdf[2019-4-30].
② 参见刘红：《预印本库和撤销论文制度：同行评议有益补充》，《中国社会科学报》2012年8月15日，第B06版。

进行分析。①研究发现，在因作者原因撤销的484篇论文中，有96篇来自中国作者，为各国被撤销论文总量之最。将被撤销论文数与被数据库收录的论文总数之比进行比较，中国作者的撤文比仅次于印度，成为撤文比第二高的国家。更为严重的是，近年来，中国作者被撤销论文数量的增加趋势远明显于其他国家。从2005年起每年被撤销的论文均在10篇以上，2008年以后每年被撤销论文数量均为世界第一，2009年被撤销量达到24篇。中国作者被撤销的论文中，16%的论文涉及剽窃、伪造和篡改研究结果等科学不端行为，70%的论文涉及重复发表、署名、引证、利益冲突、版权、致谢不当等问题。

2015年3月英国现代生物出版集团宣布撤销旗下12种期刊的43篇论文，其中41篇来自中国作者。同年8月施普林格出版集团撤稿64篇，10月爱思唯尔撤销旗下5本杂志中的9篇论文，作者全部来自中国。仅在2015年到2016年间，几大国际出版集团的4批集中撤稿中，涉及中国作者的论文就有117篇。此外还有前文提到的《肿瘤生物学》的107篇撤稿。

目前国际期刊界的撤销论文分为作者主动撤销和出版者撤销，通行做法是在期刊发表撤销声明，明确写出该文被撤销的原因，并通过各种链接公布于众。这种做法的重要性体现在以下几个方面：第一，保证了学术文献的完整性和准确性；第二，让学者们了解自己所关注的论文的现状，为他们正确引证文献提供依据；第三，撤销论文原因的公布将起到警示作用，对提高人们的科研道德水平有积极影响；第四，对于科研道德失范的作者而言，论文被撤销降低了他们的学术声誉，提高了他们发生失范行为的成本。

撤销论文的过程是严谨而复杂的，需要经过同行举报、编辑调查核实、编辑部认定处理等程序。据报道，通过各种问卷调查发现，有科学失范行为的论文比例比正式撤销的科研失范行为论文的比例大得多，这说明目前在举报、调查、确证的过程中仍存在相当大的难度。

---

① 刘红、胡新和：《国际学术期刊撤销已发表论文的实证分析——以 ScienceDirect 数据库为例》，《中国科技期刊研究》2011 年第 6 期，第 848—852 页。

五、非同行评审电子文档库

近年来，在网络技术的支持下，与同行评审期刊有本质区别的非同行评审电子文档库方兴未艾，如著名的arXiv数据库等。这类数据库因其加快了学术信息交流的速度，愈来愈受到学术界的欢迎和重视。电子文档库收集尚未正式发表在学术期刊上的学术论文，坚持作者自愿提交、文责自负的原则，作者在将论文提交到同行评审的学术期刊正式发表的同时，可以将论文提交到电子文档库公开。学术同行可以通过订阅，及时和自动获取相关领域的学术论文。科学家将论文提交给电子文档库的好处有两点：一是能使其学术成果的优先权得到及时确认，避免同行评审过程中发生的剽窃行为；二是这些论文能让学术同行在第一时间了解科研发展的最新动态，有效避免了因期刊出版的长周期造成的信息获知的延后现象。

事实证明，一些重大的研究成果已经通过电子文档库获得了学术界的承认。例如，对证明庞加莱猜想做出决定性贡献的俄罗斯数学家格里戈里·雅柯夫列维奇·佩雷尔曼的系列论文从2002年11月起在arXiv上发表，而未在同行评审的数学期刊上发表。此后，全世界的相关数学家对他公布在电子文档库中的论文中的研究成果进行了验证。因其重大成就，在2006年8月22日第25届国际数学家大会上他被授予了数学界的最高科学奖——菲尔兹奖。

目前，电子文档库已经被提高到与传统出版物同等重要的地位，成为学术论文引证的重要文献源。需要特别指出的是，绝大多数严谨的科学家提交到电子文档库中的论文是严格遵循学术规范的，但是由于不经过同行评审，也有一些鱼目混珠的、具有错误的甚至有误导嫌疑的论文被提交到数据库中，因此，需要学者们自己来判断电子文档库中论文的真伪及学术价值。由此可见，虽然电子文档库具有及时、方便、免费的特点，但尚不能完全代替同行评审的学术期刊。

提交到电子文档库的论文与提交到学术期刊上的论文是否涉及多重发表？期刊论文发表后，预印本数据库的论文版本如何变更？这些都是现在学者们关注的话题。现在很多学术期刊已经允许作者在提交学术论文的同时将其提交到电子文档库中，电子文档库也要求作者自觉对论文进行维护，在学术论文在学术期刊上正式发表后将相关的出版信息，如期刊名、卷、期、页等补充到电子文档库之中。

六、小结

科技期刊同行评审制度是高水平的学术论文进行正常科学交流的保障。客观、公正、高效的评审制度是保证科技期刊质量的前提，对于评审制度利弊的讨论一直在学术研究共同体中进行。为了避免同行评审的缺陷，人们一直在不断寻求新的更加合理的评审方式。无论是传统的同行评审，还是交互式评审，乃至于电子文档库，都在保证出版物质量和加快出版速度上起到重要作用，推动和影响着同行评审制度的发展。

无论是哪种评审方式，学者的科研道德——诚实都是同行评审正常运行和评审结果公正的前提和保障，无论是同行专家还是论文作者都必须拥有高标准的道德水平，这是内在的重要因素。同行评审制度规范的完善从外部规范了学者们的行为，内外的标本兼治才能有效治理学术环境。

同行评审的公正性和开放性问题是一个世界性难题，同行评审的过程涉及社会环境、伦理道德、行为规范、心理动机、科技政策等各个方面。网络化为同行评审方式多样化和评审速度的提高提供了技术支持。科技期刊要真正达到其传播科学知识的目的，保证其权威性和公正性，对社会的可持续发展发挥作用，还需要加强其各个环节的制度化建设。

第四章　数据及其制度规范

数据已经成为社会生活和学术研究中必不可少的重要依据和基础。在使用中，其价值被不断提升。与此同时，数据涉及知识产权、保存管理和安全等一系列具有挑战性的问题。为了更好地、充分地利用数据，相关的数据规范要求得到了学术界甚至各国政府的高度重视，相关政策法规相应形成。

由于具有精确性和完备性的特点，从近代科学诞生以来，数据在科学研究中的重要地位就已经确立。在自然科学领域，有关数据的测量、精确度提高的实验方法，对数据的理论解释，利用数据作为对理论存在的判据等，均已成为基本的研究方法和手段。伴随着大数据的产生和发展，对数据进行挖掘等新的研究方法使自然科学领域的研究范式得以扩充，对数据的应用和研究范式也已经从自然科学发展到社会科学，乃至人文科学等各学科领域。

数据的获取和解读是学术研究中两个相互联系、相互作用的至关重要的环节。学术论文撰写的目的实际就是作者对研究数据的解释和理解的表达，通过对大量数据的论证获得研究结论，最终将研究成果转化成为真实可靠的科学知识。撰写的学术论文是否达到学术界出版的要求，数据的完备性是决定因素。

在学术研究中，学者们并非将数据的获取和研究与学术论文写作割裂开来，而是将其作为相互补充完善的有机整体。

为了进一步形象和直观地解读，人们常常使用图和表对数据进行表达。而图表的绘制正是对数据完备性的检验，也是学术论文正文撰写的前提，因此，数据的获取和图表的制作贯穿学术研究始终。数据的获取和图表的制作是相互补充和完善的过程，通过对图表的反复修正可以检验数据是否完备，是否还需要增加观察或实验的过程以补充、完善数据。

本章将对数据、数据的范例、数据的制度规范加以梳理，为学术研究的开展打下必要的基础。

本部分内容源于文献①。

一、数据及其种类

（一）什么是数据

目前学术界对数据尚未有一个统一的定义。哲学家们认为数据是事物现象的表征，只有通过数据才能获知事物的现象。②在计算机领域，数据被理解为能够客观反映事实的数字和资料。其内涵包括：第一，数据是对客观事物的符号表示，是用于表示客观事物的未经加工的原始素材，如图形、数字、字母等。第二，数据是通过物理观察得来的事实和概念，是关于现实世界中的地方、事件、其他对象或概念的描述。第三，数据是客观对象的表示，是信息的表达，而信息则是数据内涵的意义，是数据的内容和解释。第四，数据的格式往往与计算机系统有关，并随载荷它的物理设备的形式而改变。③

在科学研究中，不是只有作为科学研究一部分的信息和观察才被认为是数据。数据还包括材料、产品、程序和作为研究项目一部分的其他数据源（如图片等）。从本质上说，数据能告诉人们如何理解和认识世界。因此，数据被界定为用作推理、讨论或计算基础的事实信息（如测量或统计）。④

---

① 刘红：《科学数据的哲学研究》，中国科学院大学博士学位论文，2013年。
② 参见 James Bogen and James Woodward, "Saving the Phenomena," *Philosophical Review*, XCVII, 1988, pp. 303-352。
③ 参见 http://www.hudong.com/wiki/%E6%95%B0%E6%8D%AE&prd=button_doc_jinru[2020-2-24]。
④ 参见 Meghan B. Coulehan and Jonathan F. Wells, "Guidelines for Responsible Data Management in Scientific Research," https://ori.hhs.gov/sites/default/files/data.pdf [2020-2-24]。

（二）数据的演变

最为直观的数据，也就是传统意义上的数据，是由数类和单位类组成的表征事物属性的类，蕴含着人类不断积累的知识，并使人能从事物本身和道德上做出好坏的判断。数类是抽象的数字符号，它包括可以转化为数字的图、表、文字和传统意义的数字；单位类表示事物的属性、特征，与具体事物相联系。比如我们说张某身高1米8（常表示为1.8m或180cm），1.8或180仅仅是抽象的数字符号，只有与表示长度的单位m或cm一起使用，1.8m或180cm才能传递有意义的、有确切含义的信息。

在获取相关信息以后，人们对这些信息进行更多的解读，这就需要通过已有的规律对其进行判断，最终获得事件状态的结论，形成知识。

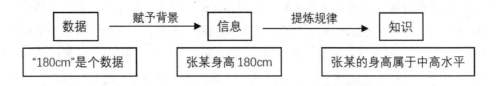

图4.1 从数据、信息到知识的演变[①]

在现代社会，数据已经渗透到社会发展和人类进步的方方面面。数据的种类很多，从数据所属领域而言，有社会数据、经济数据、军事数据、科学数据等。在统一规范下，这些数据在不同学科之间具有可通约性，也正是数据的共享性、精确性以及数据自身的生命周期性构成了数据的价值。数据也因其是研究对象的本质特征的表象而成为归纳和演绎出研究对象内在规律的依据。要实现数据的可通约，数据的规范最为重要。规范的数据有利于数据的交流、沟通，提升数据的价值。

科学数据是指科学研究活动中观察、测量和模拟获得的，以此为依据推导自然界和人类自身的变化规律或用以验证已有理论的数据。科学数据是科学共同体用于学术研究的一种普适语言，具有简洁、精确、易交流等特征。

从科学数据的发展历程可以发现，近代科学的最大特点是其在诞生之初

---

① 参见涂子沛：《大数据》，广西师范大学出版社，2012年，第88页。

科学仪器的使用。17世纪的望远镜、显微镜等科学仪器的使用，在广度和深度上扩展了人类的观察视野，实现了更为精确的观察和实验数据的获取。20世纪中期，电子计算机的使用，实现了数值模拟，大大扩展了科学数据的种类。近年来大数据的产生，不仅扩充了数据的种类，也使以数据作为研究对象的数据科学应运而生，也因此而诞生了第四种研究范式。

科学数据的形成过程经历了从科学的研究方法入手，从获取数据到分析、处理数据，直至公开发表数据等不同阶段。科学数据的形成过程由原始数据（Raw Data）、衍生数据（Derive Data）、知识数据（Knowledge Data）等组成。

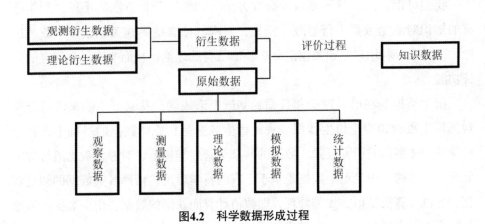

图4.2　科学数据形成过程

1. 原始数据

原始数据是从研究源获得的数据。从科学研究的方法角度，原始数据产生于科学研究的初级阶段，是通过直接观察或借助于科学仪器观察或测量获得的未经任何处理和加工的数据，它是产生信息的基础。

对于原始数据的获取方法，拉普拉斯在其《宇宙体系论》中论述道：

在地球上我们可用实验的方法使现象改变，对于天象我们便只能仔细地测定天体运动呈现出的各种现象。用这些方法向自然界探询，并将其答案加以数学分析，由于这一系列审慎处理的归纳，我们便会达到从一切特殊事实所导出的带有普遍性的现象。①

因此，依据原始数据的获取方法，原始数据可分为观察数据和测量数据。

观察数据是通过科学仪器获得的数据，观察对象的环境和条件没有人为的预设和干涉。测量数据是科研人员根据自己研究需要，对对象的环境和条件进行人工干预，分离出或突出某一具体特征量，利用仪器设备获得的数据。除观察数据、测量数据外，理论数据、模拟数据、统计数据等均可在科学研究的初级阶段充当原始数据的角色。

2. 衍生数据

我们可以按照各学科领域的研究方法，如统计分析方法等手段，利用已有的知识对原始数据进行整理、挖掘，寻求其隐含的内在关联，建立新的理论；同时可以利用对原始数据的分析验证已有的理论，从而实现科学研究的验证功能。

衍生数据是在已有理论和数据的基础上形成的。从其产生的来源可分为观测衍生数据和理论衍生数据。观测衍生数据是在原始数据的基础上，利用科学共同体制定的研究范式、数据的共享与管理等规范，对原始数据进行加工处理而产生的。理论衍生数据是基于已有的科学理论，借助各类数据的初始数据，通过计算机模拟、加工处理，即数值计算而获得的数据。衍生数据成为原始数据和假设通向系统理论形成的桥梁。

3. 知识数据

知识数据是科学研究中在对原始数据进行分析、获得衍生数据之后，通过公开传播，即公开出版，或利用数据库传播，并被学术界认为是有用的知识。这样的数据将会成为科学知识的组成部分。

知识数据是在一个理论体系形成之后，经过验证的供科学共同体继续研究的基础性数据。②知识数据的种类具有多样性的特征。我们最为熟悉的常数

---

① 皮埃尔·西蒙·拉普拉斯：《宇宙体系论》，李珩译，上海译文出版社，2001年，第6页。
② 刘红、胡新和：《数据革命：从数到大数据的历史考察》，《自然辩证法通讯》2013年第6期，第33—39页。

就居于其中。顾名思义，常数具有保持不变的性质，又可分为数学常数和物理常数。它们之间的差别在于，数学常数是独立于物理测量的，数学常数通常是实数或复数域的元素。数学常数可以被称为可定义的数字（通常都是可计算的）。其中有的常数比较直观，如圆周率π表示圆的周长与直径之比，是一个常数；有的是研究范围的扩展，如在17世纪产生的虚数单位标记为i，将实数系统延伸至复数系统。物理常数有真空光速c、普朗克常数h等。

在科学研究过程中，原始数据、衍生数据、知识数据并非完全隔离，它们是相互交织在一起的。尤其在衍生数据形成阶段，知识数据常常参与对原始数据的分析研究。科学数据形式多种多样，表现出极强的复杂性。

在科学数据的形成过程中，对数据的种类和形式的划分，除按其来源外，还有很多其他划分标准。有学者认为数据是指任何形式的用于推理的事实信息。数据的种类繁多，科学数据包括"无形数据"和"有形数据"，"无形数据"是指数据记录本里很多我们称之为"数据"的东西，包括手写的或者打印的测量、观察、计算、解释和结论的记录和报告。科学数据不仅仅限于数据记录本里的内容，还存在着另一种科学数据即"有形数据"，它是用于描述材料，诸如细胞、组织或者组织片段、生物标本、凝胶、图片和微缩图片等，以及其他的有形物体。

二、数据范例

对应不同的科学研究范式，数据的形式也有所不同。我们将科学研究中的科学数据分为六种数据范例，即观察数据、实验数据、理论数据、模拟数据、统计数据、大数据。现代科学研究的方法是六种范例并存，任何一种范例都无法取代另一种范例，这也体现了现代科学内容和手段方法的复杂性，符合大科学时代的特征。

（一）观察数据

观察数据是指通过直接观察或借助于科学仪器观察获得的数据。获取观察数据的研究范式是科学研究中最为古老的方法。这种数据可追溯到古代科学研究方法，观察数据由描述性语言向精确的数值表达发展。

古代科学主要依赖于对周围现象的直接观察，通过观察数据的收集和整理来描述自然现象和预测未来将会出现的现象。最为典型的是古代天文学的发展，中国古代超新星爆发研究就是一个案例。在《后汉书·天文志》中有如下记载："中平二年十月癸亥，客星出南门中，其大如斗笠，鲜艳缤纷，后渐衰萎，于次年六月没。"这条文献记载了中国天文学家观察到一次超新星爆发的过程。该现象出现时间：东汉时期，中平二年十月癸亥（185年12月7日）；方位：南门；大小：如斗笠；亮度：鲜艳缤纷；变化状态：渐衰萎；消失时间：次年六月。这是人类历史上最早的超新星爆发记录。虽然没有现代观察数据精确，但是在古代科学中，这种通过观察获取数据的方法是最为基本的研究方法。

哥白尼在其《天体运行论》中记载了大量观察数据，下面（表4.1）是星座与恒星描述表，记载了测定恒星与那些基点之间距离的方法。表中的观察数据由数值表示，精确度已经远远高于古代天文学观察数据。

表4.1 星座与恒星描述表[①]

星　　座	黄经		黄纬		星等
	度	分	度	分	
小熊或狗尾					
在尾梢	53	30	北 66	0	3
在尾之东	55	50	北 70	0	4
在尾之起点	69	20	北 74	0	4
在四边形西边偏南	83	0	北 75	20	4
在同一边偏北	87	0	北 77	10	4
在四边形东边偏南	100	30	北 72	40	2
在同一边偏北	109	30	北 74	50	2
共7颗星：2颗为2等，1颗为3等，4颗为4等					
在星座外面离狗尾不远,在与四边形东边同一条直线上,在南方很远处	103	20	北 71	10	4
大熊，又称北斗					
在熊口	78	40	北 39	50	4
在两眼的两星中西面一颗	79	10	北 43	0	5
上述东面的一颗	79	40	北 43	0	5
在前额两星中西面一颗	79	30	北 47	10	5

---

① 哥白尼：《天体运行论》，叶式辉译，北京大学出版社，2006年，第68页。

在近代科学诞生之前，通过观察收集数据就已经在古代科学技术领域广泛使用。在科学领域中，天文学是最早发展起来的学科。在古老的天文学研究中，观测天体是从实际生活的需要出发的，是为了解释天体变化现象，预测未来的天象。从现象观察到通过数据来精确地记录现象，在不同的文明古国中都有所体现。从公元前4世纪开始，希腊人首先从非功利的角度，将观察数据作为科学研究的对象之一，来研究天体的现象与运动。他们追求一个合理的天体运动规律的解释，而不是企图推测未来的天象。自此，人类的思想方法从神秘转变为理性，创造了"希腊人的奇迹"。[①]

近代科学诞生之初，观察数据获取方式已经突破了仅由人类感官直接获取的限制，借助于仪器获取观察数据的方式被引入。开普勒行星运动学的建立、三大定律的发现基础和依据来源于第谷长期直接观察获得的天文学数据。伽利略首先使用望远镜观察星体，自此，借助于仪器观察收集科学数据成为科学研究的方法之一。实验数据范式在近代科学之初应运而生。

但是，观察数据是原始感知现象的表征，它无法解释现象背后的复杂原因。亚里士多德解释现象的理论完全来源于日常观察现象（数据）的积累和经验总结。他用天然运动的思想体系解释轻重物体从同一高度自由下落时重物率先落下，源于与今天我们观察到的相同现象的经验总结。亚里士多德天然运动的观点主导了几千年，其主要原因在于"眼见为实"的理念，长期以来人们对观察数据的信任从未动摇。亚里士多德的天然运动被伽利略的自由落体运动规律取代以后，尤其是近代科学实验研究方法的建立和验证，使人们意识到观察数据是复杂环境（即各项因素）共同作用的结果，是现象的外在表现。观察数据有其局限性，这在科学共同体中是一个共识。

通过观察收集数据的方法遍及各学科领域，如博物学、大气科学和天文学等，在当代科学中仍然发挥着重要作用。因为针对这些研究对象，人们不可能完全将其纳入实验室，在特定的条件之下进行研究，通过观察收集数据仍然是一种有效的方法。

---

① 参见 G.伏古勒尔：《天文学简史》，李珩译，广西师范大学出版社，2003年，第6页。

（二）实验数据

实验数据是指通过人为模拟自然界，隔绝掉一些外在影响因素，专门研究某一或某些特殊因素对研究对象的影响的变化规律，如在实验室利用科学仪器获得的数据。通过实验获取数据的范式是近代科学研究中最为基础的方法之一。

在17世纪，近代科学诞生的主要标志是一套崭新的有别于古代和中世纪的自然观和方法论建立起来，并在飞速发展的自然知识领域发挥作用，这就是机械自然观和实验—数学方法论。

近代自然科学有别于中世纪知识传统的第一个特征是注重实验。1605年，弗朗西斯·培根在其《学术的进展》中高度评价了印刷术、火药和指南针等技术发明的巨大作用，认为它们改变了整个世界，并发出"知识就是力量"的口号。《新工具》是培根阐述其科学方法论的主要著作。他倡导实验归纳方法，重视观察、经验，认为自然的知识只有通过对事物有效的观察才能发现，强调正确的认识方法应不带有偏见。他认为人心中总是被种种偏见所纠缠，他称其为"四种偶像"。"种族偶像"是整个人类所共有的偏见；"洞穴偶像"是个人的偏见；"市场偶像"是运用语言产生的偏见；"剧场偶像"是由于接受特殊思想体系产生的偏见。正确的认识方法是尽量不带偏见地收集事实，越多越好；对收集到的事实进行分类和鉴别，并进行归纳。认识方法是金字塔模型：底层是自然史和实验史的观察经验，往上是事实之间的关系；起初是偶然的关系，之后是稳定的关系，最后是内容丰富的相关性；科学研究的方向在金字塔里是自下而上的。培根的《学术的进展》和《新工具》成为实验方法的思想基础，实验方法的产生和普及为实验数据的产生奠定了基础。

近代科学研究方法孕育出的实验数据，是为了排除复杂的外部因素的干扰，避免产生偏见。科学家通过在实验室里模拟自然环境，有意识地保留主要环境条件，以研究个别因素对研究对象产生的作用。伽利略的稀释实验排除了空气阻力对下落物体运动的影响。数学研究紧随其后，将数据作为研究的主要对象，成为日后科学研究的基本工具和手段。数据—实验的范式逐渐成熟。

在培根的科学研究方法中，实验和经验成为研究的基础，而数据是实验和观察结果的表征方式。这很自然地形成一种预设：数据是实验和观察的代名词。更具体而言，在注重实验和追求实验结果精确化的科学研究方法指导下，实验和经验与数据相互等同。数据—实验范式成为科学研究的方法论基础。

相比观察数据而言，实验数据的主观介入更加明显，同时实验数据具有渗透理论的特征。与此同时，实验数据具有显著的逻辑建构特征，当传统意义上的实验数据在获取中遇到困难时，寻求用不同的数据体系代替原有的数据体系成为科学研究方法之一，以实现实验数据的转变。1925年，24岁的德国物理学家海森伯（Werner Karl Heisenberg，1901—1976）发表的论文《关于运动学和力学关系的量子论的重新解释》，创立了解决量子波动理论的矩阵方法，完全抛弃了玻尔理论中电子轨道、运行周期这种传统的但不可观测的概念，代之以可观测量，如发射频率和强度，最终实现用频率和强度表征量子行为，在实验测量中获取以频率和强度为依据的数据。

近代科学的特征之一是科学的归纳方法。归纳法是以观察和实验数据为基础建立理论的方法，一方面是从观察和测量数据归纳出科学理论，另一方面是应用观察和实验数据证伪科学理论。

（三）理论数据

理论数据是指以科学理论为依据推导出的数据。近代科学的数理体系成为构建理论数据的基础。通过理论公式获取理论数据的方法是近代科学诞生以来科学共同体普遍使用的研究方法之一。

科学方法上与培根的注重实验形成对照的是笛卡尔的数学演绎方法，这是近代科学的第二个特征。1664年，笛卡尔在其《方法论》中认为培根强调知识来源于经验是正确的，但科学推理的程序错了。他认为，必须首先怀疑一切，在怀疑中找到清楚明白、不证自明的东西。自明的前提是"我思"，怀疑是"我思"，我思意味着我在。他坚信上帝、外在世界的存在，提出物质—心灵二元论：物质的本质属性是广延，心灵的本质是思维。笛卡尔在其《方法论》中提出机械自然观的基本观点："机械"原意为"力学的"，宇宙中处处充满着同样的广延物质和运动。他将运动定义为位移运动即力学运动，提出运动守恒原理，认为宇宙处于永恒的机械运动中，"可以用机械模型加以模仿"。人造机器与自然中的物质没有本质的差别，不同的是，前者的每一部分都能明确看到。

近代科学的显著特性是它的数学化，源于自然的数学化。自然的数学结构是近代科学的先驱们深信不移的真理，是机械自然观重要的组成部分。机械自然观认为，自然界由微粒组成，运动是物质位置的改变和机械碰撞。机械自然观主张，科学的任务是对运动做出数学的描述，机械模型可以说明包括人体在内的一切自然事物，自然应该成为人类理性透彻研究的对象。

理论研究的核心任务是致力于超越一般的观察、测量和实验事实，从中提炼、抽象客观事物世界中各个层次的普适规律，并用数学公式表达出来，这也是自然科学研究的目标。经典力学、电动力学、统计力学、量子力学、量子场论等基本物理原理已经成为人类认识和改造物质世界的基石。

理论通过机械模型的数学描述得以形成，在这个过程中，参数之间存在数值关系，从而产生理论数据。理论模型是针对不同复杂程度和不同特点的体系建立起来的，例如原子分子结构理论、高分子理论、固体理论、半导体理论、激光理论、连续介质理论等。这些理论模型是深入理解各类系统的特殊运动规律并对其进行研究和应用的前提。

理论与实验从来就是相辅相成、密不可分的。无论是通过经验归纳还是通过假设演绎获得的理论、模型或假说，都并非终极理论，但是其存在的意义在于其隐含着可能的普遍规律。这些理论、模型或假说对扩展研究对象、验证正确性具有指导意义。以理论、模型或假说形成的理论数据具有主观性，由理论、模型或假说设计的实验、观察的数据具有相对客观性。当这两套数据之间契合、一致、吻合时，理论、模型或假说的适用范围得到了扩展；否则，理论、模型或假说成立的条件将会动摇，理论、模型或假说就被证伪。

（四）模拟数据

模拟数据是指以电子计算机为工具、采用数学方法解决复杂科学问题的过程中产生的数据，或者是指科学计算获得的数据。

对自然科学而言，因其研究的对象是周围的客观事物，除实验、理论非常重要外，计算方法也是研究中也必不可少的。随着计算技术的崛起及发展，计算方法已经成为与实验、理论并驾齐驱的研究方法，它们被称为现代自然科学研究的三大支柱。

科学计算是建立在理论模型基础上的，既是理论的延伸，又可视为"虚拟实验"，具有实验的直观性。科学计算是20世纪四五十年代计算机技术发展的产物，并具有极为广泛的适用性，已形成了计算物理、计算力学、计算化学、计算材料学、计算生物学等在内容上相对独立、在方法上密切相关的诸多方向。当前科学计算在自然科学研究中所占比例越来越大。

模拟数据完全是逻辑建构的结果，它之所以被科学界普遍接纳，是因为通过数值计算或模拟获得的模拟数据可以检验针对复杂问题提出的理论模型；通过数值计算或模拟进行的"虚拟"实验而获取模拟数据是在实验上不能或不易获取的，而这些模拟数据对于实际研究中参数的确定和优化实验方案必不可少；通过数值计算或模型获取的新材料结构参数的模拟数据，为实验合成新材料提供了方向；模拟数据也成为处理和分析海量数据的一个途径和方法，如广泛应用于高能粒子探测、生物组学（基因组、代谢组、结构库等）以及材料基因组工程等大科学之中。

模拟数据与实验数据、观察数据和理论数据相互融合，互为依据。

（五）统计数据

统计数据是通过统计活动获得的、用以表现研究现象特征的各种形式的数据。统计数据不是个别事物的数量特征，而是具有综合意义的总体数量特征。统计活动最早源于古代社会管理的需要，今天统计方法已经应用于自然科学和社会科学各个领域。

统计数据的来源极其广泛，观测数据与实验数据都可能成为统计数据，无论是原始数据还是衍生数据也都可以组成统计数据。从18、19世纪开始，各种数据的量迅速增加，人们需要对它们进行统计学处理。对统计数据的统计学研究可揭示所研究现象的数量特征，进而达到认识现象的本质和规律的目的。

统计数据也是典型的逻辑建构结果，其统计结果的含义甚至与实际相差甚远，比如平均家庭人口的统计数据为2.3，它并不代表有0.3个人存在，而仅仅是大量数据的统计结果。涉及大量统计数据的统计学研究仅仅展示了事物之间的关联性，而无法揭示事物间的因果性，有时不恰当的关联性还会带来错觉甚至会产生错误。1951年，英国统计学家E.H.辛普森（E.H. Simpson）提出一个至今尚是统计学中的未解之谜的悖论，即"辛普森悖论"（Simpson's Paradox）。

辛普森悖论是指统计样本与其子样本的统计指标出现的背离现象。当人们尝试探究两种变量是否具有相关性的时候，比如新生录取率与性别、报酬与性别等，会对之进行分组研究。在某个条件下的两组数据，分别讨论时都会满足某种性质，可是合并考虑后却可能导致相反的结论，这就是辛普森悖论。换句话说，在分组比较中都占优势的一方，在总评中反而成为失势的一方。

我们在此举一个例子来帮助理解辛普森悖论。招聘的性别比例关系是社会关注的重要话题。假设某年某单位A部门和B部门纳新，具体各部门的入职情况如下：

表4.2　A部门入职情况

性别	录用	拒绝	总数	录取比例
男生	6	34	40	15%
女生	15	60	75	20%
合计	21	94	115	18%

表4.3　B部门入职情况

性别	录用	拒绝	总数	录用比例
男生	10	15	25	40%
女生	2	2	4	50%
合计	12	17	29	41%

表4.4 单位总的入职情况

性别	录用	拒绝	总数	录用比例
男生	16	49	65	24.6%
女生	17	62	79	21.5%
合计	33	111	144	22.9%

从表4.2和表4.3可以看出，女生在两个部门的录用比例都高于男生，但是单位汇总后的男女录用情况却发生了改变，男生的录用比例高于女性（见表4.4），这一现象就是辛普森悖论。该问题中分组数据基数差异是悖论产生的原因之一，因此为避免辛普森悖论的出现，需通过斟酌每个分组的权重，消除分组数据基数差异。

在统计数据的分析中，情况相当复杂，可能存在潜在因素，需要综合考虑，仅仅通过简单的统计分析可能会产生误导，此时数据就未能达到揭示现象本质的目的。数据的非实在性在此表现得比较明显。

（六）大数据

大数据是指由于计算机的广泛使用，各学科领域已经或即将积累起来的海量的观测、模拟和统计数据，这些"数据集合，其大小已经超出了典型数据库在获取、存储、管理和分析的能力"[1]。

与一般数据相比，大数据具有以下四个特点：大量（Volume）、多样（Variety）、快速（Velocity）、重要（Value）。

大数据有别于统计数据，尤其是在数据的因果关系上。人们希望大数据能弥补统计数据的缺陷，这也是大数据的科学价值。李国杰院士认为，与大数据的经济价值相比，大数据研究的科学价值似乎还没有引起足够的重视。他强调，数据的科学价值在于，大数据的关联网将弥补统计学的不足，从而可通过

---

[1] James Manyika et al., "Big data: The Next Frontier for Innovation, Competition, and Productivity," McKinsey Global Institute, 2011, http://www.mckinsey.com/Insights/MGI/Research/Technology_and_Innovation/Big_data_The_next_frontier_for_innovation[2020-2-24].

大数据寻找事物的因果关系。①

　　大型科学工程产生海量的数据。现代大型高能物理与天体物理实验每年产生数十PB（拍字节）的数据，需要运行速度最快的CPU（中央处理器）对其进行分析处理。如，BEPCII（北京正负电子对撞机重大改造工程）五年内将积累5PB的数据，需要万个CPU用于数据分析；羊八井中子监测器每年产生超过200TB（太字节）的数据；大亚湾反应堆中微子实验是以中国为主的大型国际合作，参与方包括中国、美国等6个国家和地区，涉及34个研究单位，190多名研究人员，每年产生200TB数据。

　　在生物信息领域，由于基因测序技术水平的不断提高，每天产生的数据已经达到PB量级；能源、气象、地质等领域的科学研究也需要大规模的超级计算和海量数据处理服务。

　　海量数据的存储与处理是对数据中蕴含的知识金山进行挖掘的过程。重建、分析、可视化、存储和长时间保存海量数据的过程对算法效率、计算能力、数据访问效率和存储备份机制提出了很高的要求。IT（互联网技术）的多核计算、GPU（图形处理器）计算、网格计算和云计算等为海量数据提供了计算解决方案。在存储技术方面，并行文件系统、分级存储、面向对象的存储、分布式云存储等得到了长足的发展和应用。大数据时代，PB级甚至EB（艾字节）级的科学研究数据尤其需要存储模式、技术构架、共享传输、全球协同、高效处理等方面的突破。②

　　吉姆·格雷在2007年的演讲中首次谈及第四范式——数据密集型科学研究：

　　　　通过仪器收集数据或通过模拟方法产生数据，然后用软件进行处理，再将形成的信息和知识存储于计算机中。科学家们只是在这个工作流程中相当靠后的步骤才开始审视他们的数据。用于这种数据密集型科学的技术和方法如此迥然不同，所以，从计算机科学中把数据密

---

① 参见李国杰：《大数据研究的科学价值》，《中国计算机学会通讯》2012年第9期，第8—15页。
② 参见陈刚：《大科学工程的海量数据处理》，http://wenku.baidu.com/view/5c6044e2998fcc22bcd10d4f.html [2020-2-24]。

集型科学区分出来作为一个新的、科学探索的第四范式颇有价值。[①]

在计算机技术的支持下，各研究领域都开拓出了新的学科——计算科学和数据密集型科学，如在生物学领域，计算生物学是进行计算机模拟为研究形式的学科，生物信息却是对大量数据进行分析、挖掘的学科。在不同计算科学中模拟各自基础学科的理论范式时，研究方法和手段具有异质性特征，因而各学科仍然保持不可通约性的特征。以密集型数据为基础的第四研究范式，使不同学科的研究方式回归到了元数据状态，这种对数据的分析、挖掘去掉了异质性特征，使各学科领域之间可以通约，实现数据共享。

大数据具有因果性、相关性、可挖掘性、再发现性等基本特征。大数据为重新认识事物的发展规律提供了新的途径和方法。

三、数据的规范管理

（一）数据制度规范的形成

16、17世纪，在近代科学诞生的同时，各种有组织的学术团体相继成立，英国伦敦皇家学会就是其中之一。成立科学组织——学会是科学制度规范的重要组织形式。推行广泛的学术信息交流和学术讨论、创办学术期刊、实施同行评审制度、认定优先权等科学制度规范的重要组成部分在皇家学会创办初期得到创立和发展，对促进科学活动的早期发展和规范科学行为起到了重要作用。[②]

科学制度规范的创立推动了近代科学范式的形成和发展。17世纪，英国经验论哲学家培根的思想对皇家学会的产生和发展产生了巨大的影响。他提倡的尊重实验方法、尊重科学，"知识就是力量"，人类利用科学能够征服自然、造福人类的思想，鼓励着皇家学会的创办者和组织者。他的科学归纳法，

[①] Gordon Bell, Tony Hey and Alex Szalay, "Beyond the Data Deluge," *Science*, CCCXXIII (2009), pp.1297-1298.

[②] 参见刘红、胡新和：《科学的制度规范之兴起与演变——伦敦皇家学会首任秘书亨利·奥登伯格的历史贡献》，《自然辩证法通讯》2011年第4期，第64—71页。

即广泛收集自然科学史和科学实验材料—整理经验材料—排斥或排除—达到初步结论的实验科学研究方法,成为皇家学会倡导和推广的科学方法。

受到培根思想的影响,1663年皇家学会将"Nullius in Verba"(没有任何人的话是最终的真理)作为会词,倡导人们通过实验方法观察和验证事实。皇家学会缔造者之一的奥登伯格将学会的目的定位为"通过观察和实验的方法审视自然的全貌并研究它的活动和影响"。这种冲破传统观念,强调通过实验和观察发展人文科学和自然科学的观点,对整个欧洲的自然哲学家们产生了强烈的影响。为了实现培根倡导的归纳法,奥登伯格提出了建立数据库以保存珍稀资料的设想。①

科学的制度规范对数据的规范使用起到了指导性的作用。在1717—1726年,欧洲科学家已经定期地将德国和包括英国伦敦在内的其他一些地方的有关气象观测数据收集成册。由于当时各地所用观测仪器标准不统一,观测数据无法得到交流沟通和广泛使用,未能充分实现价值。1723年皇家学会通过科技期刊《哲学学报》发布了对观测数据的征集信,要求进行气象观测的英国皇家学会通讯会员每年向学会提交其观测报告,同时,对观测时应采用方法的标准进行了规定和说明,规范了当时的气象观测标准,使不同地区的测量数据有了可比性,提高了学术研究的价值。②

总之,在近代科学范式建立中,科学的数学化、实验方法的使用和科学制度规范的指导,使数据的地位发生了革命性的变化。数据在原有实用工具的基础上承担起了经验工具的角色,并在近代科学的实证研究中起到基础性的作用,提高了科学研究的价值。确保定量研究的基础是数据,也正是科学的数学化使得数据成为科学家们关注和亲自参与测量获取的焦点。至此,数据成为科学研究范式中的基本组成要素。我们有理由称近代科学范式的建立为数据的一次革命。

---

① Michael Hunter, "Promoting the New Science: Henry Oldenburg and the Early Royal Society," *Hist.Sci*, XXVI(1988), pp.165-181.

② 参见亚·沃尔夫:《十六、十七世纪科学、技术和哲学史》(上册),周昌忠等译,商务印书馆,1997年,第358页。

1.数据革命也是数据制度演变和完善的过程

第一次数据革命是指近代科学诞生之时,数据在科学研究中的基础地位得以确立,实现了数据与科学研究的融合,促成了科学革命的发生。从近代科学开始,数据与科学完美结合,数据展示了巨大魅力。无论是在科学理论的产生和发展,还是实验科学对理论的验证的过程中,数据无处不在。近代科学的科学制度规范的产生和发展为数据的规范使用起到了保驾护航的作用。正是数据的规范使用,提高了数据的价值,使数据在科学范式中得以广泛使用,因其精确性而获得基础性地位。

随着科学和技术的发展,数据的形式和内涵也在不断变化和发展,除观测数据外,实验数据、理论数据、统计数据、模拟数据以及图、表、文字的数字化相继诞生。数据不仅参与到社会、科学、技术等领域的变革之中,其自身也发生着革命性变化。数据以其实用性成为技术产生、发展的基础。近代科学中数据基础性地位的确立,是数据与科学融合的结果。

第二次数据革命是21世纪信息技术的发展导致的大数据正在引发的一场波及所有领域的革命。大数据已经从工具、依据性角色上升到自身蕴含有待开发的信息和知识资源的地位。

综上所述,数据是人类认知活动的产物,是对客观事物的主观反映,是对事物现象进行表征的一种逻辑语言。科学数据由于其简单性、精确性和普适性,已经成为科学研究的基本组成要素之一;大数据随着计算方法和信息技术的快速进步而诞生,目前已在众多领域成为分析、管理、决策等的重要资源,是发现知识、创造知识和认识世界的一种新范式,对其的进一步研究已引起世界各国的高度重视。

2.计量单位的规范

计量单位用于表示与其相比较的同种量的大小的约定定义和采用的特定量。在古代,一些基本的单位在人们的约定中形成,如长度单位、质量单位和时间单位。这些单位由于各地区的不同习惯和认知而表现出多样化的特征。

（1）古代计量单位

① 长度单位

古代常以人体的一部分作为长度单位。我国三国时期（3世纪初）王肃编撰的《孔子家语》中记载有："布指知寸，布手知尺，舒肘知寻。""十尺为丈，人长八尺，故曰丈夫。"西方古代常使用所谓的"腕尺"，约52—53厘米，与从手指尖到肘之间的距离有关。另有一种用实物长度作为计量长度依据的方法，英制中的英寸来源于三粒圆而干的大麦粒一个接一个排出的长度。

② 质量单位

与长度单位一样，古代不同地区有不同的质量单位。在波斯，人们用"卡拉萨"（karasha）作为质量的单位，1卡拉萨约合0.834千克。埃及用"格德特"（gedet），1格德特约合9.33千克。中国秦代度量衡制度中规定：1石=4钧，1钧=30斤，1斤=16两。

③ 时间单位

在人类观察到的自然现象中，以天空中发生的周期性变化的现象最为明显，所以时间的度量以天为单位是再自然不过的了。

（2）近代计量单位：以法国米制单位为例

在近代科学发展之初，科学家们在使用计量单位时各自为政，没有统一的计量标准。由于受到多种的、杂乱的和无规律的计量单位体制的困扰，科学家们无法准确地交流他们的实验结果，确立统一的计量单位和标准成为迫切需要。

18世纪50年代，法国科学家们开始建立一个适用于世界各国的通用单位体系，以便得到一种在所有国家都能使用的计量单位体制。1790年，法国国民议会责成科学院成立计量改革委员会。1791年，委员会提议以赤道到北极的子午线的千万分之一为基本长度单位，并成立了测量子午线、计算、试验摆的振动、研究蒸馏水的重量以及比较古代计量制度五个小组。1793年，委员会又提议使用已有的测量结果以尽快建立新的计量制度。1795年4月7日，国民议会颁布新的度量衡制度：采用十进制；长度单位——米，以自北极到赤道段经过巴黎的子午线的一千万分之一为标准；质量单位——千克，以温度为4摄氏度时

1立方分米纯水在真空中的质量为标准。1799年，测绘学家的大地测量工作最终完成，铸出了纯铂米和千克原器。同年12月10日，颁布法律确定米和千克的值。1837年7月4日的法令终于确定法国从1840年1月1日开始实行"米制"。为纪念这一盛事，法国制作了纪念章，上面写着："永远为人类服务。""米"是近代计量学中第一个以自然物为基准的单位，法国政府和法国科学家从提出方案、测量子午线、制作米原器和千克原器到在全民中通行米制单位，前后用了50年时间，为计量学的发展做出了重大贡献。

（3）国际单位制的建立

19世纪初期，英国工业革命蓬勃发展，法国也开始了工业革命。从19世纪70年代起，法国发生了以电力的广泛使用为标志的第二次工业革命。19世纪的自然科学经历了突飞猛进的发展，相继建立起热力学、电磁学、化学等学科并进行了技术应用。数学取得长足进步，不断推出新概念和新方法。天文学、地学有很大发展。光学、生物学、有机化学也随之兴起。科学的进步为计量单位体系的发展奠定了理论基础。

以7个基本单位为基础的国际单位制的建立标志着计量学发展进入了一个新的阶段，它实现了计量单位在各国、各地区以及科技、经济社会各领域中广泛通用的目标。这7个基本单位是：长度——米、质量——千克、时间——秒、电流——安［培］、热力学温度——开［尔文］、物质量——摩［尔］、发光强度——坎［德拉］。虽然美国目前依然使用部分英制单位，但以国际计量大会、国际计量委员会为权威单位的一切文件、决定和国际推荐值均采用国际单位制。我国于1984年发布了《国务院关于在我国统一实行法定计量单位的命令》，在其后颁布的《中华人民共和国计量法》中也明文规定采用国际单位制。从此，沿用了几千年的尺和斤为米和千克所代替。

1960年10月，第11届国际计量大会确定了国际通用的国际单位制（简称SI制），并确立了7个基本计量单位和2个辅助单位及其派生单位。1983年，第17届国际计量大会将基本计量单位之一的长度单位米定义为光在真空中在1/299792458秒的时间间隔内所经过路径的长度。第1届（1889）和第3届（1901）国际计量大会将质量单位千克定义为国际千克原器的质量。第13届国际计量大会（1967）决议1将时间单位秒定义为：铯-133原子基态的两个超精细能级之间跃迁所对应的辐射的9192631770个周期的持续时间。国际计量委员会（1946）决议2定义、第9届国际计量大会（1948）批准电流单位安培为：在真空中，截面积可忽略的两根相距1米的无限长平行圆直导线内通以等量恒定电流时，若导线间相互作用力在每米长度上为2×10^{-7}牛顿（N），则每根导线中的电流为1安培（A）。第13届国际计量大会（1967）决议4将绝对温度单位开尔文定义为，水三相点热力学温度的1/273.16。第14届国际计量大会（1971）决议3将摩尔定义为一系统的物质的量，该系统中所包含的基本单元（原子、分子、离子、电子及其他粒子，或这些粒子的特定组合）数与0.012千克碳-12的原子数目相等。第16届国际计量大会（1979）决议3将坎德拉定义为：一光源在给定方向上的发光强度，该光源发出频率为540×10^{12}赫兹（Hz）的单色辐射，且在此方向上的辐射强度为 1/683 瓦特/球面度（W/sr）。2018年11月16日，第26届国际计量大会通过了关于修订国际单位制的决议。国际单位制7个基本单位中的4个（质量单位"千克"、电流单位"安培"、热力学温度单位"开尔文"和物质的量单位"摩尔"）将分别改由普朗克常数、基本电荷、玻尔兹曼常数和阿伏伽德罗常数来定义；另外3个基本单位（时间单位"秒"、长度单位"米"和发光强度单位"坎德拉"）的定义保持不变。[①]

（二）数据的管理、共享及相关规范

科学数据是信息时代传播速度最快、影响面最宽、开发利用潜力最大的战略性、基础性科技资源。当代科学技术发展呈现出明显的大科学、定量化研究的特点，科技创新越来越依赖于大量、系统、高可信度的科学数据，科学研究方法发生了重要的变革。海量科学数据对生命科学、天文学、空间科学、地球环境科学、物理学等多个科学领域的科研活动更是带来了冲击性的影响，科学研究方法发生了重要的变革。

微观层面，研究人员或研究团队既是数据的使用者，更是数据的生产者，数据管理成为负责任研究行为的重要组成部分。学术界对研究者或研究团

---

① 中国计量研究院：《国际单位制重新定义》，https://www.nim.ac.cn/520/node/3.html [2021-2-5]。

队的数据管理制定了有相关的规范。

宏观层面，研究组织和政府对于数据的公开使用，即共享，也制定了相关的规范。2018年4月2日，国务院办公厅印发《科学数据管理办法》，进一步加强和规范科学数据管理，保障科学数据安全，提高开放共享水平，更好地为国家科技创新、经济社会发展和国家安全提供支撑。中国科学院于2019年2月11日发布《中国科学院科学数据管理与开放共享办法（试行）》，为进一步加强科学数据管理，保障科学数据安全，提高科学数据开放共享水平提供了制度规范，是中科院实施国家大数据战略的重要举措。

本节我们将从微观和宏观两个层面，讨论相关规范。

1. 研究者或研究团队的数据管理

数据管理是研究人员或研究团队负责任研究行为中非常重要的组成部分，数据的规范管理是研究活动正常进行的基础。本部分的内容来源于美国科研诚信办公室推荐的相关材料。①

（1）数据管理的环节

对于研究者或研究团队而言，数据管理中涉及如下的重要环节：

① 数据所有权（Data Ownership）

这涉及谁具有拥有数据的合法权利，以及在科研项目完成后谁保留数据，包括首席研究员（Principal Investigator，PI）在研究机构之间传输数据的权利。

了解数据所有权、谁可以拥有数据、谁可以出版有关数据的书籍或文章，往往是一个复杂的问题，主体涉及参与项目研究的首席研究员、雇佣研究员的研究机构、提供研究基金的资助机构三方。许多情况是，研究机构拥有数据，研究人员代表组织对数据进行物理保管；研究人员和资助机构拥有访问和使用数据的权利。具体情况还需要按照项目实施之前的协议或合同执行，具体事项可以通过相关规定查询。

---

① Meghan B. Coulehan and Jonathan F. Wells, "Guidelines for Responsible Data Management in Scientific Research," https://ori.hhs.gov/sites/default/files/data.pdf[2020-2-24].

② 数据收集（Data Collection）

这涉及以一致、系统的方式（即可靠性）收集项目数据，以及建立一个持续评估并记录项目协议变更（即有效性）的系统。

作为科学研究项目的一部分收集的数据最终证明或反驳研究人员的假设，并向公众证明研究的合理性。因此，在收集数据时应确保数据的可靠性和有效性，据此，研究人员将能够准确地评估、复制和传播他们的成果。

无论是原始数据还是衍生数据，在获取这些数据时应遵守如下规则：使用正确的方法获取数据、对获取数据的来源要有准确描述、确保数据的完整性、对于特殊数据需要获得必要的授权和许可（包括知情同意等）、不得将数据随意转交他人等。

数据获取有如下注意事项：应当努力使收集到的数据有意义；应当选择适当的数据收集方法，遵守实验室操作规程和数据采集规范，采用正确的统计分析方法和手段；使用他人未正式发表的数据时，必须事先征得数据所有者的同意，并明确说明数据来源；应当保证数据的原始性、真实性和完整性，在有连续页码的实验或调查记录本上记录研究过程和相关数据，不得涂改数据或撕掉记录本中的任何一页，严禁编造、改动原始数据，或有选择地记录数据以获得特定的结果。

数据的规范记录对保障数据的可靠性和准确性非常重要。对实验测量数据、观察数据和统计数据的记录规范要求对于实验中获得的测量数据进行及时的记录。

对于实验数据的记录，要保证它的客观真实性和全面准确性。在实际操作中，要做到当天记录，不写回忆录；要保证实验记录的完整，不随意涂改，若有涂改都需要有相应的记录，以便日后进行复查与分析。

对于直接观测到的原始数据，包括水文、气象观测数据等，需要对相关的时间、地点，特别是出现的一些非自然状况，进行严格的记录，同时也要注意在事后及时将数据进行电子版的整理与保存。

统计数据的记录，在统计活动过程中一般由专人完成，并且需要保证具有一定数量的数据作为基础，以保证统计数据的科学有效性。统计数据的记录要遵循相关的国家标准，比如国民经济统计数据应依照《国民经济行业分类》这项国标进行统计测量。

③ 数据存储（Data Storage）

这涉及应该存储的数据量需满足重复研究项目结果的需要。

数据存储对研究项目至关重要，原因如下：正确存储数据是保护科研人员研究付出的一种方法；未来可能需要访问数据来解释或补充后续研究；其他研究人员可能希望评估或使用已有的研究结果；存储的数据可以在发布类似的研究时建立优先级；存储数据可以在出现法律指控时保护研究对象和研究人员。

数据保存则需要注意：第一，以严谨的方式保存数据；第二，原始数据应由产生这些数据的研究机构和科研人员共同保存；第三，要慎重保存涉及机密或危险的数据；第四，应做好数据保存相关事项的预先协议，遵守数据保存期限但不应有意隐蔽数据。

④ 数据保护（Data Protection）

这涉及保护书面和电子数据免受物理损坏，以及保护数据完整性，避免篡改或盗窃造成的数据损坏。

随着电子数据库的出现，越来越多的科研人员将数据存储在他们的计算机网络上。数据保护涉及纸质数据和计算机数据，采用各种安全方法和手段的目的是确保科研人员的数据得到保护。保护数据的最佳方法是限制数据访问。对于书面数据，有必要将一些原始数据，如涉及大量个人信息的数据锁在文件柜里，这样可以减少数据被损害或被偷的可能性。对于电子数据的保护则可以从以下几个方面入手：第一，限制对数据的访问。设立不易猜测的唯一用户名和密码，并经常更改密码以确保只有当前项目成员可以访问数据，确保外部无线设备无法访问系统网络，限制和保护对数据的访问。第二，保护计算机系统安全。第三，保护数据完整性。记录系统上文件的原始创建日期和时间，使用加密、电子签名或水印来跟踪作者和对数据文件所做的更改，定期备份电子数据文件（包括现场和场外）并创建硬拷贝和软拷贝，确保安全销毁数据。

另外，可以通过协议寻求研究机构或其他机构作为第三方对数据进行保护。

⑤ 数据保留（Data Retention）

这是指根据发起人或资助人的指导方针保留项目数据所需的时间长度。它还包括安全销毁数据。

a. 保存时间

数据应该保存多长时间没有统一规定，一般由研究人员根据研究的情况决定数据保存时间长短。有些研究机构或资助机构会要求数据的保存时间，例如美国卫生部要求在项目资助结束后数据至少保留三年。

b. 连续存储

一方面，数据的无限期保存可能因数据量的增加导致存储成本增加，也可能导致机密数据泄漏的概率增大。另一方面，人们很难判断这些数据是否还有再次利用的可能。因此数据是否需要继续存储，需要研究人员进行评估。

c. 销毁数据

当决定结束数据存储时，应彻底销毁数据。只有有效的数据销毁才能确保信息无法提取或重建。

⑥ 数据分析（Data Analysis）

这包括如何对原始数据进行选择、评估，以及解释为其他研究人员和公众可以理解和使用的重要结论。

⑦ 数据共享（Data Sharing）和数据报道（Data Reporting）

数据共享涉及如何向其他研究人员和公众传播项目数据和研究结果，以及何时不应共享数据。数据共享是对科研数据信息的收集、选择、组织、验证、保存建立完善的查询机制，提供可靠的数据参考佐证，方便使用者采用新的途径寻求解决问题的方法和取得新发现。数据共享充分使用已有数据资源，减少资料收集、数据采集等重复劳动和相应费用，提高科技创新效率和水平。数据共享使交叉学科研究不断发展，不同类别数据的再利用、重组和融合是创新发现的重要源泉。数据共享为我国加快建设成为创新型国家提供了有力支撑。

数据共享通常在研究完成后进行。作为科学进程的一部分，数据希望被分享和报道。数据报道即在项目完成后公布结论，包括正面和负面结论。

在特定科学领域中，数据报道包括数据讨论、数据分析和项目作者信息。数据共享和报道通常通过在科学期刊上发布结果或在产品上建立专利来完成。

a. 发布前共享数据

在研究成果正式发表之前，研究者通常没有义务分享已收集的任何初步数据。现阶段的数据分享不可取的原因是：一方面，项目进行时，研究人员对一组数据的含义可能无法理解。研究结果准备发表时，研究人员已经过仔细的审查和思考，以确保他们分享内容的可靠性。另一方面，人们担心不谨慎的研究人员为了自己的利益而不当使用共享的研究成果，这种担心导致一些研究人员避免过早传播他们的发现。然而，在某些情况下，研究人员应立即与公众和/或其他研究人员共享初步数据，因为这将有更多直接的好处。

b. 发布后共享数据

在一个项目研究发表或获得专利之后，任何与该项目相关的信息都应被视为公开数据。其他研究人员可能会要求获取与项目相关的原始数据或其他信息，以验证已发布的数据或推进他们自己的研究项目。但是，每个项目都应根据具体需求和预算限制来评估其共享原始数据的能力。

c. 报告义务

项目信息系统应遵循传播其研究成果的各种准则和限制，通常有专门针对资助机构或赞助机构的规定说明何时和如何分享成果。

（2）数据管理的责任

从研究项目的规划和数据收集到数据分析和传播的所有阶段，负责任的数据管理都很重要。因此，每个研究团队成员都应该知道自己在数据管理中扮演的角色和承担的具体职责，这是研究项目成功的基本保障。

在一个研究团队中，项目负责人对数据管理负有全面管理的责任，其具体职责是：制定明确的研究计划，让团队每一位成员知晓自己的责任和数据拥有的权限；通过培训成员让他们拥有保障数据完整性、可靠性的技术和责任意识；确定存储、保护、分析和传播数据的技术手段，制定防范科研不端行为和数据不当管理的方案。研究助理负责收集具体数据，要确保收集数据的真实、可靠和具有价值，并切实保护好收集到的数据。数据统计员主要负责全面和准确的数据分析。一旦怀疑存在数据欺诈、操纵或其他不当行为，任何研究小组成员都有责任让首席研究员或研究主管知晓。

为了在研究团队内部实现良好的交流沟通，需要建立一个清晰有效的沟通计划，确保研究团队所有成员都知道研究项目的状态、时间线、变化和遇到的任何问题。

2. 研究组织的数据共享

科学数据（包括大数据）的获取、保存、使用和共享已经有了相应的规范。本部分内容根据中国科学院《科研活动道德规范读本（试用本）》（科学出版社，2009）、全国科学道德和学风建设宣讲教育领导小组《科学道德与学风建设学习参考大纲（试用本）》（2012）、国务院办公厅《科学数据管理办法》（2018）、中国科学院《中国科学院科学数据管理与开放共享办法（试行）》（2019）摘编而成。

（1）中国科学数据的共享情况

第一个案例是公共基因组数据。公共基因组数据使用自由是国际生命科学研究领域的传统与共识，1990年启动，我国参与。人类基因组计划被看成科学史上的伟大工程，该计划负责人撰文总结人类基因组计划的六点经验，其中之一是数据共享最大化。自人类基因组计划实施以来，大量的开放共享基因组数据信息极大地促进了生物医学研究的进步。

第二个案例是中国科学院的"地球大数据共享服务平台"[①]。该平台由中国科学院空天信息研究院牵头，力求解决超大规模跨学科、跨领域、分布式资源的技术瓶颈问题，建立科学数据共享及其机制体制建设与实施的新模式。目前该平台包含共享数据总量约5PB，包含对地观测数据、生物生态数据、大气海洋数据等，并且每年将以3PB的数据量进行更新。只要有终端和互联网，任何人在任何地点都可以享受到"地球大数据"提供的多样化便捷服务。

---

① 丁佳：《中国科学院发布地球大数据共享平台》，《中国科学报》2019年1月18日第004版。

（2）数据共享的相关规定

哪些数据是可以共享的？数据共享要考虑安全性和隐私性。曾经的八国集团开放数据宪章规定共享的数据有以下八类：交通数据、环境类数据、气象数据、统计类数据、地理位置数据、文化类数据、科学数据和经济类数据。而涉及国家尖端科技的相关内容的数据以及军事数据是不能对外共享的。

谁有权共享？西方国家在联盟内部进行数据共享，这是意识形态上的对立而导致的数据共享权限封锁。在2013年，美、英、法、德、意、加、日、俄签订了数据共享宪章。如今我国也有自己的数据共享盟友——"一带一路"沿线的65个国家，免费与其共享风云4号卫星的数据。

数据共享的方法是建立用以储存和管理数据的数据库。数据库的建立可以通过建立数据共享平台来作为数据物流的中枢，以此达到高效共享的目的，同时可以采用区块链技术，以达到协作、防泄漏、可信交互和自主可控的目的。

数据共享有哪些相关规定和注意事项？中国在《科学数据管理办法》和《中华人民共和国科学数据共享条例》中明确了各单位职责，在共享、利用、保密和安全方面做出了规定，具体规定如下：科学数据使用者应遵守知识产权相关规定，在论文发表、专利申请、专著出版等工作中注明所使用和参考引用的科学数据。涉及国家秘密、国家安全、社会公共利益、商业秘密和个人隐私的科学数据，不得对外开放共享；确需对外开放的，要对利用目的、用户资质、保密条件等进行审查，并严格控制知悉范围。对于伪造数据、侵犯知识产权、不按规定汇交数据等行为，主管部门可视情节轻重对相关单位和责任人给予责令整改、通报批评、处分等处理，或依法给予行政处罚。

根据国家制定的数据共享规定，中国科学院也在此基础上提出了《中国科学院科学数据管理与开放共享办法（试行）》，要求不同部门建立数据的汇交与管理机制，科学数据应按照分等级、可发现、可访问、可重用的原则适时向院内外用户开放共享。

（三）数据的伪造和篡改

数据的伪造和篡改是科学不端行为中最典型的两种形式。数据的伪造和篡改是指在研究材料、设备或过程中作假、篡改或遗漏资料或结果，以至于研究记录没有精确地反映研究工作。

需要注意的是，选择性地使用自己的实验数据，从而让自己的实验结果更加具有可信度，也属于数据的伪造和篡改。著名物理学家密立根选择性报道实验数据的案件，给学术界敲响了警钟。

一个数据造假的案例是"藤井善隆事件"。这位日本副教授共有183篇文章出现了数据造假的情况，统计学家发现其实验结果过于完美，最终他也被大学所解聘。[1]

另一个案例是，波士顿大学医学院癌症研究中心的一位癌症研究员兼助理教授在有关杂志发表的两篇论文中捏造实验数据。该研究人员的研究方向涉及分子生物学，参与的不当科研项目由美国癌症协会的两笔联邦经费赞助。美国联邦当局发现，一篇文章的7个实验数据中有6个是捏造的，另一篇的8个数字有6个是虚构的。在这两篇探究基因抑制肿瘤生长角色的文章中，该研究人员都被列为资深作者。最终，该研究人员同意撤回这两篇文章，不介入美国联邦资助的科研项目两年，不担任顾问或同行评审委员会成员，不到政府公共卫生服务部门担任顾问。[2]

保证原始数据的真实性，是数据使用过程中的首要原则。以伪造数据作为基础的科研成果是缺乏依据的，这样的成果即使一时能蒙混过关，但总会被揭露出来。数据捏造者不仅会丧失名誉，还会结束学术生命，我们要引以为戒。

---

[1] Adam Marcus and Ivan Oransky, "How the Biggest Fabricator in Science Got Caught," *NAUTIUS*, May 21, 2015, https://nautil.us/issue/24/error/how-the-biggest-fabricator-in-science-got-caught [2021-7-26].

[2] 美国国立卫生研究院（NIH）基金网，2011年8月19日，https://grants.nih.gov/grants/guide/notice-files/NOT-OD-11-103.html[2021-7-26]。

四、小结

数据是事物内在特征的表征。从科学技术发展历史看，科学数据之所以成为重要的研究手段，源于其精确性、完备性和易交流性的特征。从知识形成的视角看，从对原始数据的解释和理解到形成知识数据，是学术研究的一个重要过程。从方法论的视角看，数据的范例包括观察数据、实验数据、理论数据、模拟数据、统计数据、大数据。

随着各种数据的大量产生以及对数据的挖掘，数据的价值日益凸显，数据的管理和共享规则也不断得到完善和重视。从数据所有权、数据收集、数据存储、数据保护、数据保留、数据分析，到数据共享和报道，研究人员和研究团队都需要遵从学术界、政府和相关组织制定的相关规范，避免数据伪造和篡改等科学不端行为的产生。

数据处理的基本流程包括：第一，认真记录并合理保存数据；第二，按照相关原则对数据进行处理；第三，对数据的实验误差进行分析；第四，对数据进行分享与合理解释。

第五章 批判性思维和逻辑论证

从表面上看,学术写作是作者学术研究结果的文字(包括图、表)表达,是向学术同行传递信息的一种方式。从深层次看,学术写作是一个艰辛而具有重要价值的创作过程。它从缜密的批判性思维开始,经过以大量翔实的、可靠的证据——包括已有知识和作者研究的成果——为基础的、严格的逻辑论证,使用简洁易懂的文字(包括图、表)表达易于读者理解并接受的作者观点,最终的目的是使学术论文进入人类知识宝库,形成人类智慧。批判性思维和逻辑论证是学术研究的基本方法,普遍存在于学术活动的各个环节。批判性思维和逻辑论证的能力是科研人员的基本素质。一篇高水平的学术研究论文应该用批判性思维对待他人和自己的工作,提出创新性研究过程和研究结果,具有严谨的、符合逻辑的论证过程。因此,无论是科学研究还是学术写作,都需要从批判性阅读开始。本章要解决的问题是:

什么是批判性思维及其能力?

什么是逻辑论证?

一、批判性思维及其能力培养

批判性思维在日常生活中应用非常广泛,与学术写作相关的辩论就是需要利用批判性思维的一个典型形式。批判性思维能力也可以通过辩论得到培养。

(一)辩论和批判性分析

辩论是阐明真理、揭穿谬误的语言活动,掌握辩论方法有助于分清现实生活中特定问题的是非、曲直、真伪、优劣，是现代社会公民必备的素质之一。在日常生活中，辩论随处可见，通过辩论可以实现对周围事物的正确认识，辩论的过程就是进行批判性分析、实现批判性思维的过程。辩论的主体包括信息传授者和信息接收者；辩论的途径包括对话和写作；辩论的目的是表达说者或作者的思想，实现信息传授者和信息接收者之间的沟通，最终达成对事物认识的一致性。信息的接收者会通过聆听和阅读，对自己耳闻目见的现象进行系统的评判，这就是所谓的批判性聆听和阅读。在学术写作中，作者在向读者传播信息时，实质上是对自己论点进行辩论的过程。

写作和对话都是实现辩论的途径。对话是人类的基本活动之一，发生在特定的语境里，包括言者、听者及其共同拥有的特定经历和背景。对话的一个重要特征是对话的双方有机会做出及时的、面对面的反馈，言者在不断地回应听者的提问，对话是言者与听者之间对同一主题进行辩论的过程。当人们无法实现面对面对话时，写作就成为实现辩论的另一种方法或途径，它可以超越时间和空间的限制。通过写作，作者应用文字发表自己的观点，设法回应读者感兴趣的话题，预设并回答读者围绕话题可能的相关问题。

批判性分析是对事物的总体看法，是赞同或创造逻辑性论点。[①]在对话中，批判性分析会非常自然地融入其中，表现在对话双方的一问一答之间。与对话的直接性相比较，写作中的辩论常常需要作者运用批判性分析来考虑读者对论点的质疑，自觉地将辩论的内容提前表达出来，以弥补缺少面对面交流的缺陷。

写作中批判性分析包括以下几个方面：

赞同某一观点，并给出支持它的充分理由。

反对某一观点，用可靠的论据进行反驳。

承认某一观点只在某些特定方面是正确的，并指出这些特定方面有哪些。

提出一个新的观点，或再次系统地阐述某一已有观点，并用有力的论据来支持。

---

① 柯林·内维尔：《学术引注规范指南》（第二版），张瑜译，上海教育出版社，2013年，第108页。

调和两种看起来不同的立场,以新的视角来看待问题。

联结或综合不同的观点,从而发展出新方法或新观点。[①]

聆听者或读者对于接收到的信息也不是一味的全盘接受,也需要通过过滤,对信息的真伪性、可靠性进行鉴别。因此,无论是对信息的传播者还是对信息的接收者而言,具备批判性思维能力都极其重要。

(二)批判性思维和批判性思维能力

目前学术界就如何界定批判性思维还没有统一的认识。有学者认为批判性思维是指人们面对相信什么或者做什么而做出合理决定的思维能力。[②]有学者将批判性思维界定为:审慎地运用推理去断定一个断言是否为真,是一种基于理性和逻辑的思维模式,其核心主旨是关于思维的思维。[③]形象地说,批判性思维能力是指一个理性的人对事物和信息具有一定的鉴别、判断和逻辑表达的能力。这种能力包括两个方面。一方面,作为信息的接收者,面临来自不同传播媒介的良莠不齐的信息,我们需要对信息进行甄别,即我们应具有鉴别和判断信息的能力。另一方面,我们也是信息的制造者,我们在不断地产生和向外界发布信息。要想使他人相信信息是可靠、准确和有价值的,需要我们有良好的、符合逻辑的、令人信服的信息表达能力。可以看出,批判性思维能力包括两层含义:一是基于充分认识客观事物的独立思考,一是对问题提供更多解释的创新能力。

当今世界信息泛滥,我们被各种信息所包围,书籍、电视、报纸、网络、课堂等,无时无刻不在给我们传递各种信息,我们随时需要对信息进行甄别和过滤。美国学者诺希克(Gerald M. Nosich)认为,我们可以把批判性思维看作是一组屏风或过滤器,对我们接收到的信息进行批判性的分析,筛出那些

---

① 柯林·内维尔:《学术引注规范指南》(第二版),张瑜译,上海教育出版社,2013年,第108页。
② 参见谷振诣、刘壮虎:《批判性思维教程》,北京大学出版社,2006年,第1页。
③ 参见布鲁克·诺埃尔·摩尔、理查德·帕克:《批判性思维:带你走出思维的误区》,朱素梅译,机械工业出版社,2012年,第3页。

不清晰、不准确、不相关、不重要、不一致的信息。[①]批判性思维要求思考者在分析问题的同时，也要具有反思自己的思维过程。

批判性思维能力的目标在于形成正确的结论、做出明智的决定，无论在学术活动中或是在日常生活中均是如此。在学术活动中，一方面，我们需要思考：书籍上的信息一定是真理吗？专家学者演讲的内容就一定可靠吗？高水平的研讨会就一定能对研究做出公正的评价吗？另一方面，我们也需反思：我们的研究结果就一定能站住脚吗？怎样说服其他学者认同我们的研究成果？怎样去充实和完善已有的信息资源？在日常生活中，我们需要判断：谁在说真话，谁在说假话？他们为什么会说真话，又为什么会说假话？他们的目的是什么，我们应该如何行动？总之，批判性思维不仅是从事学术研究的基本条件，也是人们从事各类工作的基本素质，乃至适应社会生活应具备的基本技能。

美国教育资助委员会的大学学习评估工程（CLA）将批判性思维能力视为学生应具备的重要技能之一。该技能的内容包括：

> 判断信息是否恰当，区分理性的断言和情感的断言，区别事实与观点，识别证据的不足，洞察他人论证的陷阱和漏洞，识别论证的逻辑错误，独立分析数据或信息，发现信息和其来源之间的联系，处理矛盾的、不充分的、模糊的信息，基于数据而不是观点建立令人信服的论证，选择支持力强的数据，避免言过其实的结论，识别证据的漏洞并建议收集其他信息，知道问题往往没有明确答案或唯一解决办法，提出替代方案并在决策时予以考虑，采取行动时考虑所有利益相关的主体，清楚地表达论证及其语境，精准地运用证据为论证辩护，符合逻辑地组织复杂的论证，展开论证时避免无关因素，有序地呈现增强说服力的证据。[②]

批判性思维也是中华文化中的重要组成部分，早在《礼记·中庸》中，

---

① 参见诺希克：《学会批判性思维：跨学科批判性思维教学指南》，柳铭心译，中国轻工业出版社，2005年。
② 参见布鲁克·诺埃尔·摩尔、理查德·帕克：《批判性思维：带你走出思维的误区》，朱素梅译，机械工业出版社，2012年，第3—4页。

孔子就以"博学之，审问之，慎思之，明辨之，笃行之"指导人们的为学行为。其含义具有递进的五个阶段："博学之"是第一阶段，"博"意味着博大和宽容。唯有博大和宽容才能兼容并包，使学者具有世界眼光和开放胸襟。为学需要广泛的猎取，培养充沛而旺盛的好奇心，这是前提。因此博学能成为为学的第一阶段。"审问之"为第二阶段，应该批判性地对待获取到的信息，要对信息加以怀疑和考量，目的在于评判信息的准确性，对信息进行过滤，对真伪难辨、良莠不齐的信息进行甄别，实现去伪存真的目的。第三阶段的"慎思之"要求学者通过结合自己的知识进行缜密的思维，再次深入仔细考察、分析信息。"明辨之"为第四阶段，辨是指思辨、论证，在评价获得的信息的论证是否合理的同时，思考如何修正和弥补论证的缺陷，通过明辨形成自己指导行为的认知。"笃行之"是最后阶段，是将为学所得知识践行于实践，其目的在于选择正确的行为，做到"知行合一"。"笃"有忠贞不渝、踏踏实实、一心一意、坚持不懈之意。只有有了明确的目标和坚定的意志，人才能真正做到"笃行"。可以看出，要达到人生目标，在为学行为的践行中，需要具有批判性思维能力。

（三）批判性思维能力的培养

相较于西方基础教育非常重视批判性思维能力的培养，有人认为在中国的基础教育中，批判性思维能力的培养有所缺失。笔者认为，虽然在中国的传统文化中，不乏对批判性思维的论述，如"博学之，审问之，慎思之，明辨之，笃行之"等重要思想，但是在对我们的学生（无论是中小学生，还是大学生，甚至研究生）对信息接收、思维创新以及观点表达等能力方面的教育和培训是不足的。

关于批判性思维能力培养的话题，已经得到学者的关注。目前有很多的相关书籍，其中包括一大批翻译作品。本书中有关批判性思维能力培养的观点来源于《批判性思维：带你走出思维的误区》《学会提问》《学会批判性思维：跨学科批判性思维教学指南》《批判性思维教程》等图书和一些相关网站，是对它们进行综合整理所得。

批判性思维能力需要通过专门的思维训练获得，训练中应在改变思维、关注价值观、克服情感、自我批判等四个方面加以关注。

第一，改变思维。思维的改变是指从传统的海绵式思维方式转化为海绵式思维和批判性思维两种方式并用。海绵式思维方式是最为基础和常见的思维方式，是指对待信息像海绵吸收水一样进行吸收并转化为知识。其特点表现为，当我们吸收的信息越多，我们的知识就越丰富，就越能理解知识的复杂性，也为将来理解更为复杂的知识提供了基础。但是，海绵式思维在获得信息时虽然具有选择性，却是相对被动的，无须艰辛的心理过程，而且是很快很容易发生的，主要的心理加工就是注意和记忆。[1]比如在阅读文章时，关注文章的基本单元句子的意思是什么，通过标注每个段落的关键来关注文章的重点，总结文章的观点以找到并理解作者意思。读者的目的在于记住作者的观点及推理，对信息不做评估。海绵式思维对应于"博学之"阶段。

与海绵式思维相对，批判性思维是信息接收者主动与信息提供者互动，向他们提出各种问题的过程：对于论点，信息提供者为什么提出这个观点？关于推理，推导过程合乎逻辑吗？关于材料，判断这些论据的可信度有多高？批判性思维的目的在于发现信息中最有意义的论点和观念，因此，批判性思维是一种积极主动的思维方式。

根据以上分析我们可以看出，在信息积累初期，海绵式思维方法非常必要，而且行之有效。当我们的信息积累到一定程度时，在评判信息的可靠性和真实性时，两种思维方式结合使用就显得更为重要。因此，我们需要不断地、有意识地培养自己批判性思维方式。这也是实现批判性思维能力培养的第一步。

以上是从阅读者视角讨论的思维方式。作为作者，在了解了读者的阅读习惯后，在进行写作时就可以针对不同读者采取不同的写作策略。针对海绵式思维的选择性获取信息的特点，学术写作常常采用IMRAD的格式，并使用一级、二级、三级标题将不同信息分类，以便不同类型读者选择性阅读；针对批

---

[1] 参见布朗、基利：《学会提问：批判性思维指南》（第七版），赵玉芳、向晋辉等译，中国轻工业出版社，2006年，第4页。

判性思维，作者需要主动提供信息与读者互动，如准确表达研究问题和研究观点，使用可信度高的信息材料和严格合乎逻辑的推导过程，使读者发现最有意义的论点和观念。

因此，不断地阅读和写作是培养批判性思维的重要方法和途径。

第二，关注价值观。价值观是人们认为较有价值而没有明确说出来的观点，价值观为我们的行为树立了一定的行为准则，我们据此来衡量人们行为品质的高低。[①]在一定的社会环境中存在着与之相适应的价值观，如诚实守信是当今社会最为基本的价值观之一，我们希望他人的言行能与基本的价值观保持一致。除此之外还有许多判断是非的标准，因此，不同背景的人拥有不同的价值观，我们要学会用批判性思维甄别不同的价值观和树立自己的价值观。

第三，克服情感。每个人的经历、价值观、训练和文化背景都影响着自身所做决定的合理性。当情感卷入时，如你讨厌某个人，你更多是从感性角度去评价他的观点，而常常缺乏理性的态度去思考他观点的合理性，由此可能带来我们判断观点正确性和合理性的偏差。因此，我们需要克服情感带来的危险性。理性是批判性思维的基本要素，理性思考者用充分、恰当的证据来支持自己的信念，而非理性的人常用假设、猜疑等来证明别人的无理。

第四，自我批判。一个成功积极的学习者对任何观点都保持开放性，并愿意改变自己过去由于思维的局限性而产生的成见。批判性思维不仅要对外来信息进行过滤，同时也需要对自己的思想进行不断反思，不断更正自己的想法。

总之，需要对以上四个方面进行反复训练，才能掌握批判性思维的能力。

---

① 参见布朗、基利：《学会提问：批判性思维指南》（第七版），赵玉芳、向晋辉等译，中国轻工业出版社，2006年，第15页。

二、逻辑论证

（一）什么是论证[①]

论证是提供理由支持一个主张的说理方式。论证方法包括三大要素：论点、论据和论证（推理）。论点指一种可以通过大量事实和实践论证的观点，它常常代表作者的主张，例如生物学家认为我们和大猩猩有密切的亲缘关系，地理学家主张非洲和南美洲过去连接在一起，宇宙学家告诉我们宇宙一直在膨胀。这些就是学者们通过他们长期研究得到的研究结论。这些结论对于普通大众而言可谓是匪夷所思，因为这些演变过程极其漫长，没有人可以亲眼看到一个物种进化为另一个物种，一块大陆裂成两半，或宇宙变得越来越大。为了让大家确信这些观点是正确的，科学家们通过大量的研究事实来推理或推论这些观点的正确性，这一过程即论证。

论证是由一系列陈述组成的，表达理由的陈述即证据称为前提，表达被支持的主张即观点的陈述称为结论。论证是诉诸推理的说理方式，推理是根据一个或一些陈述（前提即证据）得出另一个陈述（结论即论点）的思维过程。为了保证学术论证的有效性和可靠性，学术论证须是一种符合逻辑的理性的论证。

如何确保结论（论点）的真实性或可信性？这是论证的基本问题，它需要依赖两方面的条件：第一，必须断定前提（论据）为真。因为虚假的理由不能构成前提（论据），因此，只有真实的论据才能对任何主张（论点）的真实性和可靠性提供保证。第二，在断定并保证前提（论据）为真的条件下，推理在多大程度上保证了结论的真实性和可信性。由此引出了推理的基本问题：结论（论点）是如何根据前提（论据）得出的？是必然得出的还是或然得出的？同样，针对推理的基本问题也需要依赖两方面的条件：第一，只要求假设前提为真而不要求断定前提为真；第二，找出从前提到结论的推理方法，并对导出结论的推理过程做出清晰的刻画。这就是符合逻辑的推理。

[①] 本部分内容参考谷振诣、刘壮虎：《批判性思维教程》，北京大学出版社，2006 年，第 25 页。

（二）几种基本论证方法

本书在此介绍从简单论证到复杂论证（类比论证、因果论证和演绎论证）的几种基本论证方法，素材主要来源于文献[①]。

1. 简单论证

论证首先要做的是列举理由（论据），并将这些理由（证据）合理地组织起来。简单论证通常一两个段落即可完成，其遵循的基本规则包括：第一，确定前提和结论。明确想论证的论点是什么，是否有理由（论据）作为前提来论证你的论点。第二，理顺思路。论据和论点的排列顺序可以为论点（结论）在先论据在后，也可论据在先论点在后。无论使用哪种方法，需要向读者展示清晰的思路，按照最佳的排列顺序展示各种理由（证据）。第三，从可靠度前提出发。前提必须可靠，否则结论就不成立。第四，具体、简明。避免使用抽象、模糊和笼统的措辞。第五，依靠实际内容，而非过激言论。第六，措辞保持前后一致。简要论证通常只有一个主题或一条线索，一个论点要贯穿多个步骤。所以，在整个论证中要特别关注措辞，并保持在每一个步骤中使用同样的语言。

2. 归纳推理

归纳推理，就是从若干零散的现象中推出一个一般规律，也就是从若干特殊现象中总结出一般规律，是从特殊到一般。在实际应用归纳推理时，遵循的规则为：

第一，不要只用一个例子，在选择例子时还应考虑其代表性。在学术写作中，类似问题其实反映了在科研过程中案例选取的问题。在学术研究中如何选择具有代表性、普遍性的研究对象一直是需要初学者关注的话题。

[①] 安东尼·韦斯顿：《论证是一门学问：如何让你的观点有说服力》，卿松竹译，新华出版社，2011年；布鲁克·诺埃尔·摩尔、理查德·帕克：《批判性思维：带你走出思维的误区》，朱素梅译，机械工业出版社，2012年。

第二，事情发生的概率或许至关重要。不能用低概率事件概括普遍现象。

第三，慎重对待统计数字。"以数据说话"表明数据的重要性，数据常常带给人们一种准确和可靠的权威性感觉，因此使用数据被认为是好的论证。但是也要注意数据带来的陷阱，必须对数据进行批判性思考。

第四，考虑反例证。归纳推理是在大量没有反常现象的事件的基础上得到的结论，当有反例出现时原有的结论自然被推翻。

因此，归纳推理本身具有一定的局限性和历史性，它能作为学术研究的基本方法是基于学术研究的可证伪性，通过学术研究的自我纠错机制不断更正和补充知识。

3. 类比论证

类比论证是从一个具体的例子推导出另一个，该论证方法存在的理由是：因为两者在很多方面相似，所以两者在另一个具体的方面也相似。在实际使用类比论证时，遵循的根本规则是：类比论证中的例证必须在本质上相似，这也是有效类比论证的前提。

4. 因果论证

因果关系是指两个事物之间存在某种关联。这种关联可以是正相关，也可以是反相关。正相关是一个因素的增加与另一个因素的增加相关联，反相关是一个因素的增加与另一个因素的减少相关联。因果关系通常包括简单因果关系和复杂因果关系。

简单因果关系是指："事件或条件E1与事件或条件E2之间存在有规律的联系。因此，事件或者条件E1导致事件或条件E2。"①

当一种关联可能有多种解释，向着可能性最大的解释努力。可能性最大的解释是能够把关联补充完整的解释，而不是让读者自己添加论证前提的推测。

---

① 安东尼·韦斯顿：《论证是一门学问：如何让你的观点有说服力》，卿松竹译，新华出版社，2011年，第61页。

复杂的因果关系是指E1通常导致E2，其他原因导致E2的概率很小，或者说，E1是E2的原因之一。

如果是"E1通常导致E2"，表示不排除特例的情况下E1没有导致E2，这就容忍了"有E1发生但是没有E2发生"的情况。换句话说，有因无果是不能削弱因果之间的关系的。例如，"结婚使人幸福"，这句话的因果关系可能是"结婚通常使人幸福"，可能出现"有的结婚的人是不幸福的"。

如果是"E1是E2的原因之一"，表示除了E1之外可能还有其他的原因导致E2，这就容忍了"没有E1但是有E2发生"的情况。换句话说，有果无因不能削弱因果之间的关系。例如，"结婚使人幸福"，这句话的因果关系可能是"结婚是使人幸福的主要原因之一"，可能出现"有的幸福的人没有结婚"。

5. 演绎推理

演绎推理，就是把归纳推理等得到的一般规律，再应用到现实中去，去推测其他没被考察过的同类对象的性质特点。它是从一般到特殊。因此，在演绎论证中，前提正确，则结论必定正确；绝不可能在承认前提正确的同时否定结论；结论只是把包含在前提中的东西揭露出来。而非演绎论证，如归纳推理等，即使所有的或者多个前提是正确的，也不能保证结论正确；前提使结论正确的可能性增大；结论不可避免地脱离前提。

几种常见的演绎推理方式有：

第一，肯定前件式。推理形式：

如果p，那么q。
p。
因此，q。

第二，否定后件式。推理形式：

如果p，那么q。
非q。
因此，非p。

第三，假言三段论。推理形式：

如果p，那么q。
如果q，那么r。
因此，如果p，那么r。

第四，选言三段论。推理形式：

p或q。
非p。
因此，q。

第五，二难推理。推理形式：

p或q。
如果p，那么r。
如果q，那么s。
因此，r或s。

第六，归谬法，否定后件式的一个版本。推理形式：

为了证明：p。
假定情况与此相反：非p。
论证在这种假定情况下，结论只能是：q。
证明q是错误的（与原命题矛盾）。
结论：最终看来，p必定是正确的。

第七，多步骤演绎论证。

（三）谬误

谬误是指各种误导人的论证。在论证中存在一些常见谬误，如：人身攻击、诉诸无知、诉诸怜悯、诉诸群众、肯定后件、窃取论点、循环论证、复合问题、否定前件、模棱两可、假两难推理、诱导性语言、不当结论、以偏概全、忽略其他可能性、劝导性定义、井里放毒、错置因果、扯开话题、稻草人谬误等。

三、小结

　　学术写作应从批判性阅读开始。批判性思维贯穿学术研究始终，是现代人的基本素质，具备了批判性思维才能对周围信息进行遴选，对自身才会有不断反思，才会建立创新意识。批判性阅读是在海绵性阅读基础上建立起来的，是对信息进行的甄别和评价。论证是通过提高充分理由（证据），说明或推导最终结论的过程，学术写作就是利用论证的方式，向读者提供准确信息，说服读者同意作者的论点，将作者的研究成果转化为重要的知识，因此论证过程要求严谨并符合逻辑。本章内容为后续学术写作提供了必要的理论和实践基础。

第六章　学术论文的结构、类型及写作步骤

学术论文是指发表在学术刊物上的、以进行学术交流为目的的书面文件，有时也叫期刊论文。传统意义上，用于在学术会议上交流和讨论的会议论文是研究成果的详细摘要，对会议论文的主要观点和内容是否发表并无要求。随着学科领域专业化和学术交流加快，加之期刊论文发表周期滞后，在举办许多重要的、知名的学术会议，如信息领域的学术会议时，组委会会与学术期刊编辑部联合举办，收集到的论文除在会议上交流外，经过期刊编辑部正常的同行严格评审，达到期刊发表水平的会在期刊上刊登。甚至有的学科学会会议文集已经按照期刊要求处理参会论文，并成为相关学科的主流传播媒体。无论是期刊的论文刊登，还是影响巨大的会议文集的出版，其目的都在于更加广泛和及时地传播相关学科领域的研究成果信息，而且在撰写格式和规范上逐渐保持一致。因此，有很多会议论文的征稿通知中明确要求作者按照期刊学术论文的要求撰写，除撰写格式外，论文的原创性也在要求之列。本书讨论的学术论文写作格式和规范主要参考学会和学术刊物的规范要求。

一、什么是学术论文

学术论文是学术信息传播的书面表达方式。广义来讲，学术论文应包括各类学位论文，如用于申请学士学位的学士学位论文、用于申请硕士学位的硕士学位论文以及用于申请博士学位的博士学位论文；各类学术报告，如研究报告、实验报告；用于申请基金的基金申请项目书；申请专利的专利申请书等。狭义来讲，学术论文是指发表在期刊上的书面文件。本章的讨论对象是在学术

期刊上发表的学术论文。

鉴于不同的内涵,学术论文的定义也不同。有人认为学术论文一般以科研成果为对象,使用科学技术语言、科学的逻辑思维方式,按照一定写作格式撰写而成,具有科学性、创新性、学术性、专业性和实用性等特点。

我国的国家标准《科学技术报告、学位论文和学术论文的编写格式》（GB7713—87）将学术论文定义为：

> 学术论文是某一学术课题在实验性、理论性或观测性上具有新的科学研究成果或创新见解和知识的科学记录；或是某种已知原理应用于实际中取得新进展的科学总结,用以提供学术会议上宣读、交流或讨论；或在学术刊物上发表；或作其他用途的书面文件。
>
> 学术论文应提供新的科技信息,其内容应有所发现、有所发明、有所创造、有所前进,而不是重复、模仿、抄袭前人的工作。[①]

美国科技编辑协会（Council of Science Editors）认为：

> 学术论文是一篇能被学术界接受的原始科学出版物,它所提供的信息必须是首次披露。论文必须提供足够的信息资料,使学术同行能够：依据这些信息资料,评定所阅读到的信息资料是有价值的；按照所提供的信息资料,能重复获得作者的实验结果；依据信息资料,评价整个研究过程的学术性。此外,学术论文必须能够不加限制地为科学界所使用,并能为一种或多种公认的二级情报源所选用。[②]

一篇完整的学术论文不同于实验报告、阶段总结、工作总结和项目汇报,它需要对实验工作数据和结果有所整理和提高,提炼出论点,而不仅仅是对研究数据的罗列和堆砌。学术论文在内容上应提供新的科学技术信息。

---

① 《科学技术报告、学位论文和学术论文的编写格式》（GB7713—87）,国家标准局,1987年,第1—2页。

② 罗伯特·戴、巴巴拉·盖斯特尔：《如何撰写和发表科学论文》（第六版）,北京大学出版社,2007年,第18—19页。

学术论文的特点表现在以下几个方面：

第一，创新性或独创性。学术论文报道的主要研究成果应是前人（或他人）所没有的，这些成果具有创新性和独创性，因此，没有新的观点、见解、结果和结论就不能构成学术论文。这也是学术论文不能重复、模仿、抄袭前人工作的主要依据。

第二，理论性或学术性。学术研究可以大体上分为实证研究和理论研究。实证研究通常从实验、观察或调研入手，通过获取大量研究数据作为依据，以相关的理论作为论据，从一定的理论高度对观察结果、实验数据进行分析和总结，形成一个严密的论证过程。理论研究常常从模型构建或理论假设入手，通过数理分析论证模型或理论假设的正确性。无论是实证研究还是理论研究，最后都需要形成一定的具有学术价值的学术见解，包括重要的学术结论和一些有学术价值的问题。因此，学术论文是具有一定学术价值的重要文献信息：一方面，以实验、观察或用其他研究方式的实证研究所得到的观察结果、实验数据，在学术论文撰写时需要加上相应的理论作为论据进行论证，以获得具有学术价值的研究结论，而不是研究数据、结果的简单堆积；另一方面，对自己提出的科学见解或问题，要用事实和理论进行符合逻辑的论证、分析或说明，形成新的理论或对已有理论的补充完善，总之要将实践上升为理论。

第三，科学性和准确性。科学性是指正确地说明研究对象所具有的特殊矛盾，并且要尊重事实，尊重科学。具体地说，科学性表现为论点正确，论据必要而充分，论证过程严密，推理符合逻辑，数据准确可靠，处理合理，计算精确，实验可重复，结论客观。准确性是指对客观事物即研究对象的运动规律和性质表述的接近程度，具体要求是概念、定义、判断、分析和结论要准确，对自己研究成果的估计要确切、恰当，对他人研究成果（尤其是在做比较时）的评价要实事求是。

第四，规范性和可读性。学术论文必须按一定的规范格式写作（需要参照相关的体例规范），语言应流畅、易懂，具有良好的可读性。在文字表达方面，要求语言准确、简明、通顺，条理清楚，层次分明，论述严谨；在技术表达方面，包括名词术语、数字、符号的使用，图表的设计，计量单位的使用，文献的著录等都应符合相应的规范化要求。

学术论文规范表达的主要内容包括：撰写格式的标准化；文字细节和技术细节表达的标准化或规范化；名词名称、数字、量和单位、数学式、化学式等的规范表达，以及插图和表格的合理设计，科技语言和标点符号的规范运用等。如果学术论文失去了规范性和可读性，它的价值将严重降低，有时甚至会使人怀疑其报道的研究成果是否可靠。

二、学术论文的基本结构

一篇完整的学术论文的基本格式通常包括：学术论文的信息检索部分、学术论文的主体部分、学术论文的其他部分。

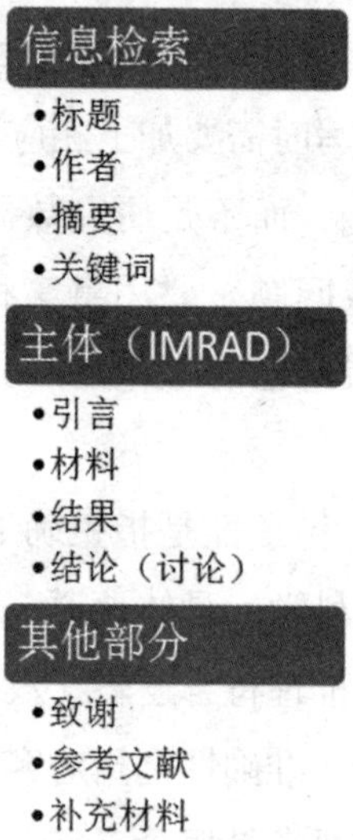

信息检索
- 标题
- 作者
- 摘要
- 关键词

主体（IMRAD）
- 引言
- 材料
- 结果
- 结论（讨论）

其他部分
- 致谢
- 参考文献
- 补充材料

图6.1　学术论文的完整结构

（一）学术论文的信息检索部分

学术论文的信息检索部分由论文的标题（题目）、作者的署名及通讯地址、摘要、关键词、中图分类号、基金信息等组成。该部分具有信息集中、吸引性强和有效性强的特点。

网络技术的发展使学术论文通过网络传播成为现实，为了便于读者查询和阅读，学术论文信息检索部分的标题、作者的署名及通讯地址、摘要、关键词通常可以在网络上免费获取。它虽然不是论文的主要部分，但却起到引领读者关注和激发读者阅读兴趣的作用，同时还是学术情报的重要资源。具体格式依照学科和期刊要求有所差异，但各类学术论文的信息检索部分包含的内容是一致的。

（二）学术论文的主体部分——IMRAD结构

1. 学术论文的格式演变

学术论文的主体部分的表达方式有一个历史演变的过程。早期的学术论文格式一般为"描述性"（descriptive）的，即以研究时间为顺序进行描述，如："首先，我观察到了什么，然后又观察到了什么。"（First, I saw this, and then I saw that.）或："首先，我做了什么，然后又做了什么。"（First, I did this, and then I did that.）直到今天，描述性论文格式仍然在部分领域或论文形式中保留下来，如快报、医学的案例报告、地质学调查。19世纪后半期，学术论文格式逐渐发展成为IMRAD结构，即 Introduction（引言）—Materials and Methods（材料和方法）—Results（结果）—And—Discussion (Conclusion)〔讨论（结论）〕。

学术论文格式之所以会发生如此变化，其原因在于：19世纪以后科学研究速度加快；科学研究方法复杂化程度加深；科学研究遵循的基本原则——实验的可重复性凸显，导致研究方法的细节性描述更加详细；各国在科学技术上的投入不断增加，科学研究经费的增大促成了"经费创造科学，科学推出论文"（Money produced science. And science produced papers.）的格局；政策上的支持、财政上的投入以及学术评价的驱动，使学术论文稿件数量增加，虽然刊载学术论文的期刊也在不断增加，但是与学术论文产出量相比还远远不能满足需要，除通过同行评审对稿件进行遴选外，还要求论文简洁以节省学术期刊的资源。诸多因素要求学术论文应具有简洁和逻辑性强的特征，而学术论文的IMRAD结构的最大优势就在于，其不仅结构简洁，而且逻辑性强。

2. 学术论文IMRAD结构特点

学术论文IMRAD结构特点表现在简洁和逻辑性强两个方面。

简洁表现为：IMRAD结构紧凑，节省了学术期刊的版面；IMRAD结构清晰，在编辑、审稿专家评审过程更加容易判读；IMRAD结构使论文各部分相对独立，方便读者有选择性地获取有用信息。

逻辑性强表现为：通过"引言"部分回答"你要研究的问题是什么"；通过"材料和方法"部分回答"你的研究是怎样进行的"；通过"结果"部分回答"你的研究有什么发现"；通过"讨论和结论"部分回答"你的研究发现意味着什么，有什么价值"。

在学术论文中，引言、材料和方法、结果、讨论和结论构成了论文的主体部分（也称为论文的正文部分）。该部分展示了作者基于研究结果进行分析论证获得有学术价值的结论的过程。不同类型的学术论文中该部分的写作格式有所差异，但大多数学术论文采用IMRAD结构。IMRAD结构满足了现代学术论文学术逻辑性、精简特征要求，更为满足不同读者群的阅读需求提供了最为经济的获取信息的途径。

（三）学术论文的其他部分

由致谢、参考文献、补充材料等组成的补充信息部分是现代论文不可或缺的重要组成部分。

致谢是对为本项研究提供过帮助的组织和人员的感谢。参考文献为读者提供了论文的文献来源，为读者的进一步阅读提供了条件。参考文献实质上也是对前人工作的肯定和致谢。因此，致谢和参考文献都承担着对他人表示感谢的作用。

补充信息部分的材料是不宜放入论文中，但对读者有益的一些重要信息；或有些材料如果放入正文会破坏论文主体的完整性，这些信息和材料均可放入补充信息部分，供读者选择性阅读。补充信息部分的内容正在变得复杂和多样，除了对论文主体内容的补充外，也有对论文检索部分信息的补充说明。如，为了明确署名作者的贡献，《自然》在补充信息部分增加了作者贡献列表，该作者贡献列表是作者署名的补充材料。

以上三个部分的划分主要基于研究论文，因为不同类型的学术论文的作用是不同的，所以不同类型的学术论文各部分的写作方式有所不同。

三、学术论文的类型

学术论文的类型基本上分为研究论文、研究快报、综合评述、评论性文章和文献注释论文。前面几种分类是学术界比较常见的形式，笔者近来发现，文献注释论文也在一些学科领域开始使用，因此，笔者在此部分中将文献注释论文作为学术论文的一类进行推广。

（一）研究论文及其基本格式

研究论文（Article，Research Article），大多数期刊称其为Article，也有期刊称其为Research Article，如《自然》在栏目分类中对研究论文标注就为Research Article。研究论文是对某一课题的研究中获得的数据和观察到的现象从理论上加以分析和总结所形成的科学见解，用事实和理论进行周密且符合逻辑的论证所撰写的学术论文。研究论文特别强调的是论证的完备性，由于研究论文对研究结果进行了严谨的分析、推论，获得的结论具有重要的学术价值，体现了学术论文的学术性，这类论文在学术研究中占据了非常重要的地位。

研究论文的基本格式是IMRAD结构，其中讨论部分非常重要。在此要注意实证性和理论性论文的区别。实证研究论文的M部分是具体的实证研究材料和方法，而理论性研究论文的M部分以建模和数值模拟、假设和推导、计算方法为主。

（二）研究快报及其基本格式

研究快报（或研究通讯，Letter，Rapid Communication，Report）是对某一研究课题中所取得的突破性进展所作的快速报道。研究快报强调的是研究成果具有重大突破，为了保证优先权，必须尽快发表。但是，研究快报缺乏周密的论证，因此学术领域允许作者在研究快报发表后进一步撰写研究论文，对研究结果进行详细论证。从规范来讲，再次发表的研究论文应引用相应的研究快报。这充分体现了研究论文的写作不仅仅是研究成果的简单报道，而是研究的延续和深入。在《自然》上，快报通过标注"Letters"与研究论文加以区别；在《科学》上，快报的标识为"Reports"。

根据不同学科，快报的主体部分写作格式相对比较多样化，既有IMRAD格式，也有使用描述性格式，字数有严格限制。

（三）综合评述及其基本格式

综合评述（简称"综述"，Reviews）是在广泛查阅某一研究领域的文献资料之后，运用分析和综合的方法进行鉴别、分类和归纳，从总体上进行研究和组合而形成的极有价值的文献论文。文献综述不仅包括对已有文献内容的概括和回顾，还要着重阐述某一研究领域中事物客观发展的规律和未来的发展趋势。综述文章的主要特点在于对他人或作者先前工作进行综合分析，梳理已有的研究方法和研究成果，关键在于作者根据自己多年的研究积累提出本领域的研究趋势或研究方向，因此，综述性论文具有极高的学术价值。通常，综述性论文以期刊编辑部定向约稿为主，但是这并不意味着综述的写作与一般学者或是研究生无关。在开题报告或研究论文的前言中，都要进行文献综述，只是重点不同而已。考虑其特点，综述性论文一般篇幅较长。从引证的角度看，综述性论文被引用频次较高，由此可见其重要性。

（四）评论性文章及其基本格式

评论性文章（或文章评论，Comment, Communication from Other Article），是期刊专为对在本期刊上发表过的论文内容进行评价或更正的文章而设的一个栏目。《物理评论》的编辑明确要求，每一篇评论性文章都应该清晰地指明针对的是哪一篇论文。评论性文章的撰写是就原始论文的问题提出自己的见解或请求原作者对问题进行解答的过程，是需要作者付出相当的智力劳动的结果，目前很多学术组织也将该类文章视为研究成果的组成部分。该栏目为学者们提供了一个相互交流、讨论的场所，也是对研究结果进行纠错和发展的平台，促进了学术的发展。要强调的是，该栏目以学术讨论为目的，同样需要具有学术性，因此，该类文章也需要请同行专家进行评审，同时相关信息将被反馈给原始论文（即被评论的论文）作者。原始论文作者根据需要可以对其他人的评论做出回应。通常回应也会发表在同一期刊上。

在被别人评论的时候，如何回应是非常重要的。一篇已发表的文章能有专家评论，说明该论文引起了学者的关注，本身就是一件好事。另外，学者的评论通常是要有依据的，所以原作者应当利用好编辑提供的回应机会，就以前论文中可能存在的缺陷加以完善，合理、科学地回应评论者的观点。这符合学术讨论的要求。

其写作格式一般为就事论事，篇幅相对比较短。

（五）文献注释论文及其基本格式

文献注释（Anotated Bibliography）是对单篇论文的文献信息、主要观点和内容的介绍。使用文献注释的目的是让学生们学会文献阅读的方法，要求在记录文献来源信息、论文主要观点和内容的同时，随时随地记录下该文对读者本人的启示，以及利用批判性思维对论文的论证、观点等进行评价。近来我们发现，文献注释已经应用于学术论文或学术书籍之中。如联合国粮食及农业组织在2013年出版的图书 *Vulnerability Assessment Methodologies: An Annotated Bibliography for Climate Change and the Fisheries and Aquaculture Sector*（FAO Fisheries and Aquaculture Circular No. 1083），医学领域的论文 Clinical Coding Audits: An Annotated Bibliography［Dianne Williamson, *Health Information Management,* 2004, ISSN 1322-4913, Vol.33（1）：21］，法学领域的论文 Wrongful Convictions and Their Causes: An Annotated Bibliography（Clanitra Stewart Nejdl and Karl Petitt, *Northern Illnois University Law review*, 2017, Vol.37-3:401-419）等，均是将多篇论文的文献注释进行加工、分类撰写而成的。因此，本书将文献注释论文纳入学术论文种类中。通过对以上几篇文献注释论文（或著作）的研究，笔者发现其仍然按照IMRAD结构进行撰写。

无论是哪一种类型的学术论文，其规范表达涉及：第一，编写格式的标准化；第二，文字细节和技术细节表达的标准化或规范化，包括名词名称、数字、量和单位、数学式、化学式等的规范表达,以及插图和表格的合理设计;第三,科技语言和标点符号的规范运用。

目前并没有一套完备的规范体系供所有期刊使用,具体的规范要求来自各期刊的编辑要求。作者在撰写时,要充分了解欲投寄期刊的规范要求,并严格按照要求执行。通常各期刊都会在其主页上发布"作者须知"(Information for Author),这是每一位作者需要认真阅读的信息。

四、学术论文的写作步骤

在第五章中,我们已经讨论了学术写作应从批判性阅读开始,同时我们也强调学术写作与科研活动密不可分,学术论文不仅仅是学术研究的龙头和龙尾,而且它们是相互融合、互相补充的。

(一)学术论文的写作与科研

有人认为,学术论文在科研活动完成以后专门撰写即可。但是学术论文撰写实际上应该贯穿于学术研究之中,几乎可以说,学术论文写作与学术研究是同步进行的。学术论文写作大概可以分为以下几个步骤:

第一步,选择研究主题。这是学术研究和学术论文的起点,在正式研究开始之前,研究主题常常来自对日常生活或科研问题的兴趣之中,激发人们对解决问题的渴望。

第二步,缩小主题,确定研究目标。学术研究应立足于从点入手,过于宽泛的主题往往无法深入研究。从具体问题入手是确定研究目标的最好途径。

第三步,获取有关信息。有了明确的研究目标以后,对于相关领域的研究状况需要有全面把握,这就需要查阅相关文献,了解前人对相同研究目标做过了哪些研究,研究对象是什么,采用了哪些研究方法和手段,取得了哪些研究成果,还存在哪些问题。这一过程需要从对单篇文献的阅读注释到对众多文献的综合研究才能完成。

第四步,制订并实施科研计划。在研究过程中,收集原始数据是关键。对采集到的数据应及时进行处理和加工,在处理过程中,还会用到已有的研究数据。图表的制作是对数据和信息进行处理的最为直观和有效的方法。一方面，图表对于数据采集的数量和质量进行验证，可以及时修正和补充数据的不足，避免在研究后期或结束后因实验数据不足而形成研究缺陷。同时，由于图表在论文中具有自明性特征，研究者可以在正式开始撰写学术论文正文之前，将可用于正式发表的图表确定下来。

第五步，撰写论文。

第六步，修改论文直至被期刊接受。

（二）提纲撰写

提纲犹如骨架，对构建论文的逻辑性非常重要。提纲不仅在研究论文撰写中非常必要，而且在学位论文写作中也非常重要，常常最后成为学位论文的目录部分。

学者们有各自的学术论文的写作习惯，但是如何提高学术论文的写作效率仍然是学者们所共同关注的话题。美国国家科学院院士、哈佛大学化学和化学生物系怀特塞兹（George M. Whitesides）教授基于他学术论文写作和指导学生进行科学研究及学术写作的经验，为中国学者撰写了一篇文章《科学论文的写作》[①]。

他认为，学术研究的目的在于形成并论证假说，从测试中得出结论，并把结论传授给他人。他强调，论文的提纲对研究工作和写作都非常重要，好的论文提纲也是研究工作的好计划。在研究工作开始时，应有完善的提纲；在研究过程中，要反复修改和完善计划或提纲；研究结束时，应有充分的总结。学术研究最有效的做法是及时理解、分析、总结和形成假设，而非在研究完成以后才开始收集和整理数据。提纲的撰写会大大提高论文的写作效率，提纲不仅仅是列出论文各段的内容，而是按照目的、假说、结论来精心组织数据。

他建议提纲包含三个部分的内容：

（1）引言：为什么我要做这件工作，主要的目的和假设是什么？

---

① George M. Whitesides：《科学论文的写作》，张希、林志宏译，《中国科学基金》2003年第2期，第127—128页。

（2）结果和讨论：结果是什么？化合物是怎样合成与表征的？测试方法是什么？

（3）结论：所有一切意味着什么？证实或否定了什么假设？我学到了什么？结果为什么与众不同？[1]

由此可见，他的提纲与现代学术论文正文的IMRAD结构是完全一致的。

他特别强调在写作中集中整理数据的方法，目的是尽可能把数据以清晰、紧凑的图表展示出来。写作者通常通过反复多次并使用不同的方法构思一张图，使其清楚、美观。他在指导学生时，要求他们提交提纲及整理的数据，并进行反复讨论，考虑是否需要补充做一些实验；在所有意见达成一致时，数据的最终表达形式被确定下来，提纲中的表格、图表等最终成为论文中的表格、图表，此时开始论文的正文部分的撰写。他认为，提纲不仅对论文撰写的准备、写作的时间和精力的节省非常重要，而且对研究也具有一定的指导意义。

他将论文写作方法归纳为以下三点：

（1）在一个项目开始时，就应该着手去撰写可能的论文提纲，而不要等到论文结束的时候。研究可能永远没有结尾可言。

（2）整理提纲要围绕易于接受的数据，包括表格、方程式、图表，而不是围绕正文。

（3）不是按照时间顺序，而应按重要性来整理。论文写作的一个重要细节是要考虑各部分的权重。新手常常按照时间顺序来写论文：他们常常爱从开始时的失败写起，一直写到最后的成功来描述实验过程。这种方法是完全错误的。应该从最重要的结果写起，然后是次重要的结果。读者通常不关心你是怎么得到的结果，而只关心结果是什么。短文章比长文章更易读。[2]

---

[1] George M. Whitesides：《科学论文的写作》，张希、林志宏译，《中国科学基金》2003年第2期，第127页。

[2] 同上刊，第128页。

怀特塞兹教授提供的论文写作技巧不仅可以应用于实验研究，对于理论研究的学者也是适用的。理论性论文强调的是对已有理论的验证、完善和修正，因此，原有理论及论证过程实际上相当于材料和方法部分。通过模拟计算得到的数据与实验数据同等重要，处理方法和过程应该相同。

（三）学术论文的写作流程

为了提高研究和写作效率，学者们推荐的写作流程具体如图6.2所示：

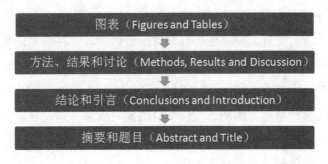

图6.2　论文写作流程图

第一步，制作图和表格，通过实验或计算不断完善最终定稿。

第二步，撰写方法、结果和讨论，对研究过程中涉及的材料、研究过程和结果的细节进行客观、翔实的记录和描述。图和表格的制作，虽然是为得到理想结果，但过程却是繁杂的，它需要通过不同的方式去验证，做到结果的真实可靠。

第三步，撰写结论和引言。结论需要通过讨论论证获得，结论放在此处符合逻辑。引言部分的信息需要在项目开始之初进行积累，随着研究的深入和需要而不断完善，在正文其他部分基本完成之后，才能将本研究在整个学科领域中的位置和作用展示出来，才能很好地利用相关信息。

最后，撰写摘要和题目。摘要部分为读者提供全文最重要的信息，只有正文定稿以后方能对摘要部分的写作游刃有余。题目更是一篇文章的画龙点睛之笔，如何利用有限的文字概括全篇论文的信息、引发读者的兴趣，是题目的重任。人们常常在开始写作之前草拟一个题目，这非常正常，但是论文撰写过程中，信息不断被修改和完善，对最终论文题目的修正就成为当务之急。

总之，写作的习惯因人而异，提高效率是王法，只有通过不断的练习方能提高写作技能。对于论文的每一部分的撰写要求和规范将在随后的几章里详细介绍。

五、学术论文写作中的普遍问题

近年来，国务院学位委员会加强了对学位论文质量的抽查，每年都查出问题论文。作者，尤其是刚开始进行写作的青年学者，在学术论文的写作中常常出现一些共同的问题。我们通过分析审稿专家的评审意见将问题归纳如下：

第一，缺乏足够的知识积累，对学科前沿了解不够。主要表现为引言部分综述不够完善，参考文献缺乏相应学科的前沿成果，如没有最新的、主要的和重要的文献，或文献过于陈旧。

第二，没有创新，重复前人工作。

第三，难以辨别作者自己和他人的成果，逻辑性混乱，缺乏必要的推导过程。

第四，写作不规范：使用标点符号不恰当，造成阅读困难；文献标注不准确、不完备，容易产生剽窃的嫌疑；公式编排不规范；专业术语使用不准确；语言语法错误。

一篇论文提交后，会有很多人为之服务和付出。编辑和同行专家将花费时间去考虑、修改、编辑文章；出版商会花费时间和资源组织同行评审和建立评审制度；研究者会花费时间去寻找和阅读。因此，作为论文撰写者，在撰写论文之际应该思考一个问题：这篇文章是否值得人们花时间？毕竟学术质量和学术价值是学术交流系统的核心。

期刊编辑部会将以下的论文拒之门外：无法引起读者科学兴趣的报道；过时工作的重复报道；重复发表的文章，这主要指作者将一篇论文同时投寄多种期刊；结论有明显错误或有悖一般认知而不能接受的论文；"Salami"式的文章，即作者为了追求论文数量，将本该是一篇的论文进行分割，形成多篇论文，该类论文由于数据太少以至于没有任何意义。

六、小结

学术论文的基本结构通常包括论文的标题（题目）、作者的署名及通信地址、摘要、关键词、引言、材料和方法、结果、讨论和结论、致谢、参考文献、补充材料等部分。从不同的功能划分，论文内容分为三大部分：信息检索和查询、正文、补充信息。根据论文的性质，学术界对学术论文的类型归纳为具有完整论证过程的研究论文、用于快速报道的研究快报、学术研究中起重要作用的综述性论文、对已发表论文进行评价的评论性文章、新出现的文献注释论文。由于论文写作和学术研究的密切关系，在实际的写作实践中，为了提高研究和写作效率，学者们学术论文的写作步骤一般从提纲开始，然后按照重要程度安排写作程序。

第七章　学术论文的标题、摘要、关键词及国际通用分类

论文的标题、摘要、关键词及国际通用分类构成了学术论文的检索部分，该部分通常可以通过网络免费阅读。该部分除检索功能外，还是帮助读者选择文献的指南，因此该部分内容的完备性、准确性对学术论文传播意义重大。我们将按照国际学术界的规范要求和写作技巧讨论该部分的写作。本章基于多篇文献[1]汇总而成。

一、标题

标题（Title，或"文题""题目""总标题"，以区别于"层次标题"）是论题的表述，暗示论文论证的问题。因此，标题的表达关键在于给读者传递论题的内容，行文醒目，以吸引读者。

标题是论文的总纲，是能反映论文最重要的特定内容的最恰当、最简明

---

[1] 罗伯特·戴、巴巴拉·盖斯特尔:《如何撰写和发表科技论文》（第六版），北京大学出版社，2007年；任胜利编著：《英语科技论文撰写与投稿》，科学出版社，2004年；Association for Psychological Science, "The APS Online Style Manual," http://www.apsstylemanual.org/oldmanual/parts/runninghead.html[2017-08-29]; Jeff Hume-Pratuch, "Mysteries of the Running Head Explained," http://blog.apastyle.org/apastyle/2012/05/mysteries-of-the-running-head-explained.html[2017-08-29]; Nature, "Manuscript Formatting Guide," http://www.nature.com/nature/authors/gta/index.html[2017-08-29]; JAMA, "Instructions for Authors," http://jamanetwork.com/journals/jama/pages/instructions-for-authors#SecAbstracts[2017-08-29]; Journal of Colloid and Interface Science, "Guide for Authors," https://www.elsevier.com/journals/journal-of-colloid-and-interface-science/0021-9797/guide-for-authors#20631[2017-08-29];《学术出版规范　关键词编写规则》（CY/T 173—2019），国家新闻出版署，2019年。

的词语的逻辑组合。层次标题的撰写原则与总标题一样。

标题是一篇论文与读者交流最多的部分，在所有的文献信息中出现的次数最多，因此标题的每一个词都需要作者精心安排，以达到最大限度传播论文的目的。[①]好的标题就是以最少的词来充分表述论文的内容。

（一）标题的作用

标题的作用表现在三个方面：

第一，是为了吸引读者。标题相当于论文的"标签"(Label)，一般的读者通常是根据标题来考虑是否需要阅读摘要或全文。标题要起到吸引读者眼球的作用，是整篇论文的画龙点睛之笔。如果表达不准确，冗词赘句，表意不突出，读者可能就会一瞥而过，再好的研究内容和结果都可能丧失意义。

第二，帮助文献追踪或检索。文献检索系统多以标题中的主题词作为线索，因而主题词必须要准确地反映论文的核心内容，否则就有可能造成漏检。不恰当的题名很可能会使得论文不能被更多的读者获取。

第三，引领作者调整和完善写作过程。我们说很多学者将标题写作放在最后，这主要是指在论文最终定稿时还需要最后确认标题是否准确、恰当。人们在写作之初通常会拟定一个标题，其目的在于引领作者构思论文框架，组织材料。当一篇论文完成撰写以后，人们可能会发现最终的标题和最初的标题差异很大，但是最初的标题的作用仍不能忽视。

（二）标题的基本要求

标题撰写的基本要求包括：准确（Accuracy）、简洁（Brevity）、清楚（Clarity）、容易认读。

1. 标题的准确

标题要准确地反映论文的主要内容，不能过于空泛和一般化，也要避免因过于烦琐而不能给人留下鲜明的印象。在标题的准确表达方面有几个常见的

[①] 参见罗伯特·戴、巴巴拉·盖斯特尔：《如何撰写和发表科技论文》（第六版），北京大学出版社，2007年，第39页。

问题：

第一，标题反映的面大，而实际内容包括的面窄。

如一篇论文的标题是"新能源的利用研究"。新能源是指传统能源之外的各种能源形式，是指开始开发利用或正在积极研究、有待推广的能源，如太阳能、地热能、风能、海洋能、生物质能和核聚变能等。从新能源的定义可以看出其种类繁多。如果研究内容是某一特定的新能源，这个标题的面就太宽泛了。过于宽泛的标题不能很好地吸引读者，也不利于文献检索，因此，建议将标题改为"××能的利用研究"或"××能的利用"，如"风能的利用"，使标题指向具体化。

第二，标题一般化，不足以反映文章内容的特点。

曾有一篇提交评审的论文标题为"基于Web的数据管理系统的设计及其实现"，同行评审专家根据论文的研究内容建议其改为"用于××的数据管理系统的初步设计及其实现"。在写作中，应该根据研究的条件、研究的程度，对论文标题进行限制。标题越具体越好。

第三，不注意分寸，有意无意拔高。

刚刚开始写作的作者比较喜欢使用"××的机理""××的规律"作为标题。如果确实弄清了研究对象的"机理"或掌握了研究对象的"规律"，使用这样的标题是没有问题的。如果仅仅是研究了某种现象或某种机制，那么使用这样的标题就很容易让读者觉得作者在有意拔高自己。所以，标题中词语的使用一定要恰如其分，要达到准确性的要求。建议对现象的研究的标题改为"××现象的（一种）解释"，对机制的研究的标题改为"××的（一种）机制"。

2. 标题的简洁

标题应简洁，越简洁越容易给读者留下比较深刻和鲜明的印象，便于读者记忆和引用，同时也有利于信息机构进行信息检索。

关于标题的简洁，中华人民共和国国家标准《科学技术报告、学位论文和学术论文的编写格式》（GB7713—87）规定，标题一般不宜超过20字。英语标题最好在10—20个单词之间，或控制在100个英文字符（含空格和标点）

之内。如若能用一行文字表达，就尽量不要用两行。《自然》杂志在其作者指南中明确指出，论文题目长度在印刷时不能超过两行，快报标题不能超过90个字符（包括空格），研究论文标题不能超过75个字符（包括空格）。[①]

为了实现标题字数最少的目标，应尽可能删去多余的词语。发表在学术期刊上的学术论文通常以研究为主，因此，标题中类似"研究"等词会被认为是废词，需要尽可能去除。在英语写作中，"Studies on""Investigations on""Observations on"以及在句首的"A""An""The"等都是废词，应从标题中删除。这些词对信息检索没有任何作用。[②]

如一篇论文的原标题是"Preliminary Observations on the Effect of Zn Element on Anticorrosion of Zinc Plating Layer"，标题中Preliminary Observations on属于废词，Zn本身代表锌元素，Element一词完全是多余的，属于重复使用。因此，标题可修改为"Effect of Zn on Anticorrosion of Zinc Plating Layer"。

当然，也不能因一味追求标题的简洁而失去一些帮助读者理解论文主题的词语。戴在其《如何撰写和发表科技论文》中举了一个例子[③]，标题为"Action of Antibiotics on Bacteria"。从形式上看，它简洁而没有多余的废词，然而该标题过于简化，过于宽泛，不能达到准确的要求。原因在于，它使用的是一般术语，而不是专业术语。该标题的内容应该是指所有抗生素（Antibiotics）对所有的细菌（Bacteria）的作用，否则，该标题就不具有任何实质性的意义。如果研究的是一种或几种抗生素和细菌，最好将抗生素和细菌的名称直接应用于标题之中；如果涉及的抗生素和细菌种类繁多，不能一一列于标题之中，则应将它们所属的组名或类列于标题中。戴列举了以下几个可以被接受的标题："Action of Streptomycin on *Mycobacterium tuberculosis*"; "Action

---

[①] 参见 Nature, "Manuscript Formatting Guide," http://www.nature.com/nature/authors/gta/index.html[2017-08-29]。

[②] 参见罗伯特·戴、巴巴拉·盖斯特尔：《如何撰写和发表科学论文》（第六版），北京大学出版社，2007年，第40页。

[③] 同上书，第40—41页；另见任胜利编著：《英语科技论文撰写与投稿》，科学出版社，2004年，第15页。

of Streptomycin, Neomycin, and Tetracycline on Gram-Positive Bacteria"; "Action of Polyene Antibiotics on Plant-Pathogenic Bacteria"; "Action of Various Antifungal Antibiotics on *Candida albicans* and *Aspergillus fumigatus*"。

戴认为，以上标题尽管能被接受，但是对论文内容的表达仍不准确。如果能将Action of具体化，其含义可能更加清楚，如第一个标题，可改为"Inhibition of Growth of *Mycobacterium tuberculosis* by Streptomycin"。

对于内容层次较多、难以简化的标题，可以使用主—副标题。副标题可以起到补充、说明的作用。

3. 标题的清楚

标题应满足清楚的要求。标题要清晰地反映文章的具体内容和特色，明确表明研究工作的独到之处，力求简洁有效、重点突出。标题中的表达要直接、清楚，以便引起读者的注意。应尽可能地将表达核心内容的主题词放在标题开头。

4. 容易认读

标题中应当避免使用非共知共用的缩略词、首字母缩写、字符、代号等。《自然》杂志在其作者指南中明确指出，标题中一般不应使用数字、首字母缩写、简称或标点符号。标题应该包含足够的详细信息以用于索引，同时这些信息足够满足外行读者了解论文内容的需要。[1]

（三）标题类型

标题的行文在整篇论文中要求最高，即一定要符合语法、修辞和逻辑规则，决不能出现语病，同时还要尽量给人以美感。标题的类型包括：名词性词组、系列标题、主—副标题、陈述句、疑问句。在选择使用哪种类型的标题时，要注意与期刊的要求保持一致。

---

[1] 参见Nature, "Manuscript Formatting Guide," http://www.nature.com/nature/authors/gta/index.html[2017-08-29]。

1. 名词性词组类的标题

名词性词组类的标题是以名词或名词性词组为中心的偏正词组。在汉语标题撰写中，通常尽可能不用动宾结构。例如："研究一种制取苯乙醛的新方法"（动宾结构）应改为"一种苯乙醛制取新方法的研究"（偏正结构），按标题精练原则可进一步改写为"一种制取苯乙醛的新方法"。

在英语中，标题通常由名词性短语构成，其中的动词多以分词或动名词形式出现。

若中心动词带有状语，仍可用动宾结构，如"用机械共振法测定引力常数G"。"（试）论××""（浅）谈××"等形式的标题亦可用动宾结构，如"试论物流系统的网络模式"。

2. 系列标题

系列标题（Series Title）是指主标题相同，文章序号和副标题不同的系列论文的标题。

目前，系列标题使用越来越少，原因如下：系列标题的主标题重复，系列论文的内容重复部分（如引言部分）较多，从而使得系列论文不够简明；读者仅阅读其中某一篇论文难以了解研究工作的全貌；如果系列论文被不同刊物发表，则有失连贯性，影响读者阅读。因此，应尽可能不采用系列标题形式。

3. 主—副标题

主—副标题是目前使用较多的标题形式，适用于以下几种情况：主标题由于精简的要求不能准确表达研究内容，副标题补充说明论文的特定内容；一系列研究工作需用几篇论文报道，或者是分阶段介绍研究结果时，可以用不同的副标题区别其特定内容；其他有必要用副标题作为引申或说明的情况。

4. 陈述句

陈述句是否能用于标题还存在争议。戴认为，论文标题起到标签的作用，标题不应该使用陈述句。戴在《如何撰写和发表科技论文》的第五和第六版中，戴列举了两个陈述性标题："Oct-3 is a Maternal Factor Required for the First Mouse Embryonic Division"（*Cell*，1991，64:1103）[①]，"Amalthea's Density is Less Than That of Water"（*Science*，2005，308：1291）[②]。他分析指出陈述性标题存在两个缺陷：一方面，is是废词，去掉它并不影响读者对论文内容的理解；另一方面，陈述性标题其实已经展示出了论文的结论，显得比较武断，这与读者的习惯不同，读者习惯于作者通过正文展示论证过程后再得出结论。除此之外，读者也不习惯用现在时表示结果，这也是有学者将陈述性标题称为"武断性题名"（Assertive-Sentence Title）并反对使用它的原因。

我们从戴列举的例子中也可以看到，陈述性标题在有的期刊里是可以使用的，这是因为也有编辑认为这是"信息性题名"（Informative Title)。但是总体来说，我们在使用该类标题时应该谨慎。

5. 疑问句

疑问句可以作为标题。尤其是在评论性文章的标题中，使用探讨性的疑问句型可使标题显得比较生动，易引起读者的兴趣。如："When is a Bird not a Bird?"（*Nature*，1998，393：729-730）[③]

（四）标题撰写的其他注意事项

第一，标题中应慎重使用简写词或词组的首字母组成的缩写词。应严格限制有多种解释的缩写词，必要时应在括号中注明全称，尤其是在第一次出现时。对于全称较长的词组，其缩写词只有在学术界共知共识后方可使用。另外，不同的期刊面向的读者群不同，应考虑相应期刊读者群的知识背景。如Deoxyribonucleic Acid（脱氧核糖核酸）的缩写词DNA、Acquired Immune Deficiency Syndrome（艾滋病）的缩写词AIDS是各类学术期刊都可以使用的，而Computerized Tomography（计算机体层成像）的缩写词CT、Nuclear Magnetic Resonance（核磁共振）的缩写词NMR在医学类期刊中可以使用，

[①] 任胜利编著：《英语科技论文撰写与投稿》，科学出版社，2004年，第17页。

[②] 罗伯特·戴、巴巴拉·盖斯特尔：《如何撰写和发表科技论文》（第六版），北京大学出版社，2007年，第42页。

[③] 任胜利编著：《英语科技论文撰写与投稿》，科学出版社，2004年，第17页。

Boiling Water Reactor（沸水反应堆）的缩写词BWR、Pressurized Water Reactor（压水反应堆）的缩写词PWR可用于核电类期刊。

第二，为方便二次检索，标题中应避免使用化学式、上下角标、特殊符号（数字符号、希腊字母等）、公式、不常用的专业术语和非英语词汇（包括拉丁语）等。有些"文体指南"和"作者须知"中还特别规定标题中不得使用专利名、化工产品、药品、材料或仪器的公司名、特殊商业标记或商标等。因此，在撰写论文时，应查阅期刊的"文体指南"或"作者须知"，以便正确撰写标题。

第三，选词准确。标题用词不当会造成语意不明或产生逻辑错误。如，"煎炸油质量测试仪的研制"中"质量"一词有多重含义，为了准确应改为"煎炸油品质测试仪的研制"。

（五）眉题

为了方便读者，期刊的书眉处通常提供眉题（Running Title, Running Head）。美国心理学会（American Psychological Association，APA）和美国心理科学协会（Association For Psychological Science，APS）麾下的期刊基本上都对作者提出提供眉题的要求。如果论文的标题足够短，可直接将标题作为眉题使用；如果论文的标题较长，需将标题缩写。眉题的字符数通常有限制，APS体例要求眉题少于55个字符（包括空格）[1]；APA体例要求眉题少于50个字符（包括空格）[2]。为了确保眉题的准确性，作者最好在投稿时就提供一个合适的眉题。眉题的表达也应该满足准确、简明、清楚的要求。

建议作者在撰写论文的眉题时应参阅相关期刊的"作者须知"。

---

[1] 参见 "The APS Online Style Manual," http://www.apsstylemanual.org/oldmanual/parts/runninghead.htm [2017-08-29]。

[2] 参见 Jeff Hume-Pratuch, "Mysteries of the Running Head Explained," http://blog.apastyle.org/apastyle/2012/05/mysteries-of-the-running-head-explained.html[2017-08-29]。

二、摘要

中华人民共和国国家标准《文摘编写规则》（GB 6447—86）将摘要界定为"以提供文献内容梗概为目的，不加评论和补充解释，简明、确切地记叙文献重要内容的短文"[①]。

（一）摘要的作用

摘要担负着吸引读者和介绍文章主要内容的任务。一方面，作者利用摘要让读者尽快了解论文的主要内容，以弥补题名的不足。另一方面，读者是否阅读论文的正文部分，除从标题上进行判断外，主要是根据摘要来决定。此外，摘要为科技情报人员和计算机检索提供信息资源。

早期的学术组织会专门组织人员对学术论文的摘要进行撰写。为了让摘要更加准确地表达论文的主要内容，现在绝大多数学术期刊要求作者提交论文摘要。摘要已经成为学术论文的重要部分。另外，国际和国内的学术会议也要求参会人员提交详细的论文摘要，以便最终形成会议文集发行。当然，现在会议论文已变得多样化，相关内容将在会议论文部分讨论。

（二）摘要的特点

摘要是提供信息检索的重要部分，常常被单独使用，是重要的二次文献。因此，摘要应具有"自明性"（self-contained）和"独立性"（stand on its own）的特点。

（三）摘要的内容

摘要部分应包括：陈述研究的主要目的和研究范围，描述研究使用的方法，总结研究结果，陈述重要结论。结论是一篇论文最重要的部分，因为在一篇论文中结论会重复出现在摘要、引言、讨论（更加详细）三个地方。

---

① 《文摘编写规则》（GB 6447—86），国家标准局，1986年，第1页。

（四）摘要的类型

摘要的类型包括报道性摘要（Information Abstract）、结构式摘要（Structured Abstract）、指示性摘要（Indicative Abstract）、报道指示性摘要（Informative-Indicative Abstract）、图形式摘要（Graphical Abstract）等。

1. 报道性摘要

报道性摘要也称资料性摘要或情报性摘要，是全面、简要地概括论文的目的、方法、主要数据和结论的文字。阅读它可以部分地取代阅读全文。其撰写格式是IMRAD结构，篇幅以200—300词为宜，适用于试验研究和专题研究类论文，多为学术性期刊所采用。

在此通过两个实例展示《自然》发表研究论文与快报时对摘要的不同要求。

> 来源：Yalin Zhang, et al. Hypothalamic Stem Cells Control Ageing Speed Partly Through Exosomal miRNAs. Nature, 548, 52-57 (03 August 2017). doi:10.1038/nature23282
>
> It has been proposed that the hypothalamus helps to control ageing, but the mechanisms responsible remain unclear. Here we develop several mouse models in which hypothalamic stem/progenitor cells that co-express Sox2 and Bmi1 are ablated, as we observed that ageing in mice started with a substantial loss of these hypothalamic cells. Each mouse model consistently displayed acceleration of ageing-like physiological changes or a shortened lifespan. Conversely, ageing retardation and lifespan extension were achieved in mid-aged mice that were locally implanted with healthy hypothalamic stem/progenitor cells that had been genetically engineered to survive in the ageing-related hypothalamic inflammatory microenvironment. Mechanistically, hypothalamic stem/progenitor cells contributed greatly to exosomal microRNAs (miRNAs) in the cerebrospinal fluid, and these

exosomal miRNAs declined during ageing, whereas central treatment with healthy hypothalamic stem/progenitor cell-secreted exosomes led to the slowing of ageing. In conclusion, ageing speed is substantially controlled by hypothalamic stem cells, partially through the release of exosomal miRNAs.

上文是一篇中国作者发表在《自然》上的研究论文(Article)，符合该杂志对研究论文的摘要要求。《自然》在其作者指南中对研究论文摘要的撰写要求如下：不超过150词；一般没有参考文献、数据、缩写；使用2—3句对相应领域进行基本介绍和背景及相关工作简要说明；使用"Here we show"展示一些主要结论；用2—3句阐明结论。①

来源: M Ahmadi, et al. Observation of the Hyperfine Spectrum of Antihydrogen. Nature, 548, 66-69 (03 August 2017). doi:10.1038/nature23446

The observation of hyperfine structure in atomic hydrogen by Rabi and co-workers[1,2,3] and the measurement[4] of the zero-field ground-state splitting at the level of seven parts in 10^{13} are important achievements of mid-twentieth-century physics. The work that led to these achievements also provided the first evidence for the anomalous magnetic moment of the electron[5,6,7,8], inspired Schwinger's relativistic theory of quantum electrodynamics[9,10] and gave rise to the hydrogen maser[11], which is a critical component of modern navigation, geo-positioning and very-long-baseline interferometry systems. Research at the Antiproton Decelerator at CERN by the ALPHA collaboration extends these enquiries into the antimatter sector. Recently, tools have been developed that enable studies of the hyperfine structure of antihydrogen[12]—the antimatter counterpart

---

① 参见 Nature, "Manuscript Formatting Guide," http://www.nature.com/nature/authors/gta/index.html[2017-08-29]。

of hydrogen. The goal of such studies is to search for any differences that might exist between this archetypal pair of atoms, and thereby to test the fundamental principles on which quantum field theory is constructed. Magnetic trapping of antihydrogen atoms[13, 14] provides a means of studying them by combining electromagnetic interaction with detection techniques that are unique to antimatter[12, 15]. Here we report the results of a microwave spectroscopy experiment in which we probe the response of antihydrogen over a controlled range of frequencies. The data reveal clear and distinct signatures of two allowed transitions, from which we obtain a direct, magnetic-field-independent measurement of the hyperfine splitting. From a set of trials involving 194 detected atoms, we determine a splitting of 1,420.4±0.5 megahertz, consistent with expectations for atomic hydrogen at the level of four parts in 10^4. This observation of the detailed behaviour of a quantum transition in an atom of antihydrogen exemplifies tests of fundamental symmetries such as charge-parity-time in antimatter, and the techniques developed here will enable more-precise such tests.

该文是一篇发表在《自然》上的研究快报（Letter）。从形式看，该快报的摘要与上面研究论文的摘要是不同的。快报的摘要实际上就是正文的第一段，所以它的写作格式与正文的引言部分相同，有参考文献、数据、缩写。《自然》对快报摘要的要求是：使用2—3句对相应领域进行基本介绍和背景及相关工作简要说明；使用"Here we show"展示一些主要结论；最后，使用2—3句阐明结论；篇幅为200词左右，一般不超过300词。①

2. 结构式摘要

结构式摘要是报道性摘要的结构化表示。20世纪80年代中期，结构式摘

---

① 参见 Nature, "Manuscript Formatting Guide," http://www.nature.com/nature/authors/gta/index.html[2017-08-29]。

要在生物医学类期刊开始使用，在摘要的行文中用醒目的字体（黑体、全部字母大写或斜体）直接标出目的、方法、结果和结论等小标题。

来源：G Michael Felker, et al. Effect of Natriuretic Peptide-Guided Therapy on Hospitalization or Cardiovascular Mortality in High-Risk Patients with Heart Failure and Reduced Ejection Fraction: A Randomized Clinical Trial. JAMA, 2017, 318(8):713-720. doi:10.1001/jama.2017.10565

Importance The natriuretic peptides are biochemical markers of heart failure (HF) severity and predictors of adverse outcomes. Smaller studies have evaluated adjusting HF therapy based on natriuretic peptide levels ("guided therapy") with inconsistent results.

Objective To determine whether an amino-terminal pro-B-type natriuretic peptide (NT-proBNP)-guided treatment strategy improves clinical outcomes vs usual care in high-risk patients with HF and reduced ejection fraction (HFrEF).

Design, Settings, and Participants The Guiding Evidence Based Therapy Using Biomarker Intensified Treatment in Heart Failure (GUIDE-IT) study was a randomized multicenter clinical trial conducted between January 16, 2013, and September 20, 2016, at 45 clinical sites in the United States and Canada. This study planned to randomize 1100 patients with HFrEF (ejection fraction ≤40%), elevated natriuretic peptide levels within the prior 30 days, and a history of a prior HF event (HF hospitalization or equivalent) to either an NT-proBNP-guided strategy or usual care.

Interventions Patients were randomized to either an NT-proBNP-guided strategy or usual care. Patients randomized to the guided strategy (n=446) had HF therapy titrated with the goal of achieving a target NT-proBNP of less than 1000 pg/mL. Patients randomized to usual care (n=448) had HF care in accordance with published guidelines, with emphasis on titration of proven neurohormonal therapies for HF. Serial measurement of NT-proBNP testing was discouraged in the usual care group.

Main Outcomes and Measures The primary end point was the composite of time-to-first HF hospitalization or cardiovascular mortality. Prespecified secondary end points included all-cause mortality, total hospitalizations for HF, days alive and not hospitalized for cardiovascular reasons, the individual components on the primary end point, and adverse events.

Results The data and safety monitoring board recommended stopping the study for futility when 894 (median age, 63 years; 286 [32%] women) of the planned 1100 patients had been enrolled with follow-up for a median of 15 months. The primary end point occurred in 164 patients (37%) in the biomarker-guided group and 164 patients (37%) in the usual care group (adjusted hazard ratio [HR], 0.98; 95% CI, 0.79-1.22; P=.88). Cardiovascular mortality was 12% (n=53) in the biomarker-guided group and 13% (n=57) in the usual care group (HR, 0.94; 95% CI; 0.65-1.37; P=.75). None of the secondary end points nor the decreases in the NT-proBNP levels achieved differed significantly between groups.

Conclusions and Relevance In high-risk patients with HFrEF, a strategy of NT-proBNP-guided therapy was not more effective than a usual care strategy in improving outcomes.

Trial Registration clinicaltrials.gov Identifier: NCT01685840

这是2017年8月《美国医学会杂志》(*JAMA, Journal of the American Medical Association*)编辑部推荐的亮点论文。该刊要求研究论文的摘要包括上例中标黑字体的小标题组成的结构式摘要。针对原始数据报告(Reports of

Original Data）、元分析（Meta-Analyses）、系统评论（Systematic Reviews）等不同类型的研究论文，摘要的项目有所不同。①

3. 指示性摘要

指示性摘要也称说明性摘要、描述性摘要或论点摘要，用于简要地介绍论文的主题，或者概括地表述研究的目的，不涉及论据和结论，仅使读者对论文的主要内容有一个概括的了解，帮助潜在的读者决定是否需要阅读全文，篇幅以50—100词为宜。此类摘要常见于数学类期刊。如：

> 来源：Pei-Sen LI. Nonlinear Branching Processes with Immigration. Acta Mathematica Sinica, English Series, 2017, 33 (8): 1021-1038.
>
> The nonlinear branching process with immigration is constructed as the pathwise unique solution of a stochastic integral equation driven by Poisson random measures. Some criteria for the regularity, recurrence, ergodicity and strong ergodicity of the process are then established.

4. 报道—指示性摘要

报道—指示性摘要是以报道性摘要的形式表述论文中价值最高的那部分内容，其余部分则以指示性摘要形式表达，篇幅以100—200词为宜。如：

> 来源：强赟华，张玉虎，周小红，刘渊，胡钧，OshimaM., HaradaH., KoizumiM., FurutakaK., KitataniF., NakamuraS., TohY., KimuraA., HatsukawaY., OhtaM., HaraK., KinT., 孟杰. 双奇核^{168}Ta高自旋态能级结构. 中国科学G辑：物理学 力学 天文学，2009，39(1): 2-10.
>
> 用能量为140 MeV的^{27}Al束流轰击^{145}Nd氧化靶，通过^{145}Nd (^{27}Al, 4nγ)^{168}Ta熔合蒸发反应对双奇核^{168}Ta的高自旋态进行了实验研究。扩

---

① JAMA, "Instructions for Authors," http://jamanetwork.com/journals/jama/pages/instructions-for-authors#SecAbstracts[2017-08-29].

第七章　学术论文的标题、摘要、关键词及国际通用分类 | 135

展了基于$\pi h11/2 \otimes vi13/2$和$\pi 5/2^+[402] \otimes v5/2^+[642]$准粒子组态下的转动带能级纲图。根据实验测量结果，对两转动带的准粒子顺排特征作了分析。通过$B(M1)/B(E2)$的理论与实验值比较以及^{168}Ta相邻双奇核能级间隔系统性，进一步确定了两转动带的准粒子组态和能级的自旋宇称。

5. 图形式摘要

图形式摘要是一篇论文主题的图像化标志，它一目了然，更能抓住广泛读者的注意，在化学类期刊应用广泛。如：

来源：Jing Zhao, et al. Homologous Series of 2D Chalcogenides Cs-Ag-Bi-Q (Q = S, Se) with Ion-Exchange Properties. J. Am. Chem. Soc., Article ASAP. doi: 10.1021/jacs.7b06373. Publication Date (Web): August 15, 2017.

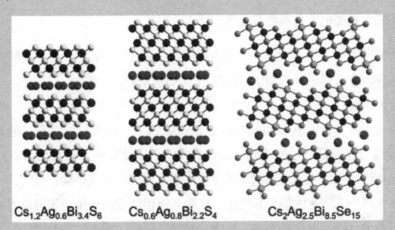

Four new layered chalcogenides $Cs_{1.2}Ag_{0.6}Bi_{3.4}S_6$, $Cs_{1.2}Ag_{0.6}Bi_{3.4}Se_6$, $Cs_{0.6}Ag_{0.8}Bi_{2.2}S_4$, and $Cs_2Ag_{2.5}Bi_{8.5}Se_{15}$ are described. $Cs_{1.2}Ag_{0.6}Bi_{3.4}S_6$ and $Cs_{1.2}Ag_{0.6}Bi_{3.4}Se_6$ are isostructural and have a hexagonal P63/mmc space group; their structures consist of $[Ag/Bi]_2Q_3$ (Q = S, Se) quintuple layers intercalated with disordered Cs cations. $Cs_{0.6}Ag_{0.8}Bi_{2.2}S_4$ also adopts a

> structure with the hexagonal $P6_3/mmc$ space group and its structure has an $[Ag/Bi]_3S_4$ layer intercalated with a Cs layer. $Cs_{1.2}Ag_{0.6}Bi_{3.4}S_6$ and $Cs_{0.6}Ag_{0.8}Bi_{2.2}S_4$ can be ascribed to a new homologous family $A_x[M_mS_{1+m}]$ (m = 1, 2, 3...). $Cs_2Ag_{2.5}Bi_{7.5}Se_{15}$ is orthorhombic with Pnnm space group, and it is a new member of the $A_2[M_{5+n}Se_{9+n}]$ homology with n = 6. The Cs ions in $Cs_{1.2}Ag_{0.6}Bi_{3.4}S_6$ and $Cs_{0.6}Ag_{0.8}Bi_{2.2}S_4$ can be exchanged with other cations, such as Ag^+, Cd^{2+}, Co^{2+}, Pb^{2+}, and Zn^{2+} forming new phases with tunable band gaps between 0.66 and 1.20 eV. $Cs_{1.2}Ag_{0.6}Bi_{3.4}S_6$ and $Cs_{0.6}Ag_{0.8}Bi_{2.2}S_4$ possess extremely low thermal conductivity (<0.6 W·m^{-1}·K^{-1}).

近年来，图形式摘要逐渐被不少期刊使用，如化学类期刊《胶体与界面科学杂志》（*Journal of Colloid and Interface Science*）在其作者指南中强制要求使用图形式摘要。[①]

（五）摘要的写作原则和技巧

摘要的写作应坚持精炼和准确的原则。摘要应使用清晰和重要的词，给编辑和评审专家留下好的印象。相反，如果使用深奥、冗长的句型结构，则有可能会被退稿。

摘要的写作技巧包括以下几个方面：第一，为确保简洁而充分地表述论文，可适当强调研究中的创新、重要之处，但不要使用评价性语言；第二，尽量包括论文中的主要论点和重要细节，即重要的论证或数据；第三，不包含任何在文章中未陈述的信息和结论；第四，使用简短的句子，用词应为潜在的读者所熟悉，语言表达要准确、简洁、清楚，同时注意表述的逻辑性；第五，尽量避免使用缩写，如确实需要使用非同行所熟知的缩写，应在缩写第一次出现时给出其全称；第六，为方便检索系统转录，应尽量避免使用化学结构式、

---

① Journal of Colloid and Interface Science, "Guide for Authors," https://www.elsevier.com/journals/journal-of-colloid-and-interface-science/0021-9797/guide-for-authors#20631[2017-08-29].

数学表达式、角标和希腊文等特殊符号；第七，应尽量避免引用文献，如若无法避免使用引文，应在引文出现的位置后将引文的书目信息标注在方括号内。如：

> The measurement of hydrogen permeation into iron reported by W. R. Wampler [J. Appl. Phys. 65,4040(1989)], who used a new method based on ion beam analysis, ...

该摘要中的引论文献[J. Appl. Phys. 65, 4040(1989)]独立于文后的参考文献，体现了摘要的独立性和自明性特征。

三、关键词

关键词（Key Words）是用于表达学术论文研究的主体内容或中心思想的词或词组。准确使用关键词是为了满足文献标引或检索工作的需要。关键词作为论文的一个组成部分，列于摘要之后。

（一）关键词的组成

在学术论文中，关键词由主题词和自由词两部分组成。主题词是专门为文献的标引或检索从自然语言的主要词汇中挑选出来并加以规范的词或词组；自由词则是未规范化的、尚未收入主题词表中的词或词组，是作者根据自己的研究情况创立的新的词或词组。

（二）关键词的选取

每篇学术论文应专门列出3—8个关键词，这些关键词应能反映论文的主题内容。关键词中应尽可能多一些规范化的主题词，这些主题词可以从综合性主题词表（如《中国分类主题词表》）和专业性主题词表［如美国STI（Scientific and Technical Information）数据库的《NASA主题词表》］中选取。自由词主要用于补充关键词个数的不足或为了更好地表达论文的主题内容。①

四、标题、作者、摘要及关键词的语言表达要求

在中文期刊中，论文的语言表达主要使用中文。但是为了便于国际交流，期刊通常要求作者提供用于检索部分的标题、作者、摘要及关键词的英语表达。作者在撰写论文时应按照期刊要求对相应部分进行准确的英语写作，一方面便于国际学者查阅，另一方面为该论文被正确引证提供条件。

在目前的中文期刊中，绝大多数期刊，尤其是有同行评审的期刊，都有相应的标题、作者、摘要及关键词的英语表达要求。在引证其他文献时，切记不可擅自将相应部分的中文直接翻译为英文，而应该查找原文，使用作者本人提供的英语表达，以免造成原意的歪曲和论文引证统计的偏差。作者的引证实际上是对被引证学者的感谢，是他们的研究给作者奠定了进一步研究的基础，因此，应注意引证的准确性要求。

五、国际通用分类

每一篇学术论文都有其学科属性，准确的学科属性分类，对检索和读者选择阅读起到决定性作用。这里的学科属性分类还应包括相应的学科领域的研究方向细分。分类号是根据研究的学科属性赋予论文的用以固定和反映排列顺序的一组代码。交叉学科的研究涉及多学科领域或多研究方向，一篇学术论文的分类号也不仅仅只有一个，常常存在多分类号并存的情况。作者应具备相关的分类法知识，利用好分类号。目前学术期刊根据学科或研究领域使用国际通用的分类法。学术论文通常使用的国际通用分类有PACS代码、PACC代码、EEACC代码、MSC(2000)和MR(2000)主题分类号、中图分类号等。

PACS (Physics and Astronomy Classification Scheme) 代码是物理天文学分

---

① 更加详细的规范请参看：《学术出版规范　关键词编写规则》(CY/T 173—2019)，国家新闻出版署，2019年。

类表，由美国物理学会提供，从1975年开始应用于《物理评论》。①

PACC（Physics Abstracts, Classification and Contents）代码是英国《科学文摘》分辑A（*Science Abstracts Series A*）《物理文摘》（*Physical Abstracts*）的分类方法。②

EEACC (Electrical and Electronics Abstracts Classification and Contents) 代码是英国《科学文摘》分辑B（*Science Abstracts Series B*）《电气电子学文摘》（*Electrical and Electronics Abstracts*）的分类方法。③

MSC（*The Mathematics Subject Classification*）是指德国的《数学主题分类表》，MR（*Mathematical Reviews*）是指美国的《数学评论》。目前MSC通用的最新版本是2000版，MR采用MSC进行分类。④

中图分类号依据的是《中国图书馆图书分类法》。该法是中华人民共和国成立后编制出版的一部具有代表性的大型综合性分类法，简称《中图法》。自1999年第四版起更名为《中国图书馆分类法》，简称不变，英文译名为Chinese Library Classification，英文缩写为 CLC。

六、小结

标题、摘要、关键词和国际通用分类是学术论文中用于信息检索和查询的重要部分。起标签作用的标题和引领读者阅读的摘要的撰写要求相对比较高，标题具有准确、简洁、清楚和易读等特点，而摘要具有自明性和独立性的特点。不同种类的标题和摘要写作策略都是为了更加准确地反映论文的主体内容，但具体的撰写方式还需要根据期刊的要求确定。同样，关键词和国际通用分类的使用也与研究所属的学科领域的习惯有关。因此，作者要养成阅读欲投寄期刊的作者须知的习惯，了解期刊的要求和所面向的读者群的知识背景，以便更好地撰写用于信息检索的部分。

---

① 详情可见 AMERICAN INSTITUTE OF PHYSICS 主页，或直接点击 APS JOURNAL 查询。
② 详情可直接访问 IEE 站点获取，也可参见中文的《物理学报》主页。
③ 详情可直接访问 IEE 站点获取。
④ 相关内容可通过网址 http://www.ams.org/msc/ 查询。

第八章 学术论文的作者署名、地址和致谢

学术论文的正式发表标志着作者的研究成果向社会化知识的转变,作者署名是其对研究成果拥有优先权的声明,是学术界荣誉和利益分配的基础。随着学术研究越来越复杂,合作研究越来越频繁,署名问题日益凸显,并成为学术界关注的焦点。本章介绍署名作者的界定及其责任,以及如何正确使用学术论文署名、致谢和单位等栏目。本章基于多篇文献[①]汇总而成。

一、为什么有署名问题

1977年,在《自然》杂志上发表了一篇社论"How to List the Authors and Addresses"。该文谈及一个之前人们不太关注的论文署名的问题,并引发人们对习以为常的署名习惯的反思。文章指出,人们很少关注署名作者应对稿件负有什么责任,一位年长的实验人员没有直接指导或参与研究工作而署名无疑是对名誉权的滥用。文章强调,一些著名科学家不负责任地署名,最后由于论文涉及严重错误或欺骗行为,而付出了沉重的代价。[②]

随着科学技术的飞速发展,科学研究方法和手段日益复杂,合作研究变得越来越普遍且越来越重要。从早期的科学工作者单枪匹马、在单纯学科领域

---

① 罗伯特·戴、巴巴拉·盖斯特尔:《如何撰写和发表科技论文》(第六版),北京大学出版社,2007年;任胜利编著:《英语科技论文撰写与投稿》,科学出版社,2004年;Editorial, "How to List the Authors and Addresses," *Nature*, 1997, p.831; IEEE, "Journal Authors," http://ieeeauthorcenter.ieee.org/publish-with-ieee/publishing-ethics/definition-of-authorship[2017-8-31].

② 参见 Editorial, "How to List the Authors and Addresses," *Nature*, 1997, p.831.

里孤军作战，到跨项目、跨学科的合作研究，这些变化使学术论文的署名变得日益复杂，署名问题也因此成为长久以来的热门话题。2002年轰动全球的"舍恩事件"牵扯到多达20余名合作者，这一事件再次引发了合作者在研究中各自应承担什么责任的讨论。

在很多领域，如高能物理、生命科学等，需要聚集各类学者共同合作。在高能物理领域，一个研究的合作者达到几百人甚至上千人已经变得非常普遍。在合作开始前进行署名约定虽然重要，但是随着研究的深入，尤其是研究成果发表时，相关人员是否应该署名和署名排序等一系列问题都需要合作者慎重考虑。

二、署名作者

署名是署名作者拥有著作权的声明，表示署名作者对文责自负的承诺，同时也提供了便于读者同作者联系的信息。

（一）署名作者和通讯作者

1. 署名作者

学术论文的署名是极其重要又比较复杂的。说其重要，我们从各种规范中可窥见一斑；说其复杂，是因为在学术界还没有一种适合于所有学科领域的、唯一的署名标准。中华人民共和国国家标准《科学技术报告、学位论文和学术论文的编写格式》（GB 7713—87）明确规定："署名作者只限于那些对于选定研究课题和制定研究方案、直接参加全部或主要部分研究工作并做出主要贡献，以及参加撰写论文并能对内容负责的人，按其贡献大小排列名次。"

美国电气电子工程师学会（IEEE）出版原则认定署名作者需满足三个标准：第一，对理论发展、系统或试验的设计、原型发展或数据判读和数据分析方面有重要的智力贡献；第二，起草、评审或修改原稿的知识内容；第三，核准原稿，包括参考文献在内的、预出版的最后版本。已故人员也可包含在内，但必须在脚注中注明。其他不满足以上标准的对文章有贡献者均纳入文章的致谢部分。该出版原则强调，漏掉一个对文章做出贡献的作者，或者列入一个不满足上述所有要求的人,都被认为是违反出版道德的行为。①

美国化学会规定,署名作者应该是对该研究论文做出了显著科学贡献并对研究结果负有责任的人。其他贡献者应在脚注中标注或在致谢中标明。与研究相关的行政管理者不具有署名作者的资格(但是应在适当部分感谢行政管理方提供的资助)。不要省略合作者中的已故人员,应在脚注处标注其死亡日期。署名不要使用笔名。通讯作者的责任是遴选合适的作者,通知所有合作者署名情况并获得他们的同意。

从规范标准看,我们可以得到几点重要信息:

第一,在学术界,对学术论文有实质性贡献是署名作者的基本标准。由于正式发表的学术论文具有原创性的特征,所以,署名作者意味着他对研究有创新性和实质性贡献。这也是很多期刊特别将研究论文标注为"Original Article"的原因。从知识产权归属来讲,署名作者拥有相关论文的知识产权。

第二,实质性贡献包括课题设计、研究过程的参与、论文撰写和投寄等几个重要阶段的贡献。在这里,可能有读者会问,仅仅参与学术论文写作的人为什么能跟参与研究的人员一样具有署名权?这体现了学术论文撰写的重要性:研究过程中仅仅收集研究结果还远远不够,还需要对结果进行解读,并通过严格的逻辑推导得到研究结论,最后用文字形式表达出来。所以,参与学术写作的人员对研究是有实质性贡献的。

第三,对于有实质性贡献的作者,在署名时一个都不能少,即使是已经过世的作者也不能忽略他们的贡献。同时,也不能随意将不满足署名要求的人列为作者。

以上是对署名作者资格的要求。由于学术论文中多作者署名已经成为常态,如何解决署名排序问题也成为规范要求的组成部分。目前在学术界,署名排序还没有唯一答案,不同学科有自己的规范要求,这与学科的特征密不可分。署名排序规则大致可分为两大类:一类是按照作者在研究工作中的贡献大

---

① 参见 IEEE: "Ethical Requirements," http://ieeeauthorcenter.ieee.org/publish-with-ieee/publishing-ethics/definition-of-authorship/[2017-8-31]。

小排序，如中华人民共和国国家标准《科学技术报告、学位论文和学术论文的编写格式》（GB 7713—87）所要求的；另一类是按照作者姓氏的字母排序，如数学和理论物理领域的署名规范所要求的。无论是哪种署名规范，顺序一旦确定将不再更改，除非重新经所有作者同意。《自然》出版集团2009年的出版政策强调，支持主要结论的文章部分必须至少有一位作者负责。有多个作者的，必须指派其中一位作为通讯作者负责整个出版过程，以保证文章最终发表时的完整性。

2. 通讯作者

通讯作者或责任作者（Corresponding Author）是统筹安排某项学术研究整个过程的主要负责人，在论文投寄过程中处理投稿和承担答复审稿意见等工作的主导者，其贡献不亚于第一作者。通讯作者通常列在署名作者的最后，需要使用标识符说明。对于署名作者以姓氏字母排序的，通讯作者的标识符更为重要。

美国电气电子工程师学会对通讯作者的职责要求包括：第一，通讯作者在负责遴选署名作者时要确保所有人选的合适；第二，确保最终稿件获得所有作者的认可；第三，告知所有作者稿件的当前状态，包括给每一位作者提供审稿意见和最终的稿件版本；第四，如果稿件修改后重新提交相同期刊，通讯作者必须向所有作者确认，修改后的稿件是否仍然以原来的署名方式提交；第五，如果稿件被一种期刊退回，然后又提交给另外一种IEEE期刊，稿件即使没有任何实质性修改，通讯作者也必须向所有作者确认署名方式；第六，所有作者有权在原稿出版前改变他们的署名，但必须经其他作者同意，通讯作者要将作者状态的任何变动都通知所有作者。需要注意的是，即使有通讯作者代表所有作者与期刊编辑的联系工作，但是其他所有合作者仍然有论文提交、审核和出版的责任。

（二）署名作者的遴选准则

《如何撰写和发表科技论文》用一个例子形象地介绍了如何遴选作者[①]：学者A、实验人员B和学者C都与同一研究项目有关，在报道研究结果的论文中，如何遴选作者？假设，学者A是项目的负责人和项目研究者，实验人员B是项目研究的参与人员，学者C是学者A同行。

署名格式1：

> Scientist A
> (Acknowledgements: Technician B)

格式说明：论文署名只有学者A，实验人员B被列入致谢中。这种情况在实际情景中比较普遍。学者A和实验人员B虽然是合作者，但是在项目实施的整个过程中，如果实验人员B仅仅从事常规的实验工作，如材料性能方面的测试等，只是完成了其职业身份要求履行的职责，没有对研究工作做出创新性贡献，那么在署名作者中就不应包含实验人员B。为了肯定其工作和向学术界提供研究背景，在致谢中应该对实验人员B给予一定的感谢。

署名格式2：

> Scientist A and Technician B

格式说明：学者A和实验人员B均被列为署名作者。这种情况常见于，实验人员B在项目实施的整个过程中不仅仅从事常规的实验工作，而是根据其拥有的先进实验技能，在研究过程中提出创新性研究手段或方法的情况。由于实验人员B对研究工作做出了创新性贡献，因此在署名作者中应包含实验人员B。

署名格式3：

[①] 参见罗伯特·戴、巴巴拉·盖斯特尔：《如何撰写和发表科技论文》（第六版），北京大学出版社，2007年，第48页。

> Scientist A and Technician B
> (Acknowledgements: Scientist C)

格式说明：只有学者A和实验人员B被列为署名作者，学者C被列入致谢之中。这是在第二种情况的基础上可能出现的一种情景：学者A在研究过程中与学者C就研究内容、方法等各方面有过交流和探讨，但是学者C仅仅提供了一些一般性的建议和帮助，没有对研究做出创新性贡献。因此署名作者不应包含学者C，但在致谢中应该对学者C的帮助给予感谢。

署名格式4：

> Scientist A, Technician B, and Scientist C / Scientist A, Scientist C, and Technician B

格式说明：学者A、实验人员B和学者C均被列为署名作者。这种情景与署名格式3不同的是，学者C不仅与学者A就研究内容、方法等各方面有过交流和探讨，而且，学者C在研究的内容、方法和手段等方面提供了新的研究思路和想法，对研究结果做出了创新性贡献。因此，署名作者应包含学者C，至于他们的排序顺列需要根据他们的贡献或者相关领域的习惯来确定。

这个例子非常直观地告诉我们作者遴选的基本原则。在实际运作中，遇到的情况可能非常复杂。但是无论如何，署名作者的遴选和排列是有基本规则可以遵循的。

美国科研诚信办公室在科研人员负责任科研行为教育教材中对署名作者的遴选提出如下要求：

准则24：在开始研究合作之前，应对作者身份的确定进行充分的讨论，讨论应以既定的准则为基础，如国际医学期刊编辑委员会的准则。

准则25：只有那些在论文中对研究项目做出实质性贡献的个人才能成为署名作者。

准则26：在师生合作中，教师和学生应遵循相同的标准来确定作者身份。在遴选作者时，导师必须非常谨慎，既不奖励那些没有实质性贡献的学生，让其成为署名作者，也不否认具备作者身份的学生，应将其列为署名作者，并充分信任和肯定学生承担的研究工作。

准则27：学术或专业的代笔作者（Ghost Authorship）是学术道德上不可接受的。①

（三）学术期刊对署名作者的排序和贡献的相关规定

1. 署名作者排序

由于众多研究领域及其学科同其他领域和学科的联系越来越紧密，交叉越来越深入，在发表的研究论文中单独署名的情况只占很少一部分，绝大多数论文的署名在两人以上。对一些大型科研合作项目来说，在发表研究成果时，署名作者的数量可能非常庞大，例如在高能加速器物理领域和生物基因组测序领域，一篇研究论文的署名作者可能超过百人。到目前为止，国际学术界在署名的排序问题上尚无统一的规定和能被普遍接受的习惯。

一般来说，学术论文的署名方式随不同学科和研究组的传统而异，有两种基本解决方案：

第一种方案是按署名作者的贡献大小排序，如果有多人贡献相同，可根据期刊的相关规定采用变通的表达方式。如，《自然》的"作者须知"②中明确指出：如确有必要说明两个以上署名作者地位相同，最多有六位作者可标注为"共同第一作者"（Joint First Author），或在这些作者的姓名旁使用符号标识，并说明这些作者对研究工作的贡献是相同的。许多在研究过程中起重要或决定作用的研究组或实验室的组织者或领导者，往往作为通讯作者或著作责任人出现在作者名单的最后。

---

① Miguel Roig, *Avoiding Plagiarism, Self-Plagiarism, and Other Questionable Writing Practices: A Guide to Ethical Writing*, Office of Research Integrity US Department of Health and Human Services, 2015, https://ori.hhs.gov/sites/default/files/plagiarism.pdf [2017-10-10].

② "Authorship," https://www.nature.com/nature-research/editorial-policies/authorship [2019-7-9].

第二种方案是按作者姓氏字母顺序排列，这种排序方法常见于数学和理论物理领域。

因此，署名的原则不能一概而论，视学科或研究领域具体情况而定，但更多时候需要作者之间相互协商，并考虑相关领域约定俗成的惯例。

2. "作者贡献"栏目

如何界定作者的贡献是学术界非常关注的话题，学术论文中的"作者贡献"（Author Contributions）栏目已经从学者的个人需求发展成为学术出版的制度规范，这一变化在《自然》杂志出版政策的变化和发展中得到了体现。

1999年，《自然》收到一篇标有作者贡献表的论文，编辑没有将该部分删除，而是将其在正式出版时保留下来。这是《自然》首次在发表论文中使用"作者贡献"栏目。该文的刊出引起了学者们的关注，其他论文的作者们纷纷效仿，在论文的最后提供每位作者在本论文中承担的工作和做出的贡献的说明，这实际上是对作者责任的明确。此后的10年间，投寄《自然》出版集团期刊的论文作者自愿使用"作者贡献"的情况逐年快速增多。[1]在美国物理学家舍恩和韩国生物学家黄禹锡造假事件发生以后，《自然》出版集团于2007年在出版政策中鼓励作者撰写"作者贡献"，以向学术界公开每位作者对论文的具体贡献。这一定程度上对学术界时常出现的"荣誉作者"等学术不端行为起到了遏制作用。鉴于学术界对这一举措的反应和要求，《自然》出版集团2009年对作者提出了必须撰写"作者贡献"的新要求。

2001年，美国医学会的期刊《美国医学会杂志》在论文提交阶段要求作者提供贡献清单：

......

D. 为具备作者的资格，你必须核对以下3类贡献中的至少1项。

我对文章的内容有下列实质性的贡献：

---

[1] 参见 Editorial, "Authorship policies," *Nature*, CDLVIII (2009), p.1078.

1. （至少核对下列3项中的1项）
   构思与设计
   数据的获取
   数据的分析与解释
2. （至少核对下列2项中的1项）
   稿件的起草
   对文章中重要学术内容的评判与修改
3. （至少核对1项）
   统计学处理
   获得基金资助
   行政、技术或材料支持
   监督与管理
   没有另外的贡献
   其他（需详述）[1]

由此可见，出版集团和学术团体都对署名作者的具体贡献给予高度重视。

（四）作者姓名的拼音表达方式

对中国作者而言，无论是在中文期刊还是英文期刊发表，都会涉及姓名的字母拼写。中国作者姓名的字母拼写要求并不唯一。依据国家标准《中文书刊名称汉语拼音拼写法》（GB 3259—92）的相关规定[2]，汉语人名按姓和名分写，姓和名的开头字母大写，如Wang Jianguo（王建国）、Dongfang Shuo（东方朔）、Zhuge Kongming（诸葛孔明）。

《中国学术期刊（光盘版）检索与评价数据规范》（CAJ-CD B/T-1998）的相关规定是：姓前名后，中间加空格，姓氏的全部字母均大写，复姓应连写，如ZHANG Ying（张颖）、ZHUGE Hua（诸葛华）；名字的首字母大写，

---

[1] 转引自任胜利编著：《英语科技论文撰写与投稿》，科学出版社，2004年，第9—10页。
[2] 新闻出版总署图书管理司、中国标准出版社编：《作者编辑常用标准及规范》，中国标准出版社，1997年，第51页。

双名中间加连字符，如WANG Xi-lian（王锡联）；名字不缩写。①

国外期刊一般会尊重作者对自己姓名的表达方式，大多倾向于大写字母只限于姓和名的首字母，作者本人应尽量采用相对固定的姓名表达形式，以减少中国人姓名在文献检索和论文引用中被他人误解的可能性。② 也有的期刊在署名处冠以头衔、学位，如在IEEE类期刊发表时，IEEE会员可在署名处加上"IEEE Member"。这些细节应根据本学科的习惯执行。

三、署名作者的责任

各学术组织和期刊都建立了相关的政策规范，明确了署名作者对论文的内容应该负有的相关责任。美国化学会就化学研究出版专门制定了出版道德指南，明确要求作者严格遵守指南，违背者将受到撤回稿件和终止出版的惩罚。我们从稿件撰写中的责任、稿件投寄和评审中的责任两方面探讨署名作者的责任。此处有关的责任准则和要求内容来源于美国电气电子工程师学会的出版原则③、美国化学会的《化学研究出版道德指南》④、美国科研诚信办公室的科研人员负责任科研行为教育教材⑤和《自然》的"作者须知"⑥。

（一）撰写学术论文的责任

1. 研究内容

美国化学会规定，作者的主要职责是对所进行的研究进行准确和完整的

---

① 参见《中国学术期刊(光盘版)检索与评价数据规范》（CAJ-CD B/T-1998），国家新闻出版总署，1998年。

② 参见任胜利编著：《英语科技论文撰写与投稿》，科学出版社，2004年，第11页。

③ IEEE, "Author Responsibilities," http://ieeeauthorcenter.ieee.org/author-responsibilities-and-rights/[2017-8-31].

④ ACS, "Ethical Guidelines to Publication of Chemical Research," 2015, https://pubs.acs.org.ccindex.cn/userimages/ContentEditor/1218054468605/ethics.pdf[2019-2-13].

⑤ Miguel Roig, *Avoiding Plagiarism, Self-Plagiarism, and Other Questionable Writing Practices: A Guide to Ethical Writing,* Office of Research Integrity US department of Health and Human Services, 2015, https://ori.hhs.gov/sites/default/files/plagiarism.pdf [2017-10-10].

⑥ "Authorship," https://www.nature.com/nature-research/editorial-policies/authorship [2019-7-9].

描述，绝对避免欺骗，包括对收集或使用的数据的描述，以及对研究意义的客观讨论。数据被定义为收集到的用于生成研究结论的信息。重要的研究报告和收集的数据应该包含足够的细节和参考资料的公开信息，以便训练有素的专业人员重复实验观察。如果需要，作者应尽力向其他科学家提供在其他地方不能获得的样品。在此过程中，作者应利用协议去约束材料的使用范围，以保障作者的合法权利。图像应无误导性操作。当图像作为研究的一部分包含在研究报告或数据收集中时，论文应提供图像内容和生成方式的准确描述。论文中应明确指出在研究过程中化学药品、设备、反应过程可能存在的危险。一个实验或理论研究有时会对其他科学家的工作进行批评，甚至是措辞严厉的批评。这些内容应以论文形式进行发表，但是不能对研究人员进行人身攻击。应避免研究论文的拆分行为。学者对相关系统做了一系列的工作，应该系统地组织发表，每一篇论文应该是某一方面全面和详细的报告。拆分行为浪费了期刊的版面，使学术研究发表过度复杂化。按照读者的阅读习惯，系列论文应发表在同一期刊上或是相对集中的几个期刊上。

美国电气电子工程师协会默认所有提交出版的材料可供所有读者阅读。由作者而非美国电气电子工程师协会负责确定材料的公开是否需要得到相关组织的许可；如果需要得到相关组织的许可，则必须在获得许可后方可公开材料。

2. 引证

美国电气电子工程师协会将引用他人的观点、方法、成果或词句但未明确标明来源和原始作者的行为视为剽窃。任何形式的剽窃都不能被接受，并且被视为严重违背专业操守的行为，将会带来严重的伦理和法律后果。严禁篡改和伪造行为，除美国电气电子工程师协会期刊中原创技术材料的多重发表外，作者只能提交没有被出版过和当前不在其他出版社处理中的原创研究成果。如果作者在以前公开发表过的研究内容基础上进行新的提交，必须引证早先发表的内容，并简要指出此次提交的内容在早先发表的内容之外所具有的实质性、创新性贡献。只有同稿件主题直接相关的研究文献才能被用作参考文献。此外，需要对已提交但仍在审核过程中或已通过出版审核但还未在印刷物中出现的参考文章做适当的标记。

美国化学会要求，应该引用已经出版的具有影响的研究工作，以利于读者通过早期的相关工作尽快了解该项研究。除了引用综述性文章，应尽量减少引证与研究论文无关的研究文献。作者应该查阅和引用相关工作的原始文献。应适当地注意引用非作者本人的论文。作者应完整标识参考文献，常识性知识除外。通过会议、通信、讨论获得的私人信息，除非原创人明确表示同意，一般不能作为参考文献使用。有保密需要的信息一般不能作为参考文献使用。

2009年《自然》出版集团在出版政策指南中加入了关于研究团队中资深作者的责任这部分内容，明确规定了论文合作者中至少有一名为资深作者。在提交论文之前，资深作者代表研究团队负有至少以下三方面的主要职责：保存原始数据，以便再分析时使用；确保论文中图像和结论准确反映收集的数据；在共享研究材料、数据、试剂和编制运算规则方面，保证将读者获取这些资料的障碍减到最小。①

（二）投寄学术论文的责任

从2004年起，美国化学会主办的《美国化学会志》（*JACS*）编辑部对投稿的稿件提出了新的要求，即署名的每一位作者各自从自己的电子信箱给编辑部发去一份确认申明，内容是：保证已经看到并同意提交该论文；同意把自己的名字列入署名作者名单之中，因此也同意为这篇论文的结果承担责任；已经阅读过美国化学会的《化学研究出版道德指南》并遵守之。

美国电气电子工程师协会认为，作者应意识到同行评审十分必要。论文提交时必须申明并汇报项目所获得的财政支持，声明任何可能违背公众利益的行为，充分详细描述关于许可评价和复制的方法和材料，提供编辑要求的所有数据以利于评审工作的进行。稿件提交时，作者必须说明稿件以前是否公开出版过，或者同时是否有其他出版社正在处理此稿件。作者如果在美国电气电子工程师协会稿件处理过程中向非美国电气电子工程师协会出版物提交此稿件，

---

① 参见 Editorial, "Authorship Policies," *Nature*, CDLVIII, 2009, p.1078。

必须及时告知美国电气电子工程师协会。作者有责任迅速按要求修改稿件，严禁同评审专家讨论关于已提交稿件涉及的任何问题。

美国化学会规定，在投稿时，作者应该向编辑通知和提交与该文有关的正在送审或正在印刷的稿件的情况及其复印件。一稿多投的行为是不当行为。只有在退稿和撤稿以后，才可将稿件投寄其他期刊。对于同一工作，如果已经以快报发表过，允许再次提交完整论文。提交时，作者应告知编辑已经发表的快报，同时应在论文中标注引用。作者应向编辑和读者说明论文中潜在的经济和利益冲突。无论存在何种利益冲突，作者都应该在论文投稿时做出相应的提醒。

美国化学会还规定了使用从动物或人类受试者身上获取生物样本进行实验研究的强制性实践标准。作者需提交证据证明所述实验活动已通过当地相关机构审查，评估研究对象动物的安全性和人道使用情况。就人类受试者而言，作者还必须提供一份声明，说明研究样本是得到受试者的知情同意后获得的，或是由授权使用此类材料的机构委员会的主管机构批准的。作者在描述研究材料和方法的陈述中，须声明机构批准的标识或案例编号以及许可委员会的名称。

四、致谢

美国作家拉尔夫·瓦尔多·爱默生（Ralph Waldo Emerson）曾说："如果随时随地都充满了感恩，生活就不会感到匮乏。"其实，学术研究也需要感恩和致谢，对资助学术研究的机构需要致谢，对帮助过研究的人也需要感恩。作为研究成果的表达和传播的论文，承担起了致谢的责任。在一篇学术论文中，有多处表达感谢的地方。通常位于论文正文最后的致谢（Acknowledgment）是专门用于表达致谢的重要场所，除此之外，文中的引证和文后的参考文献实际上也有致谢的作用。致谢的写作之所以重要，在于它不仅仅是感谢和感恩，它还记录学术成果的产出条件和机遇，为科学史研究提供了重要信息。

致谢的对象应包括：第一，感谢任何个人或组织机构在技术上的帮助，包括提供仪器、设备或相关实验材料和协助实验工作，提供有益的启发、建议、指导、审阅，承担某种辅助性工作；第二，感谢外部的基金帮助，如资助、协议或奖学金，有时需附注资助项目号、合同书编号等。

致谢写作时的要点有：第一，内容应尽量具体，恰如其分。致谢的对象应是对论文涉及的研究内容、研究过程和论文撰写有直接和实质性帮助、贡献的人或机构，并尽量体现致谢对象的具体帮助与贡献。为表示对致谢对象的礼貌和尊重，投稿前应请致谢对象阅读论文的定稿，以获得致谢对象的同意。第二，用词要准确。注意选用准确的词句来表达感谢之情，避免因疏忽而影响语言的准确表达，冒犯本应感谢的个人或机构。如wish一词的使用："I wish that I could thank John Jones for his help."作者的本意是想感谢John Jones的帮助，但是该句的实际含义是"我希望感谢John Jones的帮助，但这种帮助并不大"，不仅违背了本意，而且无疑中冒犯了感谢对象。所以，为了准确起见，wish一词最好从致谢中消失，该句直接改为："I thank John Jones for his help."第三，致谢的形式要遵从拟投稿期刊的习惯和相关规定。对于中国学术期刊，显示基金资助的部分通常位于论文首页的脚注处，而国外学术期刊常常将该部分放入致谢部分。

我国常见的基金资助项目的英语表达列举如下：国家高技术研究发展计划（863计划）［National High-Tech R&D Program of China (863 Program)］，国家科技攻关计划（National Key Technologies R&D Program of China），国家重点基础研究发展计划（973计划）［Major State Basic Research Development Program of China (973 Program)］，国家基础研究计划（National Basic Research Priorities Program of China），国家自然科学基金（面上项目；重点项目；重大项目）［National Natural Science Foundation of China (General Program; Key Program; Major Program)］，国家杰出青年科学基金（National Science Fund for Distinguished Young Scholars）等。

五、不当署名和致谢

（一）署名和致谢的作用与区别

该部分内容源于文献[①]。

署名和致谢是科学论文中的两个重要组成部分，它们的作用是不同的。各学术期刊编辑部在征稿指南中皆明确规定和强调了署名作者的责任和义务，同时也指明可以通过致谢方式体现在研究和论文形成过程中起一定作用的合作者的贡献。

之所以强调署名，是因为其对以后研究结果的优先权和知识产权问题至关重要。署名的所有人员都要求是直接参与该项研究、对该项研究起重要作用、对论文的写作有重大贡献的人员；署名的每一位作者都应对论文负有解释的义务和权利，即对该文的所有内容或者本人负责的那部分内容进行解释，对由该论文产生的利益和荣誉具有分享的权利，同时也必须对该论文产生的不良后果承担不可推卸的责任。国际医学期刊编辑委员会对署名作者的要求是：参与研究的构思、设计或分析以及资料的解释；撰写论文或修改重要内容；同意发表最后的修改稿。[②]学术论文的署名在绝大多数科技期刊中直接位于论文题目的下方，署名的重要性不言而喻。

致谢的对象是在研究过程以及在论文的写作过程中对作者的研究和成文起了一定的指导、帮助、支持和鼓励作用的人员，他们通常可以是该研究项目的合作者，也可以是项目组成员的同事或朋友。这部分人员对该项研究的贡献和作用不足以列为作者，他们对发表的研究结果不负有责任，也没有对研究结果进行解释的义务，当然也没有分享研究结果带来的利益的权利。在大多数国际期刊中，致谢部分还常常包括对提供该项研究所需科研经费的机构和组织表示感谢的内容。致谢一般位于正文末尾。因此，致谢是一篇完整的学术论文的有机组成部分，无论是期刊编辑还是作者，出于版面或其他原因任意取消致谢

[①] 刘红：《科学论文中的不当署名与致谢》，《中国科技期刊研究》2005 年第 3 期，第 338—340 页。
[②] 汪谋岳等：《第四届国际生物医学出版审稿会议简介》，《中国科技期刊研究》2002 年第 2 期，第 100—102 页。

部分都是不恰当的。从致谢部分有时也可以看出该篇论文产生的背景和成因，尤其对一些以后被证实为重大研究发现的事件而言，致谢能够在科学史的研究中提供珍贵的文献线索。

由此可见，署名和致谢在一篇学术论文中各有其不同的作用。作者在论文写作中应该准确把握署名和致谢的区别并合理使用它们，这不仅反映了作者对科学严谨性的理解，而且也反映了作者的科学作风和科学道德。

（二）不当署名和致谢

1. 不当署名和致谢的产生原因

虽然科学论文中有署名和致谢的项目，国内外各类科技期刊对此也有相应的规范要求，但是由于利益的驱使和科学道德意识的淡薄，很多作者忽视了这些规范。目前有不少作者，尤其是青年科技工作者，对署名和致谢的意义认识不足，不能正确使用署名和致谢的现象还比较普遍。

当今时代竞争异常激烈，科技成果日新月异。政府从国家利益出发，在科学研究方面投入了大量资金，来鼓励科技工作者以最大的工作热情、最高的工作效率投身于科学研究事业，期望能够取得重大的科学发现和创造，为国家的经济建设和社会进步做出贡献。由于在科技期刊上发表的科学论文具有原始性和创新性的特点，因此，科研管理部门在制定相关支持和评价科学研究的政策时将发表的科学论文作为衡量科研工作最终成果的一个重要指标，这是非常自然和必然的。另一方面，我国研究人员在职务晋升、岗位聘任及津贴获得，研究项目及其成果的申报，进一步的科研基金申请等方面，都需要一定数量和质量的学术论文作为基础和条件；博士和硕士研究生的学位申请也被要求一定数量和质量的发表论文；等等。这样做的目的是促进科学技术的快速发展，使我国的整体科技实力尽快赶上国际科学发展的前进步伐。然而，在对研究成果的评价中对科学论文数量的过度依赖，也导致了很多科学工作者急功近利，迫切希望尽快发表自己的研究成果。有相当部分的科研人员利用一切手段在署名问题上大做文章，以数量取胜。因此，正确署名的关键在于作者的自律意识和研究团队的优良传统。

2. "主动搭车"和"被动搭车"

我国著名生物学家邹承鲁院士提出七种科学界不良行为之一的"搭车"现象①，是指学者本身不够署名资格但希望并愿意署名的现象。有些学者，甚至有一定知名度的学者，不但不过问研究过程，而且无论大小文章，甚至对已经毕业多年、可以独立研究的学生的论文，也要求在论文的署名中加上自己的名字。也有作者进行私下交易，在文章署名中挂上与该文没有任何联系的人，为的是帮助他人"有成果"。这类"搭车"者多属年轻学者，他们在对待署名问题上过于随便、草率，缺乏正确的认识。急功近利是他们的心理动机，他们仅仅看到了诱人的研究成果而完全忽略了作者应尽的责任和义务。这充分反映出"搭车"者科学道德素质的匮乏，前者反映出资深学者为人师表却实际传授给年轻人不正确的科学态度，后者反映出青年科技工作者培养过程中科学道德的教育还很薄弱，亟待加强。这类现象是学者的主动行为，因此叫"主动搭车"。

有的作者为了论文便于发表，没有经过他人的同意，即在他人完全不知情的情况下，擅自加上已在相应学科领域内有一定知名度的专家学者的名字，希望通过他们的声誉使该篇论文更容易通过同行评审，从而达到发表论文的目的；有的作者在致谢部分假称某知名专家已经读过该篇文稿，从而使评审的同行专家产生错觉而顺利通过评审。这两种行为的恶劣性质在于严重地侵犯了他人的权利和声誉。在这类现象中，由于被署名学者是被动的，因此叫"被动搭车"。

在"主动搭车"中，实施搭车行为的作者仅仅考虑了科学论文给他们带来的荣誉和利益，忽视了论文中一旦出现剽窃和修改数据等严重违反科研道德的行为时所要承担的责任，以及由此带来的声誉损害；同时，搭车者也对其他辛勤工作的研究人员的劳动成果造成了侵害。在"被动搭车"中，论文一旦出现问题，将给那些被利用了的知名专家和学者的声誉产生难以挽回的影响。对于"被动署名"，一个正直并具有良好科学素养的学者，一旦发现有这些不良行为，应立即采取措施制止这种不当行为的继续发生。他们会要求作者或直接

---

① 邹承鲁：《清除浮躁之风 倡导科学道德》，《光明日报》2002年4月10日。

通知编辑部将自己的名字从论文中去掉,并对作者进行教育;或者给编辑部去信说明情况,提出进一步的处理意见。

六、地址

标注作者单位和地址的作用是帮助区别同名同姓的作者,为编辑部或读者与作者联系提供必要信息,反映作者的研究背景及该研究成果知识产权的归属。因此,作者在提供相关信息时要保证标注单位和地址的合法性和准确性。

标注作者单位和地址的注意点如下:第一,署名作者单位应详细准确,包括邮政编码,具体到院、系和研究室。第二,对于分属不同单位的两位或多位署名作者,应将每位作者的详细单位和地址按照作者的顺序排列,并做相应的标记。第三,若发生毕业就业或工作调动,在论文正式出版时,署名作者单位应保留论文完成时的研究单位;新的工作单位应使用脚注形式详细标出,以便读者与作者沟通。第四,一位署名作者可以标注多个单位。作者同时受聘于其他单位或在其他单位从事访问工作或学习时,因涉及研究成果的归属,应遵照相关署名规定执行。可同时标注作者实际所在单位和受聘单位或从事访问工作或学习的单位,或只标注受聘单位或从事访问工作或学习的单位,但应在脚注处标注作者的实际所在单位。无论如何,通讯作者的有效通信地址必须准确和完整地标注。

由于学术论文中的作者地址涉及作者个人或单位的成果统计,对作者的学位申请、职称晋升和科研评价而言事关重大,准确和合法地标注极其重要。有作者到新单位工作后,为了满足新单位的考核要求,利用论文出版的滞后性,擅自将单位和地址进行变更,这是极不负责任的行为。因为论文上标注的单位和地址不仅仅是作者的通信信息,还是学术研究条件、知识产权归属的反映。

七、小结

作者应充分认识到,署名不仅代表着荣誉和利益,也承担着责任和风险。因此，在署名时必须征得本人同意，必要时征得导师同意，不要"拉大旗做虎皮"，不要送人情，不要遗漏任何有署名资格的人。所有署名作者都有对论文的全过程进行核实、监督的责任和义务，通讯作者更应承担起正确遴选署名作者的责任，规避一切可能的不当署名，对符合署名条件的作者一个都不能遗漏，并充分利用致谢表达对论文做出过贡献的组织和个人的感谢。

单位和地址的标注要准确和合法，避免因利益驱动损害知识产权归属的合法性。要准确提供通讯作者的通信地址，以保证读者和编辑与作者的交流。

近年来，署名问题更加复杂。2018年4月24日，中国科学院科研道德委员会向全科学院发布了《关于在学术论文署名中常见问题或错误的诚信提醒》，目的在于让每一位科研工作者对学术论文署名保持高度的责任心，珍惜学术荣誉，抵制学术不端行为，将科研诚信贯穿于学术生涯始终。

第九章 学术论文正文的写作

论文主体部分（或正文，Main Text）是一篇学术论文的核心部分，展示了论证的过程，即使用充分的证据，通过严谨的逻辑论证过程，去论证论文的论点（即研究问题）。关于论证部分请参见第五章的"逻辑论证"部分，学术论文主体的基本结构IMRAD也在第六章进行了论述，本章不再赘述。本章将介绍学术论文正文信息材料组织的沙漏模型，以及各部分的写作要点。本章基于多篇文献[①]汇总而成。

一、学术论文正文的沙漏模型

学术论文主体部分的沙漏模型（Hourglass Model）形象地描绘了在学术论文撰写过程中论文信息材料的组织和分布状况。沙漏模型从上至下由倒梯形的引言部分、柱状的主干部分和梯形的讨论部分组成。

[①] Michael Derntl, "Basics of Research Paper Writing and Publishing," *Int. J. of Technology Enhanced Learning* 2014,6(2), pp.105-123; 罗伯特·戴、巴巴拉·盖斯特尔：《如何撰写和发表科技论文》（第六版），北京大学出版社，2007年；科学技术部科研诚信建设办公室：《科研诚信知识读本》，科学技术文献出版社，2009年；任胜利编著：《英语科技论文撰写与投稿》，科学出版社，2004年。

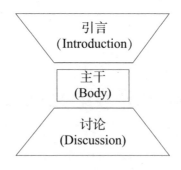

图9.1 论文主体的沙漏模型

（一）引言部分

引言部分之所以呈倒梯形，是因为引言部分的论述应从一般的研究背景出发，引发出研究中存在的问题，最后聚焦到本文研究的具体问题上来。从涉及信息的广度和范围来看，这是一个从大到小的过程。引言部分通过对一般现状到具体研究问题的论述，实现问题的聚焦，形成学术论文的论点（主题）。

论文的论点（主题）是指作者想表达的总的意图或基本观点，是论文阐述和讨论的观点。一篇学术论文往往集中讨论一个论点，论点的选取极其重要，对论文的价值起主导和决定作用。对于读者而言，在阅读论文时，首先关注的是论文的论点。

学术论文的论点应满足新颖、深刻、集中、鲜明的基本要求。新颖是指研究、解决、创立和提出前人没有研究和解决的问题；深刻是要抓住问题的本质，揭示事物的主要矛盾，总结出事物存在、运动、变化和发展的客观规律；集中是指一篇论文只有一个中心；鲜明则要求论文的论点表达清晰、突出，一篇论文的论点（主题）通常在论文的题名、摘要部分都有明确表达，在正文部分更要突出表现。

（二）主干部分

论文的主干部分由材料、方法和结果组成，在沙漏模型中之所以呈柱状，是因为主干部分仅仅针对研究的具体问题，论述从材料使用、研究过程、数据获取及处理到研究最终获得的结果等内容，讨论的范围局限在学术论文要论证的具体问题上，不做扩展。该部分要求信息翔实、真实和可靠，以便同行可以重复研究结果。

主干部分的行文结构、组织和内容随论文的类型、期刊和编辑的要求、读者对象的不同而有所不同。对于不同类型的论文，讨论如下：

实证性论文主要描述用于研究的材料和研究者收集到的数据，为提出理论假设或验证理论假设提供证据。详细地描述研究方法非常重要，它有助于同行重复和再现研究结果。

案例研究论文描述的是对现有的方法、理论或工具的应用。其重要价值在于从经验出发，面向具体事件，应用相关的方法、理论或工具，进行反思研究。具体事件的选取、描述及其分析是重点。

理论性论文描述相关领域（经验、实验、方法论）的原理、概念或模型，在相关框架和理论的广泛背景下阐释观点。重要的是，作者要为相关领域的实践和/或者研究提供独创性的理论分析结果。

实证性论文和理论性论文在自然科学领域较为常见，人文社会科学领域则是案例研究论文出现较多。此处的分类并不完备，有待进一步完善。

主干部分通常回答两个问题：研究是如何进行的（材料和方法）？研究发现了什么（结果）？

（三）讨论部分

在沙漏模型中，讨论部分之所以呈梯形，是因为该部分从学术论文研究的具体问题获得的研究结果出发，寻求结果的一般性特征及其在更大范围领域的影响和作用，是从具体向一般进行扩展的论述。该部分要求论证具有严谨的逻辑性，推导出的结论是可靠的并具有开创性。论证是用论据证明论点的逻辑推理过程，其作用是说服读者相信作者讨论的论点具有一定的学术价值，论证的结论是正确的，即"以理服人"。

现代研究论文的正文部分基本格式是IMRAD结构（参见第六章的"学术论文的基本结构"部分）。结构的最小单元是指节、段的层次及其划分。撰写要求是层次清楚，节、段安排符合逻辑顺序，可适当使用层级标题加以划分，以满足读者的认识和思维规律。

说明、描写、记叙和论证时应注意，每个节、段落、句组、句子只能有一个中心，并应互相连贯、前后衔接。修改时可以采取增删、调整、分合等办法来解决文稿中存在的重复、脱节和交叉混杂的问题，使全文主题明确、中心突出、脉络清晰、层次分明、过渡自然，达到结构严谨的要求。

具体的学术论文写作步骤见第六章的"学术论文的写作步骤"部分。以下我们仅就论文主体，按照IMRAD的划分，对各部分的写作规范进行讨论。

二、引言

引言又叫绪论，目的在于唤起读者的注意，使读者对论文有一个总体的了解。引言引导读者从总的主题领域到特殊的研究领域，即交代本研究的来龙去脉。

（一）引言的组成部分

引言由以下几个部分组成。

第一，研究背景介绍。说明论文的主题与较为广泛的研究领域有何关系，同时提供足够的背景资料，以便读者了解论文主题和研究的重要性。为此，需要通过文献回顾来讨论曾经发表过的相关研究，以介绍相关领域的研究状况与最新进展。

第二，聚焦领域研究问题。通过对研究背景的介绍和文献综述，提出研究领域中有哪些问题或现象值得进一步研究，进而将焦点转到要探讨的研究问题（即指出问题并阐述研究动机）上，以便读者了解作者的研究活动和研究目的。

第三，提出有待解决的问题。在提出研究问题时，可以从以下几个方面入手：（1）质疑现有的假设或揭示现有研究的空白。如，以前的学者有尚未研究或处理得不够完善的重要课题，或以前的学者曾提出两个以上互不相容的理论或观点，现在必须做进一步研究才能解决。（2）产生新的研究问题，由过去的研究衍生出有待探讨的新问题。（3）延续传统研究。如过去的研究很自然可以扩展到新的题目或领域，或以前提出的方法和技巧可以改善或扩展到新的研究范围。

第四，阐述作者的研究概况。该部分是对全文的概括，涉及以下四个方面：（1）介绍作者研究的重要意图；（2）将作者的特性研究具体化；（3）展示作者研究的重要结果，可根据情况说明作者的研究结果在已有工作的基础上有什么贡献或创新，注意切忌使用评价式用语，如"首次发现""首次提出""达到国际先进水平"等；（4）简短说明研究前景。

第五，对于篇幅较长、结构复杂的论文，可简略说明研究的主要结构和论文框架。

（二）引言撰写的注意事项

作者在撰写论文主体时通常并非首先撰写引言，而是最后撰写。在引言的撰写中应注意：

第一，尽量准确、清楚且简洁地指出所探讨问题的本质和范围。针对不同读者对象，对研究背景的阐述要做到繁简适度。

第二，在背景介绍和问题的提出中，应引用"最相关"的文献以指引读者。优先选择引用的文献包括相关研究中的经典、重要和最具有说服力的文献；力戒刻意回避引用最重要的相关文献，甚至是对作者研究具有某种"启示"性意义的文献；力戒不恰当地大量引用作者本人的文献。

第三，采用适当的方式强调作者在本研究中最重要的发现和贡献，让读者顺着逻辑的演进阅读论文，切忌像文学作品创作时一样故意制造悬念。

第四，针对不同读者群，考虑采取适当方式解释和定义专门术语或缩写词，以帮助编辑、审稿专家和读者阅读和理解。

第五，叙述前人工作的欠缺以强调自己研究的创新时，应慎重而留有余地。应使用客观公正的语言评价他人工作，切忌使用有损他人情感和尊严的话语。

第六，引言部分是全篇论文引用文献相对集中的部分，撰写时请特别留意正确的引证。

三、材料和方法

学术论文的材料和方法部分不仅是对研究过程的描述，还会对研究获得的数据进行分析和讨论。在对研究数据的解读中，若发现研究数据的缺陷和不足，应及时通过研究对其进行补充完善。因此，该部分信息的收集和处理与研究过程密切相关，通常，该部分和结果是论文写作中最先完成的部分。

（一）材料

材料是研究收集到的各种事实、数据和观点等。我们将材料分为直接材料、间接材料和发展材料三类。直接材料是指作者亲自通过调查或科学实验得到的材料，直接材料也叫一手材料；间接材料是指作者从文献资料中得到的或由他人提供的材料；发展材料是指作者对直接材料和间接材料加以整理、分析、研究而形成的材料，间接材料和发展材料也叫二手材料。无论是一手材料还是二手材料，在学术研究中都必不可少。

1. 材料的选取和使用

材料的选取和使用是研究的基础和前提，研究者必须遵循相关基本原则。

第一，数量上，材料的选取应该必要而充分，以保证研究的需要。材料的充分是指材料的数量要足够，若没有一定数量的材料支撑，难以论证清楚问题，即所谓"证据不足"。如，涉及统计时，需要充分材料的支撑，如果没有充分材料，统计就会失去其统计意义。对于获取的材料需要根据研究的需求加以遴选，遴选材料的依据在于判断材料对于研究而言是否是必要的。就是说，材料并非越多越好。很多作者对于自己已有的数据往往不愿舍去，不加遴选，或根本就不知道如何遴选，因此遴选材料也是学者应该具有的技能之一。必要的材料必不可少，缺此不能表现主题，因此，只有有了足够数量的充分的材料，才能从中选出满足论证需要的必要材料。

第二，材料必须真实而准确。真实即不虚假，材料来源应真实，而不是虚构或编造的；准确是指完全符合实际，要求合理选取研究方法、调查方式和实验方案，实验操作和数据的采集、记录及处理要正确。尽量选用一手材料，即直接材料；使用二手材料时需谨慎，对间接材料要分析和核对，引用时要在充分理解文献的基础上合理取舍，避免断章取义，更不能歪曲文献的原意；形成发展材料时，要保持原有材料的客观性和准确性，力求避免由于主观因素可能造成的偏差。对于材料（数据）的伪造和篡改是学术界公认的最恶劣的研究行为，即科学不端行为。学者应关注参与研究的材料的真实性和准确性，无论是否是材料准备、组织和管理的直接负责人，都有责任和义务确保材料的真实性和准确性。

第三，材料要典型而新颖。典型是指材料能反映事物的本质特征。在学术研究中，无论是演绎论证还是非演绎论证，都涉及具体材料的使用。具体材料的典型性能使论证过程具体化、形象化，论证才完备，才具有极强的说服力。典型材料的获得有两个注意点：一方面，从直接材料视角来看，调查和研究工作必须深入，否则难以捕获事物的本质；另一方面，从间接材料视角来看，应从众多、繁杂的材料中选取具有代表性的，而对一般性的材料要不吝舍去。材料新颖是指材料新鲜而不陈旧。新颖材料的获得有两个注意点：一方面，从直接材料视角来看，只有做开创性工作才能不断获得创新性成果；另一方面，从间接材料视角来看，收集文献资料面要广量要大，并多作分析、比较，从中选取能反映新进展、新成果的新材料。

第四，材料应具有普遍性和代表性。材料的普遍性是指被选取的材料的特征具有普遍意义，能代表一类材料的普遍性。通过广泛的材料收集和整理，才能从中发现具有代表性的材料。

2. 材料的表达

材料的表达主要指对材料的来源、性质和数量，以及材料的选取和处理等事项的阐述，包括：实验对象的自然状况；实验材料的名称、来源、性质、数量、选取方法和处理方法；实验目的；使用的仪器、设备（包括型号、名称、测量范围和精度等）等。

在描述实验用品时，应使用标准化学名称，避免使用商标。但是在为了区别材料时，可以适当使用材料的商标。实验中涉及的动物、植物和微生物组织等应精确描述，通常使用种、属，并使用资料来源列表并说明其年龄、性别、起源和生理特征。

在进行面向人体和动物的生命医学研究时，要特别注意相关的伦理要求。如果涉及面向人体的实验，应详细说明选择标准，同时在材料中附上实验对象签署的"知情同意"（Informed Consent）声明。如果涉及使用动物，应在学术论文中标注获得的相关伦理审查部门的许可。

面向人体、动物的对象研究规范来源于研究伦理，特别是医学伦理。有关医学伦理的研究已经持续了几个世纪。第二次世界大战以后，相关伦理要求得到了进一步完善。这是因为在第二次世界大战期间，德国纳粹和日本军队打着研究的幌子，对犹太人和中国人实施了惨绝人寰的人体极限实验和毒气实验。针对第二次世界大战期间的不道德行为，国际组织在纽伦堡制定了第一个国际研究行为准则（医学研究职业道德原则）——《纽伦堡法典》（Nuremberg Code）。该法典明确了面向人体实验的知情同意和相关面向动物实验的规范。1964年通过的《赫尔辛基宣言》（Declaration of Helsinki）倡导成立伦理审查委员会，专门就面向人体和动物实验进行审核。

伦理审查委员会审核的知情同意四要素包括信息告知、信息理解、自由同意和同意能力。[①]具体内容包括：第一，说明研究的目的、时间长短和程序；第二，介绍受试者可能面临的风险和不适；第三，介绍研究对受试者或其他人可能带来的好处；第四，介绍有没有对受试者有利的其他程序或疗程；第五，说明可鉴定受试者的记录的保密范围；第六，说明发生最低限度风险以上损伤时的补偿/赔偿和医疗；第七，有疑问或问题与谁联系；第八，说明参加和退出都是自愿的，不会因此而受到惩罚或其他不公平待遇。

目前，发达国家对医学研究行为进行伦理学的审查和评估已成为一项制度：未经伦理学审查的科研项目不准立项，论文不能发表；未经伦理学审查的新技术不能使用和交易；未经伦理学审查的人体实验不能开展；未经伦理学审

---

① 参见科学技术部科研诚信建设办公室：《科研诚信知识读本》，科学技术文献出版社，2009年，第91页。

查的新药不能上市。

违背相关规定的学者，一经核实会受到相应的处罚。如2011年，德国麻醉学家约阿希姆·博尔特（Joachim Boldt）被撤稿90多篇，*Anesthesia and Analgesia*（《麻醉与镇痛》）主编在撤稿声明中指出：博尔特的研究缺少伦理审查委员会的批准；他未获得研究对象——病人和跟踪研究者的知情同意；同时其研究数据被怀疑造假。

经过40多年的努力，中国的伦理审查制度得到很大完善。

（二）方法

英国数学家、哲学家和教育家怀特海（Alfred North Whitehead）认为：19世纪最大的发明就是发明方法的发明。

方法（Methods）的表达主要指对实验的仪器、设备，以及实验条件和测试方法等事项的阐述，其目的在于：向读者详细交代研究方法，描述实验设计，并提供详细的实验细节，使同行能重复实验过程并获得一致结果；给读者提供足够的信息；对研究中可能出现的潜在问题和应采取的应对措施给予说明。读者在阅读论文时可能越过该部分，但同行评审在审阅稿件时会对其认真审查。

方法和材料一样，都需要准确描述，这是学术论文写作中需要坚持的基本原则，与申请专利有巨大的区别。为了实现对知识产权的保护，专利申请书以及专利文书对方法的描述可以比较模糊。

在方法部分会涉及对测量和分析的描述。对于测量和分析，特别强调其准确性。国外的写作指南常常将研究方法比喻为菜谱（特指做菜时的材料配方），如涉及加热须直接给出具体温度，作者应使用准确数据进行描述。在此，我们应注意国外尤其是西方国家的菜谱跟中国的菜谱是有区别的。国外的菜谱提供详细的操作程序，以便读者按照指南能顺利做出相应的菜肴。无论食品复杂与否，菜谱对每一种食材的用量描述都极其精确，常常以克计量。这也是将学术研究论文中的材料和方法部分比作菜谱的原因。而中式的，尤其是早些时候的菜谱，在食材的用量描述上比较模糊，常常使用诸如食盐少许、味精适量等用语，这主要是因为中国大厨以他们长期的经验积累为主要知识来源。由于习惯的差异，我们在阅读和使用指南时要特别注意。

为了分析和讨论实验数据，统计分析方法是必要的，但是应以目的为方向，而不是一味地进行统计分析。统计分析方法的撰写应注意：一方面，比较长篇的统计描述，意味着作者认为这些信息是必要的而且对读者有启发的作用；另一方面，普通统计方法不需要说明，对新的和不常用的统计方法需要进行文献标注。

对材料和方法部分的信息资料处理应该详细，以便读者能够重复研究。对未发表过的新的研究方法，必须提供全部的详细资料；对已经发表过的研究方法，可通过参考文献标注来源；对于读者不熟悉的方法，或参考文献不易获取时，应适当加以描述；对于多种研究方法，应明确具体方法。

总之，材料和方法的阐述必须具体、真实。如果是引用前人的，只需注明出处；如果是改进前人的，则要交代改进之处；如果是作者自己提出的，则应详细说明，必要时可用示意图、方框图或照片等配合表述。

为了抓住读者的注意力，可使用次级标题将各部分分开，一来便于读者选择，方便阅读，二来也能使论文的逻辑性更加清晰。

四、结果

结果（Results）是作者贡献的集中反映，是整篇论文的立足点，是论文最重要的部分，是论文的价值所在。结果部分包括给出结果，并对结果进行定量或定性的分析。

以结果部分为分界线，论文的前部分（引言、材料与方法）是为了解释为什么和如何获得这些结果，论文的后部分（讨论）是为了解释这些结果蕴涵着什么重要的结论。由此可以看出结果在一篇学术论文中的地位和作用。

（一）结果的主要内容

结果的主要内容包括：对重要的实验或观察结果进行文字描述；可利用图表介绍研究结果；通过对结果的说明、解释、与模型或他人结果的比较等，对研究结果进行评价。

有些期刊允许将"结果"（Results）和"讨论"（Discussions）合并，但作者在写作时可分开撰写，然后根据需要和编辑的建议来决定是否合并。

结果部分不是实验记录数据或观察事实的简单重复和堆积，而是对实验或观察结果进行高度概括和提炼，突出具有科学性和有代表意义的数据。囊括一切而不遗漏任何细节的举动并不能证明作者拥有大量的信息，而是说明他缺乏甄别的能力。

结果部分用于表达结果的数据除原始数据外，还有分析数据。"原始数据"是实际观察到的数据。在论文中直接使用原始数据，常常是对特别重要的结果的直接表达。"分析数据"是对原始数据进行分析总结的数据表达形式。如平均值和正负标准偏差是对原始数据误差大小的分析，是对原始数据进行分析处理获得的数据；百分数是表达研究中部分特定对象占总体的比例大小，通常也是对原始数据进行处理的结果。在数据的处理中，对原始数据进行相关的统计学分析十分重要。

在使用统计方法分析数据时，应注意统计的科学意义。对数据的统计学分析必须建立在一定的数据量基础之上，同时需要考虑获取原始数据的普遍性和代表性。《感染与免疫》（*Infection and Immunity*）的主编埃尔文·内特尔（Erwin Neter）讲过一个经典案例：33.33%的老鼠被实验用药治愈，33.33%不受实验药物的影响而保持原来状态，第3只老鼠逃逸。这个案例中只有3只实验老鼠，作者不恰当地使用了统计分析。由于实验老鼠的数量少，不具有普遍性和代表性，因此此处不能使用统计学方法。

（二）结果的撰写

描述结果的顺序往往按照习惯或研究表述需要进行选取，方法大致分为：按"方法"部分中的顺序描述；由"老"及"新"，即先叙述传统方法再叙述新方法；按研究过程的时间顺序；按重要性程度等。

对于数据表达，可采取文字与图表相结合的形式，通常，文字、图和表不同时简单并列使用，仅使用一种表达方式即可。当只有一个或很少数据时，在正文中使用文字描述即可；如果数据较多，可使用图或表对其进行完整、详细表述，文中的文字部分是对图表的进一步说明和解释，如指出图表中数据的重要性或趋势，切忌在文字中简单重复图表中的数据而忽略叙述其趋势、意义和相关推论。应对数据进行适当的说明，以帮助读者理解。如果论文中有"讨论"，则研究结果的详细讨论应放在"讨论"中，此时，在"结果"中应提及必要的说明（或解释），让读者理解作者研究结果的意义和重要性。

结果部分的文字表达仍应遵循学术写作准确、简洁、清楚的基本原则。该原则具体为：第一，避免使用冗长的词语或句子来介绍或解释图表；第二，避免把图表的序号作为段落的主题词，在句子中指出图表所揭示的结论，并把图表的序号放入括号中。如："Figure 1 shows the relationship between A and B."该句的主题词"Figure 1"最好从句子中删去，主句改为："A was significantly higher than B at all time points checked (Fig. 1)."同样，"It is clearly shown in Table 1 that nocillin inhibited the growth of N. Gonorrhoeae."应改为："Nocillin inhibited the growth of N. Gonorrhoeae (Table 1)."第三，表达"比较"时，避免使用"compared with"，而是直接明确指出比较的结果。如："X was significantly increased compared with Y (Fig. 1)."应改为："X was significantly higher than Y (Fig. 1)."

五、讨论

讨论（Discussions）是就某一问题交换意见或进行辩论，是参与讨论双方就某事相互表明见解或论证的过程。当人们面对面进行讨论时，可以通过及时交流，论证自己的观点、回应对方的质疑。学术论文是作者通过语言文字的形式表达对研究结果的新的见解和从中得出重要结论的论证过程，由于缺乏与读者面对面交流的及时回应，作者应特别注意论证过程的完整性，对读者可能产生的质疑进行预判，并尽量在论文中进行论证。因此，讨论部分是体现一篇学术论文学术价值的重要部分。

学术论文的讨论重点在于对研究结果的解释和推断，说明作者的结果是否支持或反对他人的某种观点，是否完善已有的理论和技术方案，是否提出新的问题、观点、理论和方法。在表达上要避免含蓄，尽量做到直接、明确，以便审稿专家和读者了解论文的价值及其重要性。

讨论部分可以单独行文，也可与结论（Conclusions）合并为"讨论与结论"（Discussions and Conclusions），或将讨论直接归入结论部分；有些论文将结果与讨论合并为一节"结果与讨论"（Results and Discussions），其后为结论。无论哪种行文方式，都应依据欲投寄期刊的习惯和要求而定。

（一）讨论的内容

讨论是论证的过程，其基本内容包括：简单回顾研究目的和重要结果，这些是论据；讨论具体结果的科学意义或贡献，这是论证。为得到结论，可以从以下几个方面来进行讨论：第一，探讨所得结果是否符合研究预设的期望；如果不符合，原因是什么。第二，概述最重要的结果，讨论其能否支持先前学界的假设，以及是否与其他学者的结果一致；如果不一致，原因是什么。第三，对研究结果做出说明和解释，根据这些结果能得到何种结论或推论。第四，对研究结果进行总结，指出研究的局限性以及这些局限性对研究结果的影响，并建议进一步的研究问题。第五，指出研究结果的理论意义，是否支持或反驳相关领域中已有的理论或对现有理论的修改。除理论意义之外，研究结果的实际应用也非常重要。

（二）讨论的写作要点

尽管许多论文的数据真实而且有意义，但常因为不恰当的讨论使数据的真实含义和重要价值被掩盖，所以整篇论文的学术价值无法体现，而面临退稿。不恰当的讨论体现为错误讨论、讨论过度或讨论不充分，因此讨论部分是论文中最难写的部分。讨论的写作要点包括：

第一，对结果的解释要重点突出，表述要简洁、清楚。重点在于要集中作者的主要论点，尽量给出研究结果所能反映的原理、关系和普遍意义。如有预料之外的重大发现，也应在讨论中做适当解释或建议新的研究问题，但不能过于关注新问题而迷失最初的研究方向。讨论问题应基于本研究结果中的实验数据，不能出现新的有关"结果"方面的数据和发现。

第二，论证过程要符合逻辑，避免出现实验数据不足以支持的观点和结论。根据研究结果进行论证时要适度，论证过程一定要注意结论和论证的逻辑性；在探讨实验结果或观察事实之间的相互关系和科学意义时，注意不要试图得出解释一切的"巨大"结论；如果把仅有的研究数据外推到一个更大的、不恰当的结论，不仅无益于提高作者的科学贡献，甚至现有数据所支持的结论也会受到同行的质疑；要如实指出实验数据的欠缺或相关论证和结论中的任何例外，绝不能因为实验数据的不足而编造或修改数据，伪造和篡改数据的行为是典型的科学不端行为，需要坚决杜绝。

第三，讨论的最终观点或结论的表述要清楚、明确。尽可能清楚地指出作者的观点或结论，并解释其支持还是反对已有的观点或结论；要大胆地讨论工作的理论意义和可能的实际应用价值，清楚地告诉读者该研究的新颖性和重要性；鉴于讨论在一篇论文中的重要地位，读者和审稿专家可能会首先阅读该部分，如果作者没有清楚地指出重要结果和相关结论的科学意义，读者会对论文失去兴趣。

第四，对研究结果的科学意义和实际应用效果的表达要实事求是、适当和留有余地。避免使用"首次发现"等类似的优先权声明。

六、结论

结论（Conclusions）又称结束语、结语，是在理论分析和实验验证的基础上通过严密的逻辑推理而得出的富有创造性、指导性、经验性的结果描述。它又以自身的条理性、明确性、客观性反映了论文或研究成果的价值。结论与引言相呼应。同摘要一样，结论的作用是便于读者阅读和为二次文献作者提供依据。通常，有关结论的内容都包括在"结果与讨论"或"讨论"中，有时也将"结论"单独出来，这要依据学科的表达习惯、期刊的要求和作者的写作风格而定。

结论不是研究结果的简单重复，而是对研究结果更深入一步的认识，是从正文部分的全部内容出发,并涉及引言的部分内容,经过判断、归纳、推理等过程,从研究结果升华成的新的总观点。

(一)结论的主要内容

结论的主要内容包括:作者本人研究的主要认识或论点,其中包括最重要的结果、结果的重要内涵、对结果的说明或认识,即研究结果说明了什么问题,得出了什么规律性的东西,发展了什么理论或解决了什么实际问题;对前人有关本问题的看法做了哪些检验,哪些与本研究结果一致,哪些不一致,作者做了哪些修正、补充、发展或否定;总结性地阐述本研究结果可能的应用前景、研究的局限性及需要进一步深入的研究方向。

如果结论的内容较多,可以分条来写,并给以编号;每条成一段,包括几句话或一句话。如果结论的内容较少,可以不分条写,整个为一段,包括几句话。结论里应包括必要的数据,但主要是用文字表达,一般不再用插图和表格。

(二)结论的撰写要求

结论的撰写要求是:

第一,概括准确,措辞严谨。结论是论文最终的、总体的总结,对论文创新内容的概括应当准确、完整,不要漏掉一条有价值的结论,但也不能凭空杜撰文中没有的结论。措辞严谨是指语句要像法律条文那样只能有一种解释,清清楚楚,不能模棱两可,含糊其词。对结论的肯定和否定要明确,一般不用"大概""也许""可能是"等词语,以免使人产生似是而非的感觉,怀疑论文的真正科学价值。

第二,明确具体,简短精练。结论段有相对的独立性,专业读者和情报人员可以只看摘要和/或结论而能大致了解论文反映的研究成果和研究成果的价值,所以结论段应提供明确、具体的定性和定量的信息。对要点要具体表述,不能用抽象和笼统的语言。为了保证论文的可读性,考虑到读者可能的选择性阅读习惯,在结论部分一般不单独使用量符号,而宜用量名称。比如使用量符号表达的"T与p呈正比关系",如果T是量名称"××温度"的量符号,p是量名称"××压力"的量符号,那么在结论中应改为"××温度与××压力呈正比关系"。

第三,行文要简短,不再展开论述,不要对论文中各段的小结作简单的重复。要锤炼语言,删去可有可无的词语。

第四,不作自我评价。研究成果或论文的真正价值是通过具体结论来体现的,不宜用"本研究具有国际先进水平""本研究结果属国内首创""本研究结果填补了国内空白"等来进行自我评价。

"建议"部分可以单独用一个标题,也可以包括在结论段,如作为结论的最末一条。如果没有建议,也不要勉强杜撰。

表9.1 "结果""讨论"与"结论"中侧重的内容[①]

结 果	讨 论	结 论
介绍研究结果(必要时使用图表来表述研究发现或实验数据)	探讨所得的结果与研究目的或假设的关系,评价是否符合原来的期望,与他人研究结果进行比较与分析	总结主要认识或论点
描述重要研究结果	解释研究结果;如果不符合原来的期望,追问原因	概述研究成果可能的应用前景及局限性
评论重要研究结果(说明、解释、与他人结果的比较)	说明重要研究结果的意义(推论);提出研究展望	建议进一步研究的课题或方向

七、层次标题

层次标题(Subheading)是学术论文中除论文题目之外的各个级别的标题,是学术论文逻辑结构的展示。其使用目的在于使学术论文层次清晰,逻辑分明,便于读者阅读和引用。层次标题与论文标题在行文上一样均应满足简洁的要求,每一个层次标题都是该级别内容的概括和总结。

[①] 任胜利编著:《英语科技论文撰写与投稿》,科学出版社,2004年,第59页。

层次标题一般控制在四级以内，每一层次标题都需要编号。按照相关规范要求，层次序号一般有两种体例。第一类为人文类学术论文，层次标题序号为：第一层为"一、"；第二层为"（一）"；第三层为"1."；第四层为"（1）"。第二类为科技类学术论文，层次标题序号规则为：各层次标题一律用阿拉伯数字连续编码，不同层次的两个数字之间用下圆点分隔开，末位数字后面不加标点，最后一字序码之后空1个字距接写标题，如：第一层为"1"，第二层为"1.1"，第三层为"1.1.1"，第四层为"1.1.1.1"。在四级标题以下涉及的"要点"也需要编序，序码形式也应全文统一，如：第一层用"1）""2）""3）"等，第二层用"①""②""③"等，第三层（一般用不到）用"a.""b.""c."等。

八、附录与注释

（一）附录

附录是论文主体的补充项目，对于一篇学术论文是非必需的。附录的写作目的在于给读者提供更多的详细信息，以达到整篇论文在材料上的完整性。在写作中，一些材料写入正文时可能有损于正文行文的条理性、逻辑性和精练性，在处理这类材料时，可以将其写入附录，以供读者选择阅读。

附录的内容包括：比正文更为详尽的理论根据、研究方法和技术要点，建议可以阅读的参考文献题录，对了解正文内容有用的补充信息等；篇幅过长或取材于复制品而不宜写入正文的资料；不便于写入正文的罕见珍贵资料；一般读者并非必要阅读，但对本专业同行很有参考价值的资料；某些重要的原始数据、数学推导、计算程序、框图、结构图、统计表、计算机打印输出件等。

附录常置于参考文献之后，依次用大写正体字母编号，如以"附录A""附录B"做标题前导词。附录中的插图、表格、公式、参考文献等的序号与正文分开，另行编制，如编为"图A1""图B2""表 B1""表C3""式（A1）""式（C2）""文献［A1］""文献［B2］"等。具体格式请参照欲投寄期刊的要求。

（二）注释

注释用于解释题名项、作者及论文中的某些内容。注释的类型包括：随文注释（直接注释）和非随文注释（脚注）。随文注释（直接注释）是将解释的信息用括号进行标注，并嵌入行文中，放置在被解释的内容之后。能使用随文注释（直接注释）的信息尽量不单独列出。非随文注释也叫脚注，用圈码①、②、③等或其他符号作为标注符号，标注符号置于需要注释的词、词组或句子的右上角。非随文注释（脚注）内容置于该页的地脚处，并在页面的左边用一短细水平线与正文分开，细线的长度为版心宽度的1/4。

九、小结

正文写作的总体要求是明晰、准确、完备、简洁。另外还需注意：第一要论点明确，论据充分，论证合理；第二要事实、数据、计算、语言准确；第三要内容丰富，文字简练，避免重复、烦琐；第四要条理清楚，逻辑性强，表达形式与内容相适应；第五要不泄密，对需保密的资料应作技术处理。

第十章　现代学术论文正文的引证方法

学术论文的引证非常重要，作者在论文撰写时应该高度重视。引证过程以及参考文献著录的准确与否，体现了作者的学术作风是否严谨，关系到学术研究成果能否继承和应用，是否能对前人研究做出准确评价及感谢，是否能为读者提供有价值的信息，是否对他们表示出足够的尊重。本章重点介绍正文中的文献引证和文献引证标注的规范，使读者了解如何通过正确的引证避免剽窃和抄袭等严重的科学不端行为的产生。本章基于多篇文献[1]汇总而成。

---

[1] 柯林·内维尔：《学术引注规范指南》（第二版），张瑜译，上海教育出版社，2013年；David Gardner, "Plagiarism and How to Avoid it," 1999, https://www.researchgate.net/publication/228987899_Plagiarism_and_how_to_avoid_it[2020-03-15]; Miguel Roig, *Avoiding Plagiarism, Self-Plagiarism, and Other Questionable Writing Practices: A Guide to Ethical Writing,* Office of Research Integrity US Department of Health and Human Services, 2015, https://ori.hhs.gov/sites/default/files/plagiarism.pdf[2017-10-10]；罗伯特·戴、巴巴拉·盖斯特尔：《如何撰写和发表科技论文》（第六版），北京大学出版社，2007年；Anthony C. Winkler and Jo Ray McCuen-Metherell, *Writing the Research Paper: A Handbook (7th Edition)*, Peking University Press, 2008; Bjoern Gustavii, *How to Write and Illustrate a Scientific Paper*, Cambridge University Press, 2008; 任胜利编著：《英语科技论文撰写与投稿》，科学出版社，2004年；IEEE, "Plagiarism/IPR Tutorial Series," https://www.ieee.org/publications_standards/publications/rights/rights_tutorials.html[2017-10-9]; ACS, "Ethical Guidelines to Publication of Chemical Research," 2015, http://pubs.acs.org/userimages/ContentEditor/1218054468605/ethics.pdf[2017-10-9]; International Committee of Medical Journal Editors, "Uniform Requirements for Manuscripts Submitted to Biomedical Journals," *JAMA*, 1997, 277, pp. 927-934, https://www.nejm.org/doi/10.1056/NEJM199102073240624[2020-3-16]；查尔斯·李普森：《诚实做学问——从大一到教授》，郜元宝、李小杰译，华东师范大学出版社，2006年。

一、现代学术论文引证

　　文献引证的发展历史可追溯到古罗马时期，一些手抄卷使用注释、检索目录、解释等方式标明相关文献的出处，古罗马的立法者要求"在法律条文中精确地引注以前的法律文献"。15世纪末，造纸术和印刷术的发展使得作家成为一种通过写作谋求生存的职业。随着行业的发展，作者保护自己作品免受他人抄袭的意识不断加强。1710年4月，英国通过了《安娜法案》（The Statute of Anne），这是世界上第一个著作权法，保护了作者作品不被抄袭的合法权益。18世纪以后的学术作品采用脚注形式，在正文中使用标注并将引证文献信息放入脚注处。在19世纪的欧洲和美国，文献的引证规范被引入大学教育，学生在写作中被要求引用文献，并对文献进行分析和解释，文献引用和分析成为衡量学生写作能力的一部分。20世纪，出现了大量的与学科要求相关的引证方式。①

　　随着学术论文在学术研究中的作用越来越大，19世纪以来学术界对学术论文格式的要求越来越高。在规范的学术论文格式中，现代学术论文的引证最为显著，它明确规定了在论文中对前人的研究成果应进行准确标注。

　　现代学术论文的引证方法包括参考文献在正文中的引证标注和正文后的参考文献列表两部分。正文中引证是指在学术论文写作中引用他人的工作（观点、数据、语言）作为论据，以论证作者的论点。

　　正文中引证包括信息引用和文献标注，信息引用是引用前人（包括作者自己过去）已发表的文献中的观点、数据和材料等，文献标注是对这些信息在正文中出现的地方予以标注，指明信息来源，以便读者从正文后参考文献列表中查找相关信息。

　　正文后参考文献列表，是由参考文献各著录项构成的，包括作者、文献标题、出版物、出版年、卷、期、页。它告诉读者正文中引证信息来自何处，帮助读者准确查找到这些刊载信息的原文。

　　正文中的引证标注和正文后的参考文献列表，明确地区分了作者本人和

---

① 柯林·内维尔：《学术引注规范指南》（第二版），张瑜译，上海教育出版社，2013年，第11页。

他人的研究内容、方法和结果，体现了科学研究的继承性，在避免剽窃他人成果方面起到了重要作用。论文写作者如果不能正确使用论文引证方法，实际上是剥夺了读者在进一步研究中查找这些信息的权利，同时其行为会被认定为剽窃行为。此外，现代学术论文引证方法也是对前人的感谢，正可谓，学术研究是站在巨人的肩膀上发展的。

从法律的角度，引证过程也是对知识产权进行保护的过程。在学术写作中如果未能规范、正确和适当地引证，可能会因为触犯法律而被制裁。①

二、正文中的文献引证

学术写作对正文中文献的引证，即正文中文献的引用和标注有明确的规范要求。

正文中的文献引证分为直接引证（Direct Quotation）、解释和概述（Paraphrase and Summary）两类。②

（一）引证类别

1. 直接引证

直接引证是直接使用信息源的语言。直接引证规则要求引用内容准确无误，并使用引号或有别于正文的字体，同时标注引用源。在整段直接引用时，引用部分不能占整篇文章的比例过大，并与文章的其他部分有明显的区别；在部分（句子的部分）直接引用时，引用部分要显而易见，且不能改变任何一个词。引证的信息源应该是公开且易于获取的，引证的内容要准确。

当论文作者的讨论内容已经有精确语言描述，表述是唯一的，重写会导致重要含义的丧失时，通常使用直接引证。比如，在引证法律条款时，一般都应采用直接引证。以下是直接引证的两种方式：

---

① 《全国人民代表大会常务委员会关于修改〈中华人民共和国著作权法〉的决定（主席令第二十六号）》，www.gov.cn[2019/1/9]。

② 本部分信息来源于文献：David Gardner, "Plagiarism and How to Avoid it," 1999, https://www.researchgate.net/publication/228987899_Plagiarism_and_how_to_avoid_it [2020-3-15]。

(1) 使用引号（""）

《中华人民共和国著作权法》（2020年）第二章第四节第二十四条规定："第二十四条　在下列情况下使用作品，可以不经著作权人许可，不向其支付报酬，但应当指明作者姓名或者名称、作品名称，并且不得影响该作品的正常使用，也不得不合理地损害著作权人的合法权益：（一）为个人学习、研究或者欣赏，使用他人已经发表的作品；（二）为介绍、评论某一作品或者说明某一问题，在作品中适当引用他人已经发表的作品；（三）为报道新闻，在报纸、期刊、广播电台、电视台等媒体中不可避免地再现或者引用已经发表的作品；……"①

(2) 使用其他字体，缩进排列

《中华人民共和国著作权法》（2020年）第二章第四节第二十四条规定：

> 第二十四条　在下列情况下使用作品，可以不经著作权人许可，不向其支付报酬，但应当指明作者姓名或者名称、作品名称，并且不得影响该作品的正常使用，也不得不合理地损害著作权人的合法权益：
>
> （一）为个人学习、研究或者欣赏，使用他人已经发表的作品；
>
> （二）为介绍、评论某一作品或者说明某一问题，在作品中适当引用他人已经发表的作品；
>
> （三）为报道新闻，在报纸、期刊、广播电台、电视台等媒体中不可避免地再现或者引用已经发表的作品；
>
> ……②

2. 解释和概述

解释和概述是作者重新组织语言总结引用源的基本观点和重要信息。解释和概述不是对信息的简单重复，而是对引证的信息有解释、比较、评论，

---

① 《中华人民共和国著作权法》（2020年），全国人大网，2020年11月19日，http://www.npc.gov.cn/npc/c30834/202011/848e73f58d4e4c5b82f69d25d46048c6.shtml[2021-09-06]。

② 同上。

表明信息已被阅读、分析和理解，在准确表达他人的非常识性的观点和信息的同时标要注引用源。正是因为在解释和概述中已经表达了作者对信息评判的观点，文字表达时应与被引证信息有较大区别。

在解释和概述中，作者常常表达了对被引证信息的观点支持、否定或是保持中立的态度，下面我们举三个英语表达的例子：

第一种，支持引证信息。

> Gardner (1994) demonstrates that what turns good teaching material into good learning material is what teachers do with it.

"demonstrates"的词义为"论证"。引证者使用该词，不仅有对客观陈述Gardner研究内容，而且有支持Gardner的研究成果的含义。这也是我们常说的正面引证。

第二种，否定引证信息。

> Gardner (1994) claims that what turns good teaching material into good learning material is what teachers do with it.

《朗文当代高级英语辞典》将"claim + to-v/(that)"解释为："[尤指面对反对意见]断言；声称；主张；认定：They claim to have discovered/claim that they have discovered a cure for the disease, but this had not yet been proved.他们声称已经发现了治疗此病的一种药物，但此事尚未得到证实。"[①]因此，引证者实际上表达了其对Gardner研究的否定。这也是我们常说的负面引证。

第三种，对信息的中立引证。

> Gardner (1994) states that what turns good teaching material into good learning material is what teachers do with it.

> What turns good teaching material into good learning material is what teachers do with it (Gardner 1994).

---

① 艾迪生·维斯理：《朗文当代高级英语辞典》，朱原等译，商务印书馆，2003年，第255页。

以上两种表达只是客观陈述了Gardner的研究结论，表现出引证者的中立立场。

在学术写作中，应准确把握语言表达，在引证他人研究时更是要注意自己观点的陈述。

（二）引证准则

引证准则是写作道德规范中的重要组成部分。本节我们将通过对美国科研诚信办公室科研人员负责任科研行为教育教材中引证准则的解读，认识正确的引证方式，避免剽窃和抄袭行为发生。

准则1：一个有道德的作者总是承认他人对自己作品的贡献。

准则2：任何从引证源提取的逐字引用的文本都必须用引号标注，并附有引用标志以表明其出处。

准则3：在概述（summarize）他人工作时，要在较短篇幅内用自己的语言来提炼和传达他人的贡献。

准则4：在解释（paraphrasing）他人工作时，必须使用自己的词语和句式。

准则5：不论是解释还是概述，都必须标注信息来源。

准则6：在使用自己的词语和句式组织语言来解释和/或概述他人工作时，必须准确重现他人的观点或数据。

准则7：为了对原文进行实质性修改，并做出正确的解释，必须对语言有一个全面的掌握，对观念和术语有一个很好的理解。

准则8：在不能确定一个概念或事实是否为常识时，应提供相应的引证。①

准则3—7强调了在学术写作中解释和概述他人工作的正确方式。

---

① Miguel Roig, *Avoiding Plagiarism, Self-Plagiarism, and Other Questionable Writing Practices: A Guide to Ethical Writing*, Office of Research Integrity US Department of Health and Human Services, 2015, https://ori.hhs.gov/sites/default/files/plagiarism.pdf [2017-10-10].

在学术论文写作中，通常会对相关的文献进行简单扼要的综述。综述的内容由相关的理论和经验研究共同组成，这些理论和经验研究构成了作者的研究背景和基本原理，或者成为作者撰写论文的主要论点。因此，综述需要解释和概述大量的信息，但是由于篇幅的限制需要精简内容。

有时，由于种种原因，作者希望详细地重申他人的工作，此时，作者需要使用解释的方法。解释时需要使用自己的语言，解释的语句长度可能与原文相当，但是词语和句式要有所不同。

无论是解释还是概述别人的工作时，我们都必须提供适当的引证信息。

仅仅对原文的个别字词进行替换或变换，或仅做语态的变化，仍然是剽窃行为。

对他人的所有信息是否都必须进行引证？答案是否定的。学者认为，在下列四种情况下，通常可以不做引注[①]：

第一，呈现历史观点。阅读大量文献后对某一历史时期发生的事件做出的总结，且这种总结不会引起争议或质疑，可以不做引证和标注。

第二，描述自己的经历和观察。对自己的经历和观察不必引证，但是必须表明这是自己的经历。

第三，总结和结论。总结部分是对论文中介绍或引用过的一些重要观点进行概括，这时不必再做引证。论文最后的总结部分，常常是对文中出现的观点的归纳概括；还有一种情况是，有的作者习惯于在新的章节开始时对前一章节讨论的观点或内容进行总结，在两个章节之间起到衔接作用。在这两种情况下，如果没有新的文献引用或没有从已引用过的文献中产生新的观点，不必对已经引用过的文献进行再次引注。这种现象常见于较长的论文，如学位论文等。

第四，一般常识是不需要引证的。但这是具有争议的，因为如何界定常识本身在学术界就有争议。

---

① 参见柯林·内维尔：《学术引注规范指南》（第二版），张瑜译，上海教育出版社，2013年，第19—21页。

三、常识如何引证

（一）什么是常识

汉语中，常识被认为是普通知识，是一般人所应具备且能了解的知识。①根据美国麻省理工学院（MIT）的写作教程，常识一般是指受过教育的普通读者在不查阅资料的情况下就能接受的信息。这包括：第一，大多数人都知道的信息，比如水在0℃结冰；第二，由一定文化或国家团体所共享的信息，如国家历史上著名的英雄或事件的名字；第三，由一个特定领域的成员所共有的知识，例如由布拉格定律给出的一个事实，即晶格是在晶体固体中产生电磁波辐射衍射的必要条件。从以上的三类常识可以看出，在一个文化、国家、学术共同体中可能是常识的知识，在另一个文化、国家、学术共同体中可能就不是常识。②

（二）常识的分类及其引证

常识分为公共领域的常识和某个专业领域的常识。③

1. 公共领域的常识

公共领域的常识是人们可以随便分享谈论的一些一般的、公开的、无版权限制的事实，这些事实信息一般不会引起重大争议。其中包括：教科书和百科全书中无争议的事实信息；对公共领域的民间传说和传统风俗的概括；常识性的观察所得和谚语格言。

如果仅仅使用这些常识的内容，一般无须引证。但是，以下情况需要引证：在引用他人对这些常识的评价时；在讨论某个地区的传统风俗，介绍某个作者对这个传统风俗的深层意义和起源的表述时；对某条谚语给出的具体文献

---

① 汉语大词典普及本编辑委员会：《汉语大词典普及本》，汉语大词典出版社，2000年，第891页。
② MIT, "What is Common Knowledge? From Academic Integrity at MIT：A Handbook for Students," https://integrity.mit.edu/handbook/citing-your-sources/what-common-knowledge[2017-10-16].
③ 参见柯林·内维尔：《学术引注规范指南》（第二版），张瑜译，上海教育出版社，2013年，第20—21页。

证据。

以下六个例句就属于不必做引证的常识①：

（1）1969年6月，尼尔·阿姆斯特朗登上了月球。（历史常识）
（2）亚历山大·弗莱明发现了青霉素。（历史常识）
（3）光合作用的定义。（科学常识）
（4）人类的生存需要食物和水。（常识观察）
（5）嫦娥坐在月宫里。（民间传说）
（6）"百闻不如一见。"（谚语）

2. 专业领域的常识

与公共领域的常识比较，作者在对专业常识进行引用时需谨慎。每个学科都会有一些常识，每一个学科都有自己的一套公认的假设、专业术语、表格和符号，这些公认的知识无须定义、解释或引证。但对于学生而言，在没有了解学科常识的时候，在写作中（尤其是在写作训练中）应做好全面的文献引证。

MIT教程建议，在确定使用的信息是否是常识时，应多问问自己：读者人群是谁？是否可以假设他们已经知道了这些信息？是否会被问到这些信息是从哪里获得的？对"阿斯伯格综合征"的描述就心理学领域而言是常识，无须引证，但面向更大的人群写作时必须引证；"公允价值会计实践"对经济学家而言是常识，无须引证，但面向非专家的读者写作时必须引证；"一份报告指出，有24%的18岁以下儿童生活在单身母亲的家庭中"，这一信息须被引证，因为这是一般读者所不知道的信息，数字的来源是他们特别关注的。②

---

① 参见柯林·内维尔：《学术引注规范指南》（第二版），张瑜译，上海教育出版社，2013年，第21页。
② 参见 MIT, "What is Common Knowledge? From Academic Integrity at MIT: A Handbook for Students," https://integrity.mit.edu/handbook/citing-your-sources/what-common-knowledge[2017-10-16]。

> **练习：下列哪一种说法被认为是常识？哪一个需要被引证？**
>
> 表述1：大爆炸理论认为，宇宙起源于数百亿年前的一次大爆炸。
>
> 表述2："大爆炸"这个词是由英国天文学家弗雷德·霍伊尔爵士创造的。霍伊尔用这个词来嘲笑他所反对的关于宇宙起源的理论。
>
> 表述3：根据大爆炸模型，一个无限炽热的密集的中心（被称为奇点）在最初的爆炸后不断膨胀，产生最终形成我们宇宙的粒子。
>
> 解析：
>
> 表述1是常识——大爆炸理论被科学家广泛接受，在日常用语中经常被使用。
>
> 表述2需要引证。这些信息非常具体，甚至可能对一些物理学家来说都是未知的。
>
> 表述3在面对有物理学背景的读者时不需要引证，但在面对非物理学专业的读者时需要在论文中引证。

（三）非常识性信息

非常识性信息包括：由自己或其他人研究生成的数据；来自权威部门的统计数据；他人所做的研究；读者不知道的具体日期、数字或事实。[①] 在使用非常识性信息时必须引证。

四、正文中文献引证的标注格式

正文中引证文献的标注是指在引证处有明显的标识符号，其作用一方面在于区别作者和他人工作，另一方面在于告知读者引证文献的来源。

正文中引证文献的标注格式比较复杂，中华人民共和国国家标准推荐两种引证格式：著者—出版年体系和顺序编码体系。戴介绍了三种学术期刊中比

---

① MIT, "What is Common Knowledge? From Academic Integrity at MIT: A Handbook for Students," https://integrity.mit.edu/handbook/citing-your-sources/what-common-knowledge[2017-10-16].

较常用的基本格式：著者—出版年体系、著者—数字（顺序编码）体系和顺序编码体系。①

（一）著者—出版年体系

著者—出版年体系（Name and Year System, Harvard System）是在学术期刊和书籍中使用较为普遍的引证标注格式，由作者和文献出版年份构成，文后参考文献可按作者姓名的字母排序排列。这种格式的最大优点在于方便了作者，尤其是在论文撰写中便于文献的增加或删除。引证文献无论进行多少次调整，引证标注如"Bailey, 1993"始终保持不变。其缺点在于引证标注掺插在正文之中，随着引证文献的增加会占据大量的版面，一方面影响读者阅读，另一方面导致印刷成本提高。

在现代语言协会（Modern Language Association, MLA）和美国心理学会（American Psychological Association，APA）规范中都要求使用著者—出版年体系，只是在具体细节上有所区别。按照APA规范要求，著者—出版年体系的基本结构包括：文中引证和文后参考文献。在此，我们以APA体例格式为例解释著者—出版年体制正文引文标注的规范要求。②

1. 文献作者标注规范

若作者名字不在正文中，应将作者的姓和年份放入括号中，中间用逗号隔开。若作者名字在正文中，则只需将年份放入紧随作者名字之后的括号中。如：

The connection between brain damage and autism is no longer disputed (Bailey, 1993).

Williams (1975) independently reached the same conclusion.

---

① 参见罗伯特·戴、巴巴拉·盖斯特尔：《如何撰写和发表科技论文》（第六版），北京大学出版社，2007年，第76—79页。
② 相关信息来源于参考文献 Anthony C. Winkler & Jo Ray McCuen-Metherell, *Writing the Research Paper: A Handbook,* Peking University Press, 2008, pp.193-199。

当一篇引证文献有两位作者时，若作者名字不在正文中，作者的姓之间用"&"连接。若作者名字在正文中，作者的姓之间用"and"连接。如：

A few years later, British cosmologists (Collins & Hawking, 1973) discussed the flatness problem in the context of the anthropic principle.

A few years later, the British cosmologists Collins and Hawking (1973) discussed the flatness problem in the context of the anthropic principle.

当一篇引证文献有三至五位作者时，前面的作者姓之间用逗号连接。若作者名字不在正文中，最后两位作者的姓之间用"&"连接。若作者名字在正文中，最后两位作者的姓之间用"and"连接。如：

One method (Nelson, Miller, Lutz, & Fayer, 1982) optically excites and monitors coherent acoustic waves in transparent or light-absorbing liquids and solids.

Nelson, Miller, Lutz, and Fayer (1982) developed a method of optically exciting and monitoring coherent acoustic waves in transparent or light-absorbing liquids and solids.

再次引证时，只需使用第一位作者的姓加"et al."。如：

The method developed by Nelson et al. (1982) allows the selection of any propagation direction in anisotropic materials.

In anisotropic materials any propagation direction can be selected (Nelson et al., 1982).

当一篇引证文献作者为六人或更多时，只需使用第一位作者的姓加"et al."，再次引证时格式不变。如：

Varela et al. (1995) describe a design for object-oriented databases on the World Wide Web.

2. 多篇文献标注规范

同一处引证文献为多篇文献时，应用分号将不同文献分隔开来，按作者姓的字母顺序排列。如：

Recent research (Catano, 1995; Mulderig, 1993) confirms this effect.

同一处引证文献为同一作者同一年发表的多篇文献时，文献按文献题目的字母顺序排列，在年代后面加小写字母（从a开始）。如：

(Nier, 1940a)

(Nier, 1940b)

不同引证文献的作者姓相同时应加上作者名的缩写，再次引证时不能省略作者名的缩写。如：

G. Williams (1995) and R. H. Williams (1993) independently reported similar results.

The results of a recent study (R. H. Williams, 1996) were inconclusive.

3. 组织机构署名标注规范

当引证文献作者是组织机构，如一个社团、一个代理机构或者一个团队，在第一次引证时，应标注组织机构全称。若多次引证，可在第一次引证时在组织机构全称后标注缩写，之后使用缩写，否则应在每一引证处使用组织机构全称。如：

The standard performance measures [United States Department of Transportation, Federal Aviation Administration (FAA), 1989] were used to evaluate the system.

A "Missed Decision" is defined as a "failure of a runway-status light to illuminate as it should" (FAA, 1989, p. 34).

4. 无作者标注规范

当引证文献没有作者时，用引证文献的标题前2—3个字/词（通常使用全部标题）代替。若是论文题目则加引号，若是书名或期刊名则用下画线或斜体。

> Already several new security holes have been discovered and outlined in detail (New Hacker's Guide, 1996).

5. 私人通信和其他"不可恢复的"信息标注规范

因为读者无从获得交谈、会见、电话、私人信件、记录（备忘录）的信息，APA认为这些或类似的信息是"不可恢复的数据"。这些信息不用放入参考文献中，只需将信息源的姓名（名缩写，姓写全）、信息类型和时间标注出来即可。私人通信和其他不易查找的信息，在引证时加类似"personal communication"的标注，但一般不放入后面的参考文献中，只用脚注的形式说明。如：

> A. P. French (personal communication, April 18, 1994)
> (A. P. French , personal communication, April 18, 1994)

6. 页码标注规范

对于引证文献页码，一般不在标注中表明。但是如果是对书中信息的直接引用，或一些特殊的信息源的引用，如图、表和方程等，在引证标注中应该显示页码。在英文中，页码前用"p."表示一页，"pp."表示多页，并用连字符"-"连接起止页码。如：

> The developer of MIT's Media MOO observes that "virtual communities, social clubs, universities, and corporations are all groups of people brought together for a purpose. Achieving that purpose often requires that there be some way to determine who can join that community" (Bruckman, 1996, pp. 51-52).

Bruckman (1996) observes that "virtual communities, social clubs, universities, and corporations are all groups of people brought together for a purpose. Achieving that purpose often requires that there be some way to determine who can join that community" (pp. 51-52).

APA文后参考文献格式要求将"References"置于页首中间。参考文献排列顺序为，先按照作者姓的字母顺序，然后按照年代顺序，再按照标题字母顺序；第一作者相同时，一个作者排在多个作者之前。参考文献里的条目不需要编号。

（二）著者—数字（顺序编码）体系

著者—数字（顺序编码）体系（Alphabet-Number System）下文后的参考文献与著者—出版年体系的编排类似，即按照作者姓的字母顺序排列，但需加上编号，正文中引证时在括号内标示相应文献的编号。这种标注方式克服了著者—出版年体系占据大量版面的问题，被许多期刊采纳。但是也有作者反对这种引证标注方法，认为引证编号并非按照正常的文献引证顺序编号。根据这种观点，正常的引证顺序应该是按照事件的相关人员或是按照事件发生的时间来排序。

戴认为著者—数字（顺序编码）体系在作者实际使用中更加灵活。[①]在引证文献时，如果强调事件的相关人员，可将作者相关人员的姓名置于正文中，如：

The role of the carotid sinus in the respiration was discovered by Heymans(13).

如果强调事件发生的时间，可以将具体时间在正文中表达出来，如：

[①] 参见罗伯特·戴、巴巴拉·盖斯特尔：《如何撰写和发表科技论文》（第六版），北京大学出版社，2007年，第77—78页。

Streptomycin was first used in treatment of tuberculosis in 1945(13).

如果人员和时间都无需强调，只需使用文献序号即可，如：

Pretyrosine is quantitatively converted to phenylalanine under these condition(13).

（三）顺序编码体系

顺序编码体系（Citation Order System）是按文献在正文中出现的先后顺序排序编号，文后参考文献也按正文中出现的顺序排列。如：

笔者在文献[1]，Richard S.Crandall[2]和Porponth Sichanugrist等人[3]工作的基础上，用平均场区域近似方法，对……

这种标注方式很好地克服了著者—出版年体系占用版面浪费资源的缺点，为读者的阅读提供了方便。对于作者而言，如果引证的参考文献数量较少，一般不会产生什么不便；但是如果引证的参考文献数量较多，在撰写过程中难免会有增加或减少文献的调整，会给引证标注和文后的参考文献排序造成诸多不便。

（四）顺序编码体系和著者—出版年体系比较

顺序编码体系实例如下：

This method was introduced by Aburel in 1938,[1] but he was followed by only a few workers in the succeeding 20 years.[2-5] During the 1960s, however, hypertonic saline has been increasingly employed.[6-22]

著者—出版年体系实例如下：

This method was introduced by Aburel in 1938, but he was followed by only a few workers in the succeeding 20 years (Bommelaer 1948; Cioc 1948; Kosowski 1949; de Watteville and d'Enst 1950). During the 1960's however, hypertonic saline has been increasingly employed (Bengtsson and Csapo 1962; Jaffin et al. 1962; Wagner et al. 1962; Larsson-Cohn 1964; Møller et al. 1964; Sciarra et al. 1964; Wiqvist and Eriksson 1964; Bora 1965; Short et al. 1965; Turnbull and Andersson 1965; Wagatsuma 1965; Cameron and Dayan 1966; Gochberg and Reid 1966; Klopper et al. 1966; Christie et al. 1966; Ruttner 1966; Olsen et al. 1967).

从以上所举的例子可以看出，著者—出版年体系在文中所占据的篇幅远远大于顺序编码体系；著者—出版年体系也是由于将正文进行了分割，对读者的阅读产生了视觉间断的影响。而顺序编码体系相比之下简洁很多；但是顺序编码体系在论文内容调整时，需要对引证标注和参考文献进行同步调整，可能增加工作量，且易出错。两种体系各有其优缺点。本书建议，在写作之初使用著者—出版年体系，在最后定稿时根据期刊的具体要求选择引证体系，再进行调整。

以上是三种最基本的引证标注体系，在此基础上，不同期刊的文献标注具体方法略有不同。无论是著者—出版年体系，或是著者—数字（顺序编码）体系，还是顺序编码体系，甚或其他标注法，正文中文献标注遵循的基本原则是保证信息的公开、诚实和准确。这里的公开是指尽量使用已经公开发表的信息，诚实是指作者应亲自阅读过，准确是指作者对信息理解准确和信息来源准确，目的在于为读者提供有价值的信息，以便读者在需要进一步阅读被引证文献时查找。

（五）正文中引证文献标注位置注意事项

正文中引证文献标注位置有如下注意事项[①]：

第一，遵从相应期刊的标注形式要求，并将引证标注放在句子中实际提及引文内容的地方，而不是全部放在句子的末尾。如：

---

① 参见任胜利编著：《英语科技论文撰写与投稿》，科学出版社，2004年，第68—69页。

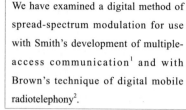

在这里，对于史密斯开发的多址通信和布朗的数字移动无线电话技术的文献标识符号应分别标注。

第二，避免随意引用文献，不能在正文的次级标题中直接标引文献。

第三，要尊重引文作者，尤其是在评价他人工作的不足或欠缺时。如"Smith (1997) ignored..."应改为"Smith (1997) did not study..."，出于尊重只需提及他人没有做那些工作，尽量不要使用 ignored（忽略）。

第四，要确保正文中所标引的文献全部包含在文后的参考文献中，反之亦然。

（六）二次文献引证

二次文献引证（又叫转引，间接引证）是指作者没有阅读原文献，而是引用某篇文献引用的文字。这种引证方式应该尽量避免。

按照引证的基本原则，引用的文献应该是作者亲自阅读过的，原因在于以下几个方面。第一，其他作者在阅读原文献并引证的过程中，有误解或未完全理解原文献的可能，若未亲自阅读原文可能出现以讹传讹的情况。第二，任何语言表达都有语境，只有通过阅读原文方可达到对原文献的准确解读。第三，自从撤销已发表论文的政策实施以来，有部分论文因为各种原因被撤销。之所以撤销这些论文，是因为它们不宜继续保留在文献数据库之中，更不宜在更广泛的范围传播，因此，被撤销的论文都会有水印作为标记。作者阅读原文献，也是对原文献的状态进行核实的过程。

但是也有一些情况必须使用二次文献引证，如原文献无法获取或原文献由其他语言撰写，欲引证作者无法阅读。在此情况下进行二次文献引证，需在参考文献的著录项中加以标注。如：

Bowling (1991) cites the work of Melzack and Torgerson (1971) who developed the McGill Pain Questionnaire.

Bowling (1991, citing Melzack and Torgerson 1971) refers to the McGill Pain Questionnaire.

五、剽窃行为及其处罚

剽窃行为在学术写作中常有发生，本节我们将介绍学术界对剽窃、自剽窃等概念的界定、对相关行为程度的认定和处罚。

（一）什么是剽窃行为

剽窃和抄袭是同一个意思吗？有学者认为剽窃和抄袭是两个不同的概念，抄袭是文字复制，剽窃是将别人的观点占为己有。也有学者认为剽窃和抄袭是一对近义词，可以通用。在《现代汉语词典》中，剽窃是指"抄袭窃取（别人的著作）"，抄袭是指"把别人的作品或语句抄来做自己的"，这主要是对学术剽窃和抄袭的界定，当然除此之外还有其他解释。英语中与"剽窃和抄袭"对应的词是plagiarise。在《朗文当代高级英语辞典》中，plagiarise是指"将别人作品中的思想、观点和语句应用于自己的作品中而未获得原作者的同意"。在《牛津英语词典》中，plagiarise是指"将他人的思想、作品或发明占为己有"。在我国的法律里，剽窃和抄袭两个词的使用有明显的变化。1990年制定的《中华人民共和国著作权法》第四十六条将"剽窃、抄袭他人作品的"行为界定为侵权行为。2001年修正的《中华人民共和国著作权法》第四十六条将"剽窃他人作品的"行为界定为侵权行为，取消了"抄袭"一词。法律专家的解读为："剽窃行为与抄袭行为并无本质的区别，绝大部分剽窃行为就是抄袭行为。"①

目前，学术界普遍认为，剽窃和抄袭是一种学术欺诈行为，无论他人的作品是否公开发表，凡是将他人的思想、语句占为己有的行为都属于剽窃抄袭行为。在学术规范中，该行为是必须加以禁止的。

为什么剽窃和抄袭是严重的科学不端行为，而被学术界禁止？美国电气电子工程师协会认为②：重复使用他人的工作而且将其占为己有的行为否定了原创作者对研究和社会的贡献；没有恰当的引证而借用他人的工作，无论是有意的还是无意的，都是剽窃和抄袭行为；任何形式和任何程度的剽窃和抄袭行为都是不能接受的，因为这种行为严重违背了职业道德；剽窃和抄袭行为是一种侵犯版权的行为，作者可能因此而受到法律处罚。

（二）自剽窃或重复发表

自剽窃，顾名思义，就是剽窃或抄袭自己已经发表过的思想、观点和文字。在学术界，一稿多投或重复发表（不当）都属于自剽窃行为。有读者会产生这样的疑问：自己的研究成果多次发表怎么就成为剽窃行为了？这是因为一篇文章的发表已经占用了资源，而且通常学术论文正式出版后，版权已经转让给了出版机构，作者本人没有再次发表的权利，如果重复发表（不当）会产生侵权行为。

一稿多投让几个编辑部同时为相同的论文组织稿件评审、出版，浪费了大量资源。尤其是，有的作者将自己在多种期刊上发表的实质上为同一论文的多篇论文列入其研究成果，其性质就更加恶劣了。因此，一稿多投是学术界禁止的行为。

论文拆分是指将一篇完整的论文分割成多篇论文的行为。

学术共同体对论文拆分和一稿多投的行为都有严格规定：

---

① 李顺德、周祥：《中华人民共和国著作权法修改导读》，知识产权出版社，2002 年，第 163 页。
② IEEE, "Plagiarism/IPR Tutorial Series," https://www.ieee.org/publications_standards/publications/rights/rights_tutorials.html[2017-10-9].

应避免研究论文的拆分行为。科学家对相关系统做了一系列的工作，应该系统地组织发表，每一篇论文应该是某一方面全面和详细的报告。论文拆分浪费了期刊的版面，无形中使学术研究复杂化。按照读者的阅读习惯，系列论文应发表在同一期刊上或是相对集中的几个期刊上。应避免一稿多投的行为。[①]

以上讲的是不当重复发表。当然也有一些可重复发表的情况，如对于同一工作，作者如果已经以快报的形式发表过，允许再次提交完整论文即研究论文。提交时，作者应告知编辑已经发表的快报信息，同时应在论文中标注引用。[②]

发表快报的完整论文（研究论文），与一稿多投或重复发表的行为有实质性的区别。快报只是对有突破的阶段性成果的描述性报道，虽然完整的研究论文与快报报道的是相同的研究成果，但研究论文包括从研究结果到结论的一个完整论证过程。所以，研究论文是比快报更进一步的、有学术探讨价值的研究报道。

国际学术界也有"可接受的再次发表"的规定，包括以同种语言或另一种语言再次发表，原因在于可能对不同读者群有益。在国际生物学界，这种"可接受的再次发表"必须满足以下条件：

（1）作者应向两种相关期刊的编辑告知论文属于再次发表，并征得他们的同意；应将原版的复印件、抽印本或原稿发给二次发表所在期刊的编辑。

（2）论文两次发表的时间间隔不能少于两周。

（3）两次发表的论文是为不同的读者群体撰写的，而不仅仅是第一个版本的翻译。

---

① ACS, "Ethical Guidelines to Publication of Chemical Research," 2015, http://pubs.acs.org/userimages/ContentEditor/1218054468605/ethics.pdf[2019-2-13].

② 同上。

（4）第二个版本的论文忠实地反映了第一个版本的数据和解释。

（5）第二个版本的论文应在首页的脚注处标注第一个版本论文的出版信息，如"该文首次发表在××期刊，年，卷，期，页码"等完整信息，让读者、同行和研究机构知晓论文的发表状态。[①]

（三）对剽窃行为的认定和处罚

将剽窃行为界定为科学不端行为并给予相应的处罚，已在国际社会达成共识。我国从政府部门到院所和期刊都有相关的政策和查处措施，在界定剽窃行为的标准上更多的是依据学科特点和相关的学术委员会认定。如《四川大学关于学位（毕业）论文抄袭、剽窃等学术不端行为的处理办法（试行）》中的第四、五、六条分别对学位（毕业）论文抄袭的认定标准、不属于抄袭行为的情形和抄袭程度的认定进行了明确规定：

第四条 学位（毕业）论文抄袭的认定标准

1.连续引用他人作品超过200字而未注明出处的；

2.使用他人已发表的数据、图表等内容未经授权或未注明出处的；

3.原文复制或通过改变个别单词、词组及重排句子顺序复制他人作品内容超过本人所撰写论文总字数的15%的（引用法律法规，政府公文，时事新闻，名人名言，经典诗词，古籍书，公认的原理、方法和公式，通用数表等内容除外）；

4.将文献直接翻译或在翻译中改变字词、重排句子顺序等用于自己的论文中，且总字数超过本人所撰写论文总字数15%的；

5.照搬他人论文或著作中的实验结果及分析、系统设计和问题解决办法而没有注明出处或未说明借鉴来源的；

6.其他由四川大学学术道德监督委员会认定为抄袭行为的。

[①] International Committee of Medical Journal Editors, "Uniform Requirements for Manuscripts Submitted to Biomedical Journals," *JAMA*，CCLXXVII, 1997, pp.927-934, https://www.nejm.org/doi/10.1056/NEJM199102073240624[2020-3-16].

第五条 不属于抄袭行为的情形

1. 表现形式相同或相似，但确为两个独立的创作活动取得的；

2. 翻译、评论、介绍、综述他人作品且已注明，不会被普遍误认为自己原创的；

3. 借鉴采用他人的实验方法和手段、实验装置和仪器设备得出不同的实验结果和结论的；

4. 能够提供翔实的原始材料和数据证明作品为自己原始创作的；

5. 将他人作品作为研究对象进行专题研究、引用该作品部分超出第四条所规定限度的；

6. 其他经四川大学学术道德监督委员会认定不属于抄袭行为的。

第六条 抄袭程度的认定

已认定为抄袭行为的论文，其抄袭程度分为轻度抄袭、中度抄袭、严重抄袭三类。

1. 已认定为抄袭行为，且与他人已有论文、著作重复内容占本人论文总字数比例在30%以内（含30%）的，可认定为轻度抄袭；

2. 已认定为抄袭行为，且与他人已有论文、著作重复内容占本人论文总字数比例达到30%—50%（含50%）的，可认定为中度抄袭；

3. 已认定为抄袭行为，且与他人已有论文、著作重复内容占本人论文总字数比例超过50%的；或全文引用均未注明来源出处、被普遍误认为是其原创的；或不论重复字数多少，其表述的核心思想、关键论证、关键数据图表抄袭、剽窃他人的，可认定为严重抄袭；

4. 难以通过以上条件认定抄袭程度的，由四川大学学术道德监督委员会认定。①

美国电气电子工程师协会将剽窃和抄袭行为从重到轻分为五个级别，并对其采取相对应的处罚：

---

① http://gs.scu.edu.cn/info/1052/3940.htm[2020-3-16]。

级别1，对未被授权的论文的全文逐字复制或对主要部分（超过原文一半篇幅）的逐字复制。相应的处罚为：在IEEE Xplore和适当的IEEE出版物中发布违反出版原则的公告；禁止涉嫌剽窃和抄袭行为的论文署名作者在IEEE相关出版物上发表论文，期限为3到5年；所有署名作者的有关论文，无论是正在评审中，还是在任何IEEE期刊排队等待发表，都会被拒绝和撤销（论文可以在禁止期限以后重新提交）。

级别2，对未被授权的论文的主要部分（少于原文一半篇幅）的逐字复制。相应的处罚为：在IEEE Xplore和适当的IEEE出版物中发布违反出版原则的公告；禁止涉嫌剽窃和抄袭行为的论文署名作者在IEEE相关出版物上发表论文，期限为1到3年；所有署名作者的有关论文，无论是正在评审中，还是在任何IEEE期刊排队等待发表，都会被拒绝和撤销（论文可以在禁止期限以后重新提交）。

级别3，对未被授权的论文中单个元素，如段落、句子、数据的逐字复制。相应的处罚为：涉嫌剽窃和抄袭行为的论文署名作者应向原创作者和论文期刊的编辑道歉。

级别4，对原创论文中的段落不恰当的概述。相应的处罚为：涉嫌剽窃和抄袭行为的论文署名作者应向原创作者和论文期刊的编辑道歉。

级别5，对原文主要部分的逐字复制，却没有明显标记，如引号或缩进。相应的处罚为：涉嫌剽窃和抄袭行为的论文署名作者应向原创作者和论文期刊的编辑道歉，在相应期刊上发布更正或撤销论文的说明。[1]

如何避免剽窃和抄袭行为发生？美国电气电子工程师协会建议作者在写作时应注意：通过使用引号和缩进的方式清楚地指明参考的材料，并提供完整的参考文献目录（出版物、作者、标题等）；从出版机构处获取写作许可，若使用的材料尚未发表，需从原创作者处获取写作许可。

从四川大学和美国电气电子工程师协会的相关规定可以看出，对剽窃和抄袭行为的界定，主要是通过对逐字复制的程度，即文字的剽窃和抄袭的认定

---

[1] IEEE, "Plagiarism/IPR Tutorial Series," https://www.ieee.org/publications_standards/publications/rights/rights_tutorials.html[2017-10-9].

进行的。许多国家期刊编辑部或学校都在利用计算机软件对作者或学生的写作进行查重检测。在我国，以中国知网论文检测查重系统为代表的查重软件在学术期刊编辑部、大学和研究院所广泛使用，实现了从技术上和外部对学术论文的剽窃和抄袭行为进行监督。

相对于文字的剽窃和抄袭，思想的剽窃和抄袭更为隐蔽和不易发现。此外，关于剽窃和抄袭的情况也是相当复杂的，其中还有可能出现无意识剽窃、同时独立研究等一系列情况。即使是最道德的作者也可能无意中盗用他人的想法、概念或隐喻，这是无意识剽窃现象。这为剽窃的认定增加了难度。同时独立研究的现象更为普遍。在科研竞争如此激烈的时代，不同地域的学者对同一热点话题同时进行研究再普遍不过了，同时或先后得到相同结果的可能性也存在，这种类型的学术论文的发表是否构成剽窃和抄袭行为的主要判定依据在于，能否提供研究的原始信息。因此，拥有良好的研究习惯也非常重要，原始数据和材料要安全保存，以便在需要时提供证据。

总之，对剽窃和抄袭的认定是一个非常严肃的过程，学术界将蓄意地、肆无忌惮地偷窃他人成果的证据确凿的行为界定为剽窃和抄袭。作为作者应自觉地严格按照学术规范和道德原则进行写作。

六、小结

作者要为自己的著作和论文负责，包括观点、材料和对材料的解释。人们普遍认为，作者所写的每一个字都是属于作者自己的。作者在参考别人的著作和观点时，一定要规范引证和公开致谢。

第十一章 参考文献的写作格式

与正文中的引证相对应的是正文后的参考文献，参考文献是学术论文不可缺少的重要部分。在学术界，参考文献的各著录项都有规范要求，必须坚持准确原则，严格禁止杜撰参考文献的行为。网络技术的发展，实现了已接受发表的学术论文的在线出版，弥补了印刷版本滞后的缺点。为了让读者不仅阅读到已接受发表的学术论文，而且可以引证，与传统页码排序不同的新的页码排序方法应运而生。电子预印本文献库是加快学术交流的新平台，突破了原有版权的禁锢，已成为学术文献的重要组成部分。新的页码排序和电子预印本都成为参考文献的新成员。近年来，在学术界、期刊编辑和相关教育培训的共同努力下，参考文献标注的规范格式越来越普及，青年学者在撰写学位论文和研究论文时参考文献标注愈来愈规范。为了便于大家查阅，本书引证了大量常用规范表达，在此向相关作者表示感谢。本章主要参阅各类标准和文献[①]。

一、参考文献

（一）什么是参考文献

文后参考文献是指为撰写或编辑论著而引用的有关文献资料。一般将文中引用文献的信息源在文后集中起来，并将信息源的各著录项准确无误列出，

[①] 《文后参考文献著录规则》（GB/T 7714—2005），中国标准出版社，2005年；《中国学术期刊（光盘版）检索与评价数据规范》（CAJ-CD B/T 1—2006），国家新闻出版总署，2006年；The MLA Style Center, "Works Cited: A Quick Guide," https://style.mla.org[2017-10-9]; APA, "About APA Style," https://apastyle.apa.org/about-apa-style[2017-10-9]; "Information and Documentation—Rules for the Abbreviation of Title Words and Titles of Publications:ISO 4-1997," https://wenku.baidu.com/view/990899e8690203d8ce2f0066f5335a8103d26601.html[2017-10-9]。

便可形成文后的参考文献。参考文献著录项包括：作者姓名，论文题目，期刊或专著名，期刊的年、卷、期或专著的出版年、出版地、出版社，起止页码等。参考文献通常位于"致谢"之后，"附录"之前。

1. 参考文献的作用

参考文献可以反映论文作者的科学态度和论文真实性、广泛性的科学依据，也反映出该论文研究的起点和深度；能把论文作者的成果与前人的成果区别开来，表示对前人的感谢，有致谢的作用；索引作用，读者通过参考文献的著录内容，可方便地查找有关文献资料，以便对该论文中的引文有更详尽的了解；有利于节省论文篇幅，在有限的篇幅中突出作者研究的重点；有助于科技情报人员进行情报研究和文献计量学研究。

2. 参考文献著录的原则和标准

参考文献著录的原则是只著录最必要、最新的、公开发表的文献，采用标准化的著录格式，确保文献各著录项正确无误。

参考文献的选择标准为：文献的主题必须与论文密切相关，可适量引用高水平的综述性论文；为了避免错误引证的发生，要求作者必须亲自阅读过所有参考文献；尽可能引用已公开出版且最好是便于查找的文献，尽量避免引用非公开出版物（私人通信的引注方式应遵照拟投稿期刊的习惯或相关规定处理）；如果是同等重要的论文，优先引用最新发表的；一般不引用普通书籍（如大学本科教材等）及常识性知识；避免过多地，特别是不必要地引用作者本人的文献。

（二）参考文献著录的著录符号

参考文献中各著录项之间的符号是"著录符号"。著录符号虽然与书面汉语或其他语言的标点符号相似，但它不是标点符号。此处以GB/T 7714—2015规定的标志符号为例：

.用于题名项、析出文献题名项、其他责任者、析出文献其他责任者、连续出版物的"年卷期或其他标识"项、版本项、出版项、连续出版物中析出文献的出处项、获取和访问路径以及数字对象唯一标识符前。每一条参考文献的结尾可用"."号。

：用于其他题名信息、出版者、引文页码、析出文献的页码、专利号前。

，用于同一著作方式的责任者、"等""译"字样、出版年、期刊年卷期标识中的年和卷号前。

；用于同一责任者的合订题名以及期刊后续的年卷期标识与页码前。

// 用于专著中析出文献的出处项前。

（）用于期刊年卷期标识中的期号、报纸的版次、电子资源的更新或修改日期以及非公历纪年的出版年。

[] 用于文献序号、文献类型标识、电子资源的引用日期以及自拟的信息。

/ 用于合期的期号间及文献载体标识前。

- 用于起讫序号和起讫页码间。[①]

通常，在参考文献著录中需要对文献类型进行标注，表11.1按照国家标准GB/T 7714—2015展示了文献类型的标识代码，表11.2展示了电子文献载体和标识代码。

表11.1 文献类型和标识代码[②]

参考文献类型	文献类型标识代码
普通图书	M
会议录	C
汇编	G
报纸	N
期刊	J
学位论文	D

---

① 《信息与文献　参考文献著录规则》（GB/T 7714—2015），中国标准出版社，2015年，第8页。
② 同上书，第21页。

（续表）

参考文献类型	文献类型标识代码
报告	R
标准	S
专利	P
数据库	DB
计算机程序	CP
电子公告	EB
档案	A
舆图	CM
数据集	DS
其他	Z

表11.2　电子资源载体和标识代码①

电子资源的载体类型	载体类型标识代码
磁带 (magnetic tape)	MT
磁盘 (disk)	DK
光盘 (CD-ROM)	CD
联机网络 (online)	OL

（三）参考文献的编排格式

国际上学术论文中通用的参考文献的著录方法种类较多，我国国家标准 GB/T 7714—2015规定采用顺序编码体系和著者—出版年体系。该两种参考文献著录体系也是国际学术界较为普遍使用的体系，具体格式按照拟投稿期刊的要求撰写。

现分别以顺序编码体系和著者—出版年体系为例，对文后参考文献著录格式进行介绍。相关信息来源于文献[2]。

---

① 《信息与文献　参考文献著录规则》（GB/T 7714—2015），中国标准出版社，2015年，第21页。
② 《中国学术期刊（光盘版）检索与评价数据规范》（CAJ-CD B/T 1—2006），国家新闻出版总署，2006年；《信息与文献　参考文献著录规则》（GB/T 7714—2015），中国标准出版社，2015年。

1. 顺序编码体系

采用顺序编码体系时，正文中引用文献采用序号标注，参考文献按引文的序号排序。

参考文献以"参考文献："（"References:"）作为标志；文献按在正文中出现的先后次序列于文后；参考文献的序号左顶格，与正文中的指示序号格式一致，每条文献只与一个序号相对应；当文献题名等内容相同而仅页码不同时，可将页码注在正文中的指示序号后。每条文献都要项目完整，内容准确，各个项目的次序和著录符号应符合规定。现结合国家标准GB/T 7714—2015，整理各类参考文献条目的编排格式及示例如下：

（1）专著：[序号] 主要责任者. 题名：其他题名信息[文献类型标识/文献载体标识]. 其他责任者. 版本项. 出版地：出版者，出版年：引文页码[引用日期]. 获取和访问路径. 数字对象唯一标识符.

[1] 薛华成. 管理信息系统[M]. 北京：清华大学出版社，1993.

[2] 赵耀东. 新时代的工业工程师[M/OL]. 台北：天下文化出版股份有限公司，1998[1998-09-26]. http://www.ie.nthu.edu.tw/info/ie ie.new.htm.

（2）专著中析出文献：[序号]析出文献主要责任者. 析出文献题名[文献类型标识/文献载体标识]. 析出文献其他责任者//专著主要责任者. 专著题名：其他题名信息. 版本项. 出版地：出版者，出版年：析出文献的页码[引用日期]. 获取和访问路径. 数字对象唯一标识符.

[3] 白书农. 植物开花研究[M]//李承森. 植物科学进展. 北京：高等教育出版社，1998：146-163.

（3）连续出版物：[序号]主要责任者. 题名：其他题名信息[文献类型标识/文献载体标识]. 年，卷(期)-年，卷(期). 出版地：出版者，出版年[引用日期]. 获取和访问路径. 数字对象唯一标识符.

[4] 中国地质学会. 地质评论[J]. 1936,1(1)-. 北京：地质出版社，1936-.

[5] American Association for the Advancement of Science.Science[J]. 1883,1(1)-. Washington, D.C.: American Association for the Advancement of Science, 1883-.

（4）连续出版物中的析出文献：[序号]析出文献主要责任者.析出文献题名[文献类型标识/文献载体标识]. 连续出版物题名：其他题名信息, 年, 卷(期): 页码[引用日期]. 获取和访问路径. 数字对象唯一标识符.

[6] 姚振兴，郑天愉，曹柏如，等.用P波波形资料测定中强地震震源过程的方法[J]. 地球物理学进展，1991, 6(4): 34-36.

[7] 傅刚，赵承，李佳路. 大风沙过后的思考[N/OL]. 北京青年报，2000-04-12(14)[2002-03-06]. http://www.bjyouth.com.cn/Bqb/20000412/.

（5）专利文献：[序号]专利申请者或所有者. 专利题名：专利号[文献类型标识/文献载体标识]. 公告日期或公开日期[引用日期]. 获取和访问路径. 数字对象唯一标识符.

[8] 西安电子科技大学. 光折变自适应光外差探测方法: 01128777.2[P/OL]. 2002-03-06[2002-05-28]. http://211.152.9.47/sipoasp/zljs/.

（6）技术标准：[序号]起草责任者.标准代号 标准顺序号-发布年 标准名称[文献类型标识/文献载体标识]. 出版地：出版者, 出版年（也可略去起草责任者、出版地、出版者和出版年）[引用日期]. 获取和访问路径. 数字对象唯一标识符.

[9] 全国量和单位标准化技术委员会. GB3100-3102-93 量和单位[S]. 北京:中国标准出版社，1994.

（7）学位论文：[序号]作者. 题名[文献类型标识/文献载体标识]. 保存地：保存者，年份[引用日期]. 获取和访问路径. 数字对象唯一标识符.

[10] 陈淮金.多机电力系统分散最优励磁控制器匠研究[D]. 北京：清华大学电机工程系，1988.

（8）论文集、会议录：[序号]会议主办者. 会议名称[文献类型标识/文献载体标识]. 出版地：出版者，年份[引用日期]. 获取和访问路径. 数字对象唯一标识符.

[11] 中国力学学会.第3届全国实验流体力学学术会议论文集[C].天津:[出版者不详]，1990.

[12] ROSENTHALL E M. Proceedings of the Fifth Canadian Mathematical Congress, University of Montreal, 1961[C]. Toronto: University of Toronto Press, 1963.

（9）会议论文：[序号]作者. 题名. 会议名称[文献类型标识/文献载体标识]. 出版地：出版者，年份[引用日期]. 获取和访问路径. 数字对象唯一标识符.

[13] 惠梦君，吴德海，柳葆凯，等.奥氏体-贝氏体球铁的发展.全国铸造学会奥氏林-贝氏体球铁专业学术会议[C]. 武汉:[出版者不详]，1986.

2. 著者—出版年体系

采用著者—出版年体系时，正文引用的文献采用著者时出版年体系标注，各篇文献的标注内容由作者姓氏与出版年构成。正文后参考文献各篇文献首先按文种集中，可分为中文、日文、西文、俄文、其他文种五个部分，然后按著者姓氏字母顺序和出版年排列。中文文献可以按姓名汉语拼音顺序或笔画笔顺排列，出版年著录在作者之后。参考文献不编号。

3. 其他国际通用规范体系

（1）MLA格式

现在出版的论文格式繁多，令人眼花缭乱。在网络上，出版模式也在不断地变化发展。MLA格式是在学术写作中对于文献来源的一种标注体系。半个多世纪以来，它被世界各地的学者、期刊、学术和商业出版社所采用[①]，常被应用于语言艺术、文化研究和其他人文学科的参考文献著录。

---

① MLA, "MLA Style," https://www.mla.org/MLA-Style[2017-10-9].

为了应对当今研究人员面临的挑战，2016年，MLA格式更新形成了《MLA第8版修订手册》。该手册推荐了一套通用的准则，包括了研究论文的正文引用和参考文献著录的例子，编写者可以应用于任何类型的文献。MLA格式中心推荐了引证指南[①]，我们可以以此为例，了解如何快速准确实现参考文献著录。

MLA格式参考文献著录项由MLA核心要素（Core Elements）按照一定顺序组合而成。这些核心要素是被引证文献的信息。MLA核心要素包括：文献作者、文献源题目、载体题目、载体作者、版本、数据、出版者、出版时间、出版地等。

文献载体（Containers）的概念在MLA格式中至关重要。当被引证的文献是更大的文献整体的一部分时，更大的文献被视为承载文献的载体。例如，一篇论文发表在一本期刊上，论文是引证文献源，期刊就是承载文献的载体。

MLA格式中心推荐的引证指南将参考文献撰写分成两步：

步骤1：将文献源的信息填在表格（表11.3）的最右边一列中，并添加相应的著录符号。

步骤2：将最右边列中的信息从上向下整理好，即完成参考文献著录。

表11.3　MLA参考文献撰写模板

核心要素编号	核心要素 （要素添加相应著录符号）	要素在文献源中的信息 （如无该要素可忽略）
1	文献作者.（Author(s).）	
2	文献源题目.（Title of source.）	
	文献载体1（Container 1）	
3	载体题目,（Title of container,）	
4	载体作者,（Other contributors,）	
5	版本,（Version,）	
6	数据,（Number,）	
7	出版者,（Publisher,）	

---

① The MLA Style Center, "Works Cited: A Quick Guide," https://style.mla.org/[2017-10-9].

（续表）

核心要素编号	核心要素 （要素添加相应著录符号）	要素在文献源中的信息 （如无该要素可忽略）
8	出版时间，（Publication date,） （若无第9项则使用"."）	
9	出版地.（Location.）	
	文献载体2（Container 2）	
3	载体题目，(Title of container,)	
4	载体作者，（Other contributors,）	
5	版本，（Version,）	
6	数据，（Number,）	
7	出版者，（Publisher,）	
8	出版时间，（Publication date,） （若无第9项则使用"."）	
9	出版地.（Location.）	

范例1：

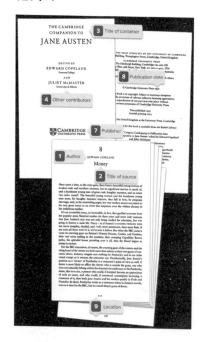

图11.1　书中的一篇文章

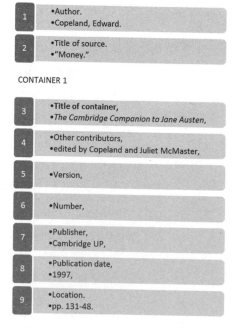

图11.2　按MLA参考文献撰写模板填写相关信息

参考文献著录为：

Copeland, Edward. "Money." *The Cambridge Companion to Jane Austen*, edited by Copeland and Juliet McMaster, Cambridge UP, 1997, pp. 131-48.

范例2：

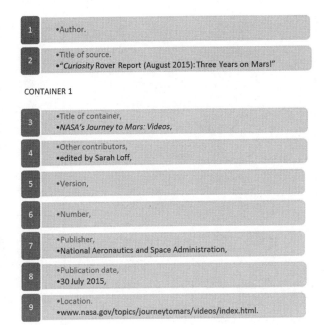

图11.3　网上的视频　　　　11.4　按MLA参考文献撰写模板填写相关信息

参考文献著录为：

"*Curiosity* Rover Report (August 2015): Three Years on Mars!" *NASA's Journey to Mars: Videos*, edited by Sarah Loff, National Aeronautics and Space Administration, 30 July 2015, www.nasa.gov/topics/journeytomars/videos/index.html.

范例3：

图11.5　从数据库中检索到的期刊文章

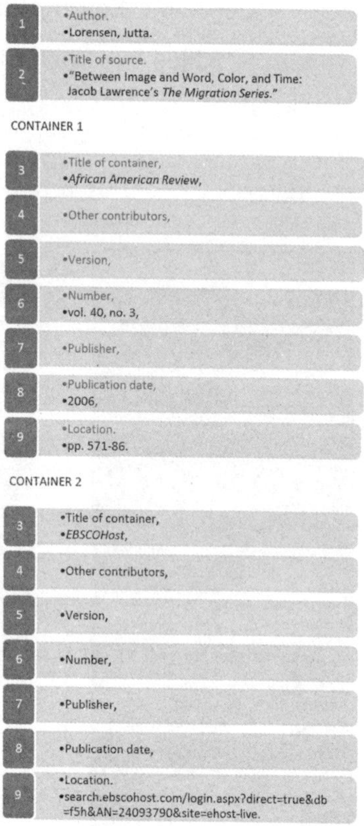

图11.6　按MLA参考文献撰写模板填写相关信息

参考文献著录为：

　　Lorensen, Jutta. "Between Image and Word, Color, and Time: Jacob Lawrence's *The Migration Series*." *African American Review*, vol. 40, no. 3, 2006, pp. 571-86. *EBSCOHost*, search.ebscohost.com/login.aspx?direct=true&db=f5h&AN=24093790&site=ehost-live.

参考文献列表首页示例如下：

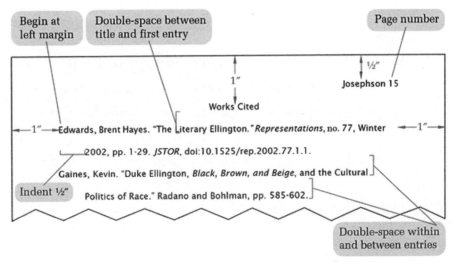

图11.7　MLA参考文献列表首页图示[1]

（2）APA格式

APA格式起源于1929年，当时一群心理学家、人类学家和企业经理召开会议，试图建立一套简单的程序或格式指南，将学术写作的许多组成部分编成法典，以易于学术论文的阅读理解。他们在《心理公报》（*Psychological Bulletin*）上发表了一篇长达七页的文章，描述了"程序标准，毫无疑问，例外是必要的，但在有疑问的情况下，可参考该标准"[2]。此后，该手册的内容范围和篇幅不断扩大，以满足社会和行为科学、卫生保健、自然科学、人文科学等领域的研究人员、学生和教育工作者的需要。[3]

美国心理学会2019年12月出版了《APA体例简明指南》（第7版）（*Concise Guide to APA Style*, Seventh Edition），对初学者在学术写作的学习和训练中有非常有益的指导和参考价值。

---

[1] MLA, "Formatting a Research Paper," https://style.mla.org/formatting-papers/[2017-10-9].

[2] M. Bentley et al., "Instructions in regard to preparation of manuscript," *Psychological Bulletin*, 1929, 26(2), p.57, https://doi.org/10.1037/h0071487[2017-10-9].

[3] APA, "About APA Style," https://apastyle.apa.org/about-apa-style[2017-10-9].

APA参考文献格式基本与著者—出版年体例一致。例：

References

Bentley, M., Peerenboom, C. A., Hodge, F. W., Passano, E. B., Warren, H. C., & Washburn, M. F. (1929). Instructions in regard to preparation of manuscript. Psychological Bulletin, 26(2), 57–63. https://doi.org/10.1037/h0071487.

Skillin, M. E., & Gay, R. M. (1974). Words into type (3rd ed. rev.). Prentice Hall.

University of Chicago Press. (2017). Chicago manual of style (17th ed.).

（3）芝加哥体例手册

芝加哥体例手册（Chicago Manual of Style）也是常见的学术写作体例格式。具体要求可参见其在线信息，网址为：https://www.chicagomanualofstyle.org/home.html。

（四）参考文献各著录项说明

在不同的国际学术期刊中，参考文献著录项的撰写要求有比较大的差别，即便是《自然》和《科学》的参考文献著录格式也有差别。作者应根据期刊要求进行撰写，如遇退稿，需要转投其他期刊时，参考文献的著录格式也要进行相应调整。

1. 作者姓名

有的期刊要求使用姓前名后的形式，姓的字母全部拼写，名缩写为首字母。具体应遵从相关期刊的习惯和规定。

2. 论文或专著的题目

专著文献的题目通常要求必须列出。期刊类文献是否包括论文题目，要依据期刊的体例要求。

3. 期刊名

期刊名著录要满足准确的要求。在英语学术论文写作中需要注意期刊名的缩写问题。为了节省版面，很多期刊要求参考文献的西文期刊名缩写，缩写标准请查阅国际标准化组织（ISO）1997年出版的《信息和文献：出版物标题和标题缩写的规则》[①]。缩写名称也要保证准确无误。

4. 期刊或专著的出版日期

期刊的出版年和卷号必不可少；没有卷号的，加注期号（在圆括号中表示）。具体应遵从相关学科的习惯和期刊的规定。

专著需标注出版年和版次（多版本的情况在题名后标注说明）。描述性版次通常使用缩写形式，如"New revised edition"缩写为"New rev ed"。多版本中的第一版，标注为"1st ed"。唯一版本无须加注。

5. 论文的起止页码

在英语论文中，99以内的第2个数字（终止页码）要写全，如：2—5，9—13，89—99；数值较大的数字，第2个数字只需写出最后2位，必要时应写3位或全写，如：96—101，923—1003，103—04，1003—05，395—401，1608—774。在中文论文中，起止页码一般应写全。

6. 出版地和出版者

对于专著，有些期刊要求标出出版社和出版社所在的城市名，即："出版地：出版者"。若有多个出版地，通常情况下可著录其中一个处于显要位置的出版地。

---

① ISO, "ISO 4-1997 Information and Documentation—Rules for the Abbreviation of Title Words and Titles of Publications," https://wenku.baidu.com/view/990899e8690203d8ce2f0066f5335a8103d26601.html [2017-10-9].

（五）其他文献使用方法

1. 非公开出版物的引用

尽量避免引用非公开出版物，如果确实需要引用，应在括号中标注，并且征求著作权人的书面同意。

已被接受发表的论文可列入参考文献，但应在该文献条目的最后加注"In press"，在阅改校样时再尽量补齐年、卷、期、页码等信息。

2. 电子文献的引用

对于电子版文献的引用，不同的期刊格式要求差异很大。有的只要求列出网址即可，有的要求列出作者、文题、网址、访问日期等。具体参阅拟投稿期刊的引用习惯或"作者须知"。

由于网站的变化（融合、更新或消亡）频率较快，读者可能无法进入旧网址，因而作者最好能保留电子版和打印件，以备读者求证或索取。

3. 社论（时评）的引用

尽量避免在学术论文中引用社论（时评）类的文献。

4. 不同语种文献的引用

对于英文期刊，在引用非英语发表的论文时，应在记录原语言著录信息的基础上加注论文的英文标题。范例：

Svedin G. Transkutan nervstimulering som smärtlindring vid förlossning. [Transcutaneous electrical nerve stimulation for analgesia in childbirth.] (In Swedish with English abstract.) Läkartidningen 1979;76: 1946–8.

罗承沐，高英，崔豪. 脉冲电流测量线圈的研究和CAD设计. 清华大学学报（自然科学版），1995，35(4)：22–28. Luo CM, Gao Y, Cui H. Study of Rogowski Coils and their CAD. Journal of Tsinghua University (Sci &Tech), 1995, 35(4)：22–28 (in Chinese with English abstract).

5. 电子文档库的引用

依据《美国物理学会体例手册》，美国物理学会(AIP)关于物理领域的电子文档库文献引注方式举例如下：

F. Zantow, O. Kaczmarek, F. Karsch, P. Petrecky, preprint, hep-lat/0301015(2003). <http://www.thphys.uni-heidelberg.de/hep-lat/0301.html>.

A. J. M. Medved, preprint, hep-th/0301010J(2003). <http://arxiv.org/abs/hep-th/0301010>. Published in High Energy Phys. 5, 008(2003). <http://www.iop.org/EJ/abstract/1126-6708/2003/05/008>.

hep-th: 海德堡高能物理预印本服务(Heiderberg High Energy Physics Preprint Service), 理论物理电子印刷(e-prints on theoretical physics).

hep-lat: 格点规范电子印刷(e-prints on lattices).

二、学术期刊中新的页码排序方法

物理学一流期刊《物理评论》从2000年起采用一种新的页码排序方法[①]，即引入每篇论文的ID编码，其目的在于使作者和读者尽可能早地获取发表论文的最后版本，而不至于受传统印刷周期较长的影响。这样就大大缩短了论文的发表周期，也为国际同行及时完整地引用提供了条件，使得电子版本和印刷版本优势互补，有效地提高了期刊的质量，深受读者和作者的欢迎。

这种新的页码排序方法重点考虑电子版本的存档性质，印刷版本反而变成了次要的。电子版本的目的在于以最快的速度使作者的论文发表并能被全文检索。在获得作者的正式电子校样以后，每篇文章将以最后定稿形式，包括最终的引文目录，以电子版本出版。在线期刊（http://prx.aps.org，x代表a,b,c,d,e和l）每天都会有新的论文加入，出版的排序由论文投寄的邮件次序决定，这种形式使出版日期比原来平均提前了20多天。这些论文将在一定的时间段内汇

---

① 刘红：《科技期刊中新的页码排序方法》，《中国科技期刊研究》2002年第2期，第171—172页。

集成册,以每月两期的印刷版本和在线电子版本的形式,于1日和15日正式出版。论文分布像以前一样根据栏目和研究领域安排。

为了使论文从电子版本发表之时起就能被全文引用,《物理评论》引进了一套新的论文编号——ID编码,以取代原印刷版本中的页码,使论文的电子版本、印刷版本及在线全文的编号完全统一。这个类似于页码的ID编码是一个6位数。例如,在《物理评论B》(*Physical Review B*)2001年第65卷上发表的一篇论文,其引文号码为:Phys.Rev.B 65,014405(2001)。其中ID编码为014405,前两位数字代表刊期号,如01代表文章发表在该卷第1期;中间两位数字代表研究领域及栏目的编号,如44是代表磁学领域的研究论文;最后两位数字则代表论文在相应研究领域和栏目中的排序,如05是该领域里的第5篇研究论文。

这个方案的优点在于灵活性,它提前了出版日期并能使文章立即被引用,同时还能使读者和作者在线下载并打印出论文的最后印刷版本。在使用上,读者将会注意到与原页码的一点不同之处,即每篇论文页码在期刊的每种版本(电子版本和印刷版本)最后的ID编码中单调地增加。虽然没有广义的页码数,但在每篇文章里每页都有编号(如:014405-1,014405-2,……),连字符和其后的数字在各种版本期刊的目录中均不出现。

在期刊的电子版本和印刷版本中,文章的ID编码都能通过期刊的目录表获得。以《物理评论B》为例,在其中发表的论文ID编码的对应栏目和研究领域如下:

表11.4　不同栏目对应的编码范围

栏目	编码范围
快讯(RC)	01—20
简报(BR)	21—40
论文(ART)	41—60
评论与回答(CMT)	61—80
勘误表(ERR)	99

表11.5 不同研究领域对应的编码

研究领域标题	论文的ID编码				
	RC	BR	ART	CMT	ERR
B1-1 结构、相转变	01	21	41	61	99
B1-2 非齐次和非有序系统	02	22	42	62	
B1-3 动力学、点阵作用	03	23	43	63	
B1-4 磁学	04	24	44	64	
B1-5 超流和超导	05	25	45	65	
B15-1 电子结构	11	31	51	71	99
B15-2 半导体：集成块	12	32	52	72	
B15-3 半导体：表面	13	33	53	73	
B15-4 表面物理	14	34	54	74	

这种页码排序方法非常方便、灵活，它使论文的发表不受其他论文作者校样修改滞后带来的页码无法确定的影响，虽然印刷版本的出版周期同原来一样，但在线出版的电子版本大大缩短了论文的发表周期。

《物理评论》将电子版本和印刷版本有机结合的出版方式代表了现代学术期刊的发展方向。美国物理学会以集团形式出版《物理评论》系列的经营理念，既考虑各学科专业化发展趋势，同时也考虑到交叉学科的发展需要，为全世界物理学界，乃至整个科学界提供了最为权威的专业期刊。

所以，无论是论文作者还是读者都应该熟悉这种新的页码排序方法。

三、小结

参考文献虽然不是论文的主体，但在论文中却承担着非常重要的作用。正文引证和文后参考文献的正确使用能够避免将他人研究成果与自己的成果混为一谈，有效地阻止了剽窃和抄袭行为的产生。参考文献的著录应该遵循严谨、准确的原则。

第十二章 学术论文的数据、单位、图、表

在学术研究中，数据的获取至关重要。学术论文实际就是对研究数据的解释和理解。图表是对原始数据的进一步表达，直观地表达多组数据之间的变化关系。学术研究程度是否已经达到撰写学术论文的要求，数据的完备性是决定因素。而图表的绘制正是对数据完备性的检验，也是撰写学术论文正文的前提。因此，图表的制作贯穿学术研究始终。数据的获取和图表的制作是相互补充和完善的过程。通过对图表的反复修正，可以检验数据是否完备，是否还需要增加观察或实验的过程以补充和完善数据。

学术论文中的图表还具有自明性的特点，即无须阅读正文的文字表述，就能理解图表所要表达的思想和观点。通常，图表制作是撰写学术论文的第一步。本章介绍科学数据的表达、图表的制作、缩写词的规范表达。本章参阅相关国家标准和文献[①]。

一、数据和单位的规范表达

（一）物理量名称和物理量符号

1. 物理量

物理量简称量，是指用于定量描述物理现象的量，是科学数据的具体表

---

① 《有关量、单位和符号的一般原则》（GB 3101—93），国家技术监督局，1993 年；罗伯特·戴、巴巴拉·盖斯特尔：《如何撰写和发表科技论文》（第六版），北京大学出版社，2007 年；Bjoern Gustavii, *How to Write and Illustrate a Scientific Paper*, Cambridge University Press, 2008。

达。物理量可分为很多类，凡可以相互比较的量都称为同一类量，例如长度、直径、距离、高度和波长等就是同一类量。在同一类量中，如选出某一特定的量作为一个称之为单位的参考量，则这一类量中的任何其他量，都可用这个单位与一个数的乘积表示，而这个数就称为该量的数值。

按量和单位的正规表达方式，这一关系可以写成：

$$A = \{A\} \cdot [A]$$

A为某一物理量的符号，[A]为某一单位的符号，{A}则是以单位[A]表示量A的数值。

物理量名称由两类组成：第一类为通用的物理量名称，按国家标准《有关量、单位和符号的一般原则》的规定选用，切勿使用已废弃的量名称；第二类为学科或专业的量的名称，需使用全国科学技术名词审定委员会审定公布的量。

2. 物理量符号

国家标准《有关量、单位和符号的一般原则》对每个基本物理量都给出了1个或1个以上的符号，这些符号就是标准化的物理量符号，如 l（长度）、d（直径）、A 或 S（面积）、V（体积）、t（时间）、v（速度）、λ（波长）、m（质量）、F（力）、M（力矩）、p（压力，压强）、E（能[量]）、P（功率）、T 或 Θ（热力学温度）、t 或 θ（摄氏温度）、Q（热量）、w（质量分数）、φ（体积分数）等。

无论正文的其他字体如何，量的符号都必须用斜体印刷，符号后不附加圆点。对于数学运算符号，如 d（微分），∂（偏微分），Σ（连加），Π（连乘）等，国家标准《物理科学和技术中使用的数学符号》（GB 3102.11—93）中规定，已定义的算子（例如 div，dx 中的 d 及 df/dx 中的 d）用正体字母表示。但国际上近百种数学类期刊和国内大部分数学类期刊均对微分符号 d 采用斜体形式。因此，作者在书写此类符号时需留意拟投稿期刊的相关习惯或规定。

在某些情况下，不同的量有相同的符号，或者某一个量有不同的应用

（或要表示不同的值），可采用下标予以区分。下标符号表达的原则为：

表示物理量符号的下标用斜体；其他下标用正体。正体下标：C_g (g-gas，气体)、g_n（n-normal，标准）、m_r（r-relative，相对）、$T_{1/2}$等。斜体下标：C_p（p-压力）、$\Sigma_n a_n \theta_n$（n-连续数）、p_x（x-x轴）、I_l（l-波长）等，这里的压强、连续数、x轴、波长都是物理量。

一些约定的常数［如：Re（雷诺数）、Fo（傅里叶数）］及动植物等的属以下（含属）的拉丁文名称（如：*E-coli*, *Oryza*）也需要使用斜体形式。

有关矢量、张量和矩阵等符号，需要采用黑斜体形式。

其他表示非变量的符号需用正体表示，具体有：计量单位和词头符号，如s（秒）、L（升）、Pa（帕）、k（千）、m（毫）、M（兆）等；缩写符号或特殊函数符号，如min（最小）、lim（极限）、Im（虚部）、T（转置）、exp、ln、sin、cos、ΔA中的Δ、π（圆周率）、e（自然对数的底）、i（虚数单位）等；化学元素符号、层壳、电子态、电子轨道，如s、t、g、f等。

某些特殊的集符号需要用空心正体形式，如$\mathbb{N}$（非负整数集）、$\mathbb{Z}$（整数集）、$\mathbb{Q}$（有理数集）、$\mathbb{R}$（实数集）、$\mathbb{C}$（复数集）等。

3. 使用物理量符号的注意事项

国家标准规定，在非普及性科学书刊中，尤其是在数理公式中，必须使用物理量符号。

应尽量采用标准规定的物理量符号。可以参照标准自己拟定物理量符号。自拟物理量符号时注意，一般由单个拉丁字母或希腊字母表示。但有25个特征数符号例外，它们由2个字母构成，如雷诺数Re等，还有使用比较多的是pH值。

人们往往习惯于用字母缩写表示物理量，这在文字叙述中是允许的。如"临界高温"是critical high temperature，在文字叙述中可缩写为CHT。需要注意的是，CHT这样的英文缩写不能作为量符号用在公式或图表中，正确表达应为$T_\text{c, h}$。

文稿若是打印件，物理量符号必须用斜体字母（pH值除外）。

量符号的大小写也有一定的规定，不能随意改动。约定俗成，T是热力学温度，t是摄氏温度或时间；V是体积，v是速度；P是功率，p是压力；等等。

在全文中某一个字母代表的量应是唯一确定的。比如，t不能既表示"时间"，又表示"摄氏温度"。遇见这种情况的解决方案是，可以自己定义量符号，如将t定义为"时间"，θ定义为"摄氏温度"，t_i定义为"初始（initial）温度"。在表示量的特定状态、位置、条件或测量方法等时，可在量符号上附加上下角标，如星号（*）、外文字母、阿拉伯数字及其他符号，个别情况下允许加汉字角标，如用$h_{小麦}$表示"小麦株高"。

不能把化学元素符号作为量符号使用。例如：

$H_2 : O_2 = 2 : 1$（错误）

正确的表达方式如下：

质量比：$m(H_2) : m(O_2) = 2 : 1$
体积比：$V(H_2) : V(O_2) = 2 : 1$
物质的量的比：$n(H_2) : n(O_2) = 2 : 1$

应使用标准的量符号，如用R表示电阻，用A_r表示相对(relative)原子质量，等等。

用阿拉伯数字和单位符号表示量值的大小。如$m = 5$ kg 不能表示为$m =$ five kilograms或$m =$ five kg，the current was 15 A 不能表达为 the current was 15 amperes。

在数据和单位符号间空一格（数值作为形容词使用时也如此），但上角标单位符号除外。如 a 25 kg sphere 不可表示为 a 25-kg sphere，2°，3'，4"不能表示为2 °，3 '，4 "。如果是使用全拼形式的单位名称，则需遵循通用的英语语法，如a roll of 35-millimeter film。

对于4位数以上的数据或小数，应从小数点开始向左或向右每隔3位数空1/4个中文字符，如15 739.012 53（注意：不允许使用逗号代替空1/4个中文字符）。

(二)计量单位(国际单位)

按规定,我们一律遵循《中华人民共和国法定计量单位》。我国法定计量单位是以国际单位制(SI)单位为基础,根据我国情况加选一些非SI单位构成的。

1. 国际单位制

国际单位制(The International System of Units)简称SI(法语Le Système International d'Unités的缩写),是在米制基础上发展起来的,自1960年第11届国际计量大会通过以来已日渐成为国际商业和科技活动中主导的计量体系。

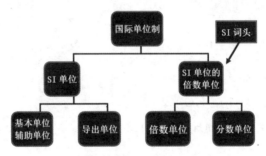

图12.1 国际单位制SI的构成

表12.1 SI基本单位

量的名称	单位名称	单位符号
长度	米	m
质量	千克	kg
时间	秒	s
电流	安[培]	A
热力学温度	开[尔文]	K
物质的量	摩[尔]	mol
发光强度	坎[德拉]	cd

表12.2　SI辅助单位

量的名称	单位名称	单位符号
［平面］角	弧度	rad
立体角	球面度	sr

表12.3　SI导出单位

量的名称	单位名称	单位符号	其他表示实例
频率	赫［兹］	Hz	s^{-1}
力	牛［顿］	N	$kg \cdot m/s^2$
压力，压强，应力	帕［斯卡］	Pa	N/m^2
能［量］，功，热量	焦［耳］	J	$N \cdot m$
功率，辐［射能］通量	瓦［特］	W	J/s
电荷［量］	库［仑］	C	$A \cdot s$
电压，电动势，电位，（电势）	伏［特］	V	W/A
电容	法［拉］	F	C/V
电阻	欧［姆］	Ω	V/A
电导	西［门子］	S	$Ω^{-1}$
磁通［量］	韦［伯］	Wb	$V \cdot s$
磁通［量］密度，磁感应强度	特［斯拉］	T	Wb/m^2
电感	亨［利］	H	Wb/A
摄氏温度	摄氏度	℃	K
光通量	流［明］	lm	$cd \cdot sr$
［光］照度	勒［克斯］	lx	lm/m^2
［放射性］活度	贝可［勒尔］	Bq	s^{-1}
吸收剂量，比授［予］能，比释动能	戈［瑞］	Gy	J/kg
剂量当量	希［沃特］	Sv	J/kg

表12.4　SI词头

因数	英文	中文	符号
10^{24}	yotta	尧［它］	Y
10^{21}	zetta	泽［它］	Z
10^{18}	exa	艾［可萨］	E
10^{15}	peta	拍［它］	P
10^{12}	tera	太［拉］	T
10^{9}	giga	吉［咖］	G

（续表）

因数	英文	中文	符号
10^6	mega	兆	M
10^3	kilo	千	k
10^2	hecto	百	h
10^1	deca	十	da
10^{-1}	deci	分	d
10^{-2}	centi	厘	c
10^{-3}	milli	毫	m
10^{-6}	micro	微	μ
10^{-9}	nano	纳［诺］	n
10^{-12}	pico	皮［可］	p
10^{-15}	femto	飞［母托］	f
10^{-18}	atto	阿［托］	a
10^{-21}	zepto	仄［普托］	z
10^{-24}	yocto	幺［科托］	y

2. 国际单位制外单位

国际单位制外单位是指不属于国际单位制的单位。自1960年第11届国际计量大会通过国际单位制以来，提出的SI制外单位有4类，即：与国际单位制并用的单位；暂时允许使用的单位；厘米—克—秒（CGS）制单位；其他单位，例如：日、小时、分为时间的CGS制以及SI制外的单位。也有一些不属于任何单位制的，例如功率单位马力、压力单位毫米汞柱、能量单位电子伏特、质量单位原子质量单位、体积单位升等，均可以笼统地称为制外单位。

3. 国家选定的非国际单位制单位

表12.5　非SI单位

量的名称	单位名称	单位符号	与SI单位的关系
时　间	分	min	1 min＝60 s
	［小］时	h	1 h＝60 min＝3 600 s
	天，（日）	d	1 d＝24 h＝86 400 s
［平面］角	［角］秒	″	1″＝(π/648 000) rad（π为圆周率）
	［角］分	′	1′＝60″＝(π/10 800) rad
	度	°	1°＝60′＝(π/180) rad

（续表）

量的名称	单位名称	单位符号	与SI单位的关系
旋转速度	转每分	r/min	1 r/min=(1/60) s^{-1}
长度	海里	n mile	1 n mile=1 852 m（只用于航行）
速度	节	kn	1 kn=1 n mile/h=(1 852/3 600) m/s（只用于航行）
质量	吨	t	1 t=10^3 kg
	原子质量单位	u	1 u≈1.660 540×10^{-27} kg
体积	升	L, (l)	1 L=1 dm^3=10^{-3} m^3
能	电子伏	eV	1 eV≈1.602 177×10^{-19} J
级差	分贝	dB	
线密度	特[克斯]	tex	1 tex=10^{-6} kg/m
面积	公顷	hm^2	1 hm^2=10^4 m^2

4. 使用法定单位的原则

只能使用法定单位，不能使用非法定单位，如市制单位、公制单位、英制单位，以及其他旧杂制单位。如土地面积不能用"亩"，大面积用hm^2（读作"公顷"），很大面积用km^2（读作"平方千米"），小面积（如宅基地、小试验地等）用m^2（读作"平方米"）。

只能采用单位的国际通用符号（简称国际符号），而不采用单位的中文符号。国际符号指用拉丁字母或希腊字母表示的单位或其词头，如μm（读作"微米"）、kg（读作"千克"）、N（读作"牛顿"）、kPa（读作"千帕"）、W（读作"瓦特"）、J（读作"焦耳"）等。

注意区分单位符号和词头符号的大小写。一般单位符号为小写体，如m（米）、t（吨）、g（克）等，L（升）除外；来源于人名的单位，其符号的首字母大写，如A（安培）、Pa（帕斯卡）、J（焦耳）等；词头符号中表示的因次为10^6及以上，用大写体，如M（10^6，兆）等；表示的因次为10^3及以下，用小写体，如k（10^3，千）。

遵守组合单位符号的构成规则。相乘组合单位符号有力矩单位N·m或Nm等，相除组合单位有热容单位J/K或J·K^{-1}等。相除组合单位符号中的斜分数线"/"不能多于1条，当分母中有2个以上单位时就应加圆括号，如传热系数单位W/(m^2·K)不能写成W/m^2/K或W/m^2·K。组合单位中不能夹有单位的中文符号，如不能把流量单位写成m³/秒（应为m³/s）。组合单位中允许有计数单位（如元、只、人等）和一般常用时间单位（如月、周或星期等），如价格单位元/t，人均住房面积单位m²/人等。

不应把一些不是单位符号的"符号"作为单位符号使用。单位英文名称的缩写不是单位符号，如：m（分）、sec（秒）、day（天）、hr（[小]时）、y或yr（年）、wk（星期）、mo（月）等，它们的单位符号分别应为min、s、d、h、a（年）、周、月等。长期以来用作单位符号的ppm、ppb等，只是表示数量份额的英文缩写，意义也不确切，而且其中有的在不同国家代表不同的数值，因此不能再用，例如可将200 ppm改为200×10^{-6}，或者200 mg/kg。绝不能对单位符号进行修饰，对其他部分常见的修饰方式有：加下角标，如把试验用种子的质量表示成"m=50 g种"是不对的，而应表示成m_s=50 g或$m_{种子}$=50 g；插入化学元素符号等说明性记号，如0.15 mg（Pb）/L是错误的，正确的表示为ρ (Pb)=0.15 mg/L。

单位前的数值，一般应控制在0.1到1000之间，既不能太小也不能太大，尤其在图表中，否则应当改换词头。如0.001 m应改为1 mm，1200 g应改为1.2 kg，32 000 kg应改为32 t。

5. 国际单位的单位使用的注意事项

只有SI规定或认可的单位方可用于表示量的大小。为方便某些特定的读者群，其他体系的单位可在括号中表示或解释，如动脉血压16 kPa (120 mmHg)。

避免不规范的单位缩写，如不可用sec代替s或second，不能用cc代替cm^3或cubic centimeter，避免用mps代替m/s或meter per second，rpm应改为r/min，等等。

相对分子质量(M_r)不需要单位。

单位符号或单位名本身不能加下标或其他信息。如U_{max}= 1000 V 不能表示为U=1000 V_{max}，a mass fraction of 10 %（质量分数为10 %）不能表示为10 % (m/m) 或10 % (by weight)。

单位与文字信息不能混合表达。如the water content is 20 mL · kg^{-1}不能表

述为20 mL H$_2$O/kg或20 mL of water/kg。

单位符号与单位名不能混淆。如kg/m^3, kg·m^{-3}, kilogram per cubic meter均是正确的，但不能表达为kilogram/m^3, kg/cubic meter, kilogram/cubic meter, kg per m^{3}或kilogram per meter^3。

（三）数字

凡是可以使用阿拉伯数字而且又很得体的地方，均应使用阿拉伯数字。使用阿拉伯数字的场合有：① 公元世纪、年代、年、月、日、时刻，如20世纪90年代，1999年1月15日，12时5分18秒。年份不能简写，如1999年不能写作99年。时刻可用标准化格式表示，如12时5分18秒可写为12：05：18。日期与日的时间的组合的表示方法是年-月-日T时：分：秒，T为时间标志符，时、分、秒之间的分隔符是冒号（：）而不是比号（∶），例如1999年1月15日12时5分18秒可表示为1999-01-15T12：05：18。这种表达方式被更多地用在图表中。② 计量单位和计数单位前的数字，如食盐200克、木料5立方米，猪15头、羊2只、鱼1条，3个特点、2条意见、200多人。③ 纯数字，包括整数、小数、分数、百分数、比例以及一部分概数，如4，−0.3，4/5，56%，3∶2，10多，300余。④ 产品型号、样品编号，以及各种代号或序号。⑤ 文后参考文献著录中的数字（古籍除外）。

使用汉字数字的场合有：① 定型的词、词组、成语、惯用语、缩略语，以及具有修辞色彩的词语中作为语素的数字，例如：第一，二倍体，三氧化二铝，十二指肠，星期五，"十五"计划，第一作者，一分为二，三届四次理事会，他一天忙到黑。② 相邻两个数字连用表示的概数，例如：一两千米，二三十公顷，四百五六十万元（注意：其间不用顿号）。③ 带有"几"字的数字表示的概数，例如：十几，几百，三千几百万，几万分之一。④ 各国、各民族的非公历纪年及月日。⑤ 含有月日简称的表示事件、节日和其他特定含义的词组中的数字，例如："一二·九"运动，五四运动，"一·一七"批示。

表12.6　数字的表示方法

正	误
0.85	.85
12.15亿	12亿1千5百万
0.250	0.25
0.500	0.5
20～30 kg	20到30kg
（50±5）%	50±5%
52%～55%	52～55%
20万～30万	20～30万
3h～4h20min	3～4h20min
（12.5±0.5）mm	12.5±0.5mm
60 m×40 m	60×40 m

二、图、表

（一）插图和表格

插图和表格在学术论文中广泛使用，使论文的表达更加生动、图文并茂，使论文更易阅读和理解，同时图表的显著性更易吸引读者的关注。图表的好坏直接关系到论文的质量，在制作图表时应遵循的基本原则是精省原则。

精省原则是指能用文字清楚表示的就不用图表，用大量文字还说不明白而用图或表就能方便说明的内容才用图表；只用一幅或一个表就能说明的内容，就不用两个或更多的图或表。

图表包含的基本要素为：

图序或表序。图序的格式为"图1""图2""图3"等，表序的格式为"表1""表2""表3"等。

图题或表题。图题或表题应是最准确、最简练且能反映图或表特定内容的词语的逻辑组合，一般是词组（很少用句子），而且绝大多数是以名词或名词性词组为中心语的偏正词组（很少用动宾词组），要求准确得体，简短精练，容易认读。表题应置于表的上方，图题放置在图的下方。

图表中的标目。图表中的标目应采用量与单位比值的形式，即"量名称或（和）量符号/单位"，也可表示成"量名称或（和）量符号（单位）"。百分号"%"虽然不是单位，但在这里也可按单位处理，如"相对压力/%"，或者"相对压力（%）"。

（二）表格的编排

在科技类学术论文中，表格的编排通常使用三线表，即三条水平线，没有垂直线。三线表组成要素包括：表题、栏头、数据和表注。例如：

表X 均衡因子与产量因子

土地类型	均衡因子	产量因子
农业用地	2.8	1.66
森林	1.1	0.91
草地	0.5	0.19
化石能源	1.1	/
建筑用地	2.8	1.66
水域	0.2	1

注：

表注可解释说明获得数据的实验、统计方法、缩写或简写等。如果相关的缩写在多个表格中出现，可在第一个有缩写的表注中注明全部或大部分缩写的含义，在其后的表注中简单注释为"缩写同表1"。

栏头包括列头（Column Headings）和行头（Stub Head and Items）。栏头的内容通常是相对独立的变量（如温度T，时间t等），对于理解表中数据至关重要。表中数字共用的单位应标于表题或栏头中，以免在每个单元格中重复。量值的表示应采用国际单位制，并且使用代数形式，以免误解。

由于表格空间有限，因此，栏头中可缩写某些单词，如Temperature和Number分别缩写为Temp.和No.，Standard deviation和Standard error of the mean分别缩写为SD和SEM等，但在表注中应说明相关缩写的含义。

表格中的数据（或资料）应精确、简洁、突出重点，编排时应尽量保证同组数据纵向排列（由上向下阅读），数值的个位数和小数点等对齐。

　　表格编排的设计原则是科学、明确、简洁，具有自明性。具体要求参照欲投期刊的投稿指南。

　　我们通过几个实例[①]分析如何处理常见的表格设计问题。

　　当栏头中的变量重复出现，并使用相同的术语和单位时，不必重复表示。如：

Table 1　Summary of vitamin contents		
Vit. D (IU)	Vit. A	Vit. B
	Activity (IU/kg)	Activity (IU/kg)
	...	
	...	

Activity (IU/kg) 出现两次，使相同的术语和单位，属于不必要的重复使用，因此该表可改为：

Table 1'　Summary of vitamin contents		
Vit. D (IU)	Activity (IU/kg)	
	Vit. A	Vit. B
	...	
	...	

　　不是所有的数据都需要使用表格。在能够很容易使用文字表达的时候，尤其不是在表达变量之间关系时，尽量不使用表格。除非要列举一定数量的精确数据，否则就不要使用表格。如果数据较少（如只有一行）或数据的变化规律非常明显，在正文中直接表述即可。如：

[①] 实例来自罗伯特·戴、巴巴拉·盖斯特尔：《如何撰写和发表科技论文》（第六版），北京大学出版社，2007年，第86—90页。

Table 2　Effect of aeration on growth of Streptomyces coelicolor

Temp(℃)	No. of expt	Aeration of growth medium	Growth[a]
24	5	+[b]	78
24	5	–	0

[a] As determined by optical density (Klett unites).
[b] Symbols: +, 500 ml Erlenmeyer flasks were aerated by having a graduate student blow into the bottles for 15 min out of each hour; –, identical test conditions, except that the aeration was provided by elderly professor.

该表格中温度和样品编号一样是实验的基本条件，它们都不是变量。比如说，温度是实验条件，都是24℃，此时就不宜列入表格之中。如果它是变化的物理量，可以将其列入表格中。该表格只需要一句话就可以表达得非常清楚：

Aeration of the growth medium was essential for the growth of *Streptomyces coelicolor*. At room temperature (24 ℃), no growth was evident in stationary (unaerated) cultures, whereas substantial growth (OD, 78 Klett units) occurred in aerated cultures.

表格中的数据应该经过遴选，而不是将作者的所有实验点全部列出。为简洁并突出重点，应忽略不必要的数据（如有关实验室的数字、简单计算的结果以及没有显著变化的变量等）。应避免大量列举不重要的数据或具有重复含义的数据，以免使读者在数据精度方面产生错误印象，并且也使数据的比较变得困难。如：

Table 3　Effect of temperature on growth of oak (Quercus) seedling[a]

Temp (℃)	Growth in 48 h (mm)
-50	0
-40	0
-30	0
-20	0
-10	0
0	0

（续表）

Temp (℃)	Growth in 48 h (mm)
10	0
20	7
30	8
40	1
50	0
60	0
70	0
80	0
90	0
100	0

[a]Each individual seedling was maintained in an individual round pot, 10 cm in diameter and 100 cm high, in a rich growth medium containing 50 % Michigan peat and 50 % dried horse manure. ...

在Table 3中，温度对橡树种子发育有影响的仅仅是20℃到40℃，其他温度对橡树种子发育都没有影响。此时就没有必要使用表格，用语言表示即可：

The oak seedlings grew at temperatures between 20 and 40 ℃; no measurable growth occurred at temperatures below 20 ℃ or above 40 ℃.

如果一定要使用表格，可将其改为Table3'（通常不建议使用）：

Table 3'　Effect of temperature on growth of oak (Quercus) seedling[a]

Temp (℃)	Growth in 48 h (mm)
20	7
30	8
40	1

[a]Each individual seedling was maintained in an individual round pot, 10 cm in diameter and 100 cm high, in a rich growth medium containing 50 % Michigan peat and 50 % dried horse manure. ...

人们往往认为表格更加生动，但是如果没有恰当使用，表格也会给读者带来阅读上的困难。尤其是对于一些描述性的表格，全变量之间的变化关联不明显的时候，应该仔细斟酌是否使用表格。如：

Table 4　Oxygen requirement of various species of Streptomyces

Organism	Growth under aerobic conditions[a]	Growth under anaerobic conditions
Streptomyces griseus	+	−
S. coelicolor	+	−
S. nocolor	−	+
S. everycolor	+	−
S. greenicus	−	+
S. rainbowensky	+	−

[a] See Table 1 for explanation of symbols. In this experiment, the cultures were aerated by a shaking machine (New Brunswick Co., Scientific, NJ).

作者使用Table 4是为了解释各种链霉菌生长的需氧量，表中对有氧环境和厌氧环境各种链霉菌成长与否进行了描述。在这种情况下，使用文字表述更为合适：

S. griseus, *S. coelicolor*, *S. everycolor*, and *S. rainbowensky* grew under aerobic conditions, whereas *S. nocolor* and *S. greenicus* required anaerobic conditions.

这样表述不仅更简洁，而且相较于表格更加清楚。

Table 5　Bacteriological failure rates

Nocillin	K Penicillin
5/35(14)[a]	9/34(26)

[a] Results expressed as number of failures/total, which is then converted to a percentage (with parentheses). $P=0.21$.

读者在阅读Table 5时，想要理解表中数据的含义，就必须借助于表注，如5/35是细菌Nocillin失败样品数与总样品数之比，14是其百分比。这实际上给读者带来了更多的不便。因此，应该避免使用该表格。最好的解决方案是直接使用文字表达：

The difference between the failure rates—14 % (5 to 35) for nocillin and 26 % (9 to 34) for potassium penicillin —was not significant (P=0.21).

Table 6的情况与Table 5类似，相关信息完全可以用文字表达，没有必要使用表格：

Table 6　Adverse effects of nicklecillin in 24 adult patients

No. of patients	Side effect
14	Diarrhea
5	Eosinophilia($\geq$5 eos/mm^3)
2	Metallic taste[a]
1	Yeast vaginitis[b]
1	Mild rise in urea nitrogen
1	Hematuria(8-10 rbc/hpf)

[a]Both of the patients who tasted metallic worked in a zinc mine.
[b]The infecting organism was a rare strain of *Candida albicans* that causes vaginitis in yeasts but not in humans.

表格的编排还需要满足读者的阅读习惯，尽量让读者愉悦地阅读。一般将同类物理量编排在一列之中，尽量避免同类按行排列。但是在实际出版时，编辑部可能会根据版面的要求做适当调整，作者可按照编辑部要求编排表格。如某文作者按照编辑部要求将Table 7改为Table 7'的样式：

Table 7　Characteristics of antibiotic-producing Streptomyces

Determination	*S. fluoricolor*	*S. griseus*	*S. coelicolor*	*S.nocolor*
Optimal growth temp(℃)	-10	24	28	92
Color of mycelium	Tan	Gray	Red	Purple
Antibiotic produced	Fluoricillinmycin	Streptomycin	Rholmondelay[a]	Nomycin
Yield of antibiotic (mg/ml)	4108	78	2	0

[a]Pronounced "Rumley" by the British.

Table 7'　Characteristics of antibiotic-producing Streptomyces

Organism	Optimal growth temp(℃)	Color of mycelium	Antibiotic produced	Yield of antibiotic (mg/ml)
S. fluoricolor	-10	Tan	Fluoricillinmycin	4108
S. griseus	24	Grey	Streptomycin	78
S. coelicolor	28	Red	Rholmondelay[a]	2
S. nocolor	92	Purple	Nomycin	0

[a]Where the flying fishes play.

（三）插图的编排

学术论文常以文说明图，以图辅助难以用文字表达的内容。插图可以使某些内容的描述简洁、清晰、准确，省略大段文字，有利于紧缩篇幅，节约版面；也可以活跃和美化版面，使读者赏心悦目，调节精神，提高阅读的兴趣和效率。

插图具有以下特点：图形的原始性是指插图是由作者自己完成的；图形的示意性是指简化图面，突出重点，插图上附注的技术条件等文字说明可以全部或部分省略；内容的写实性表现为作者严格忠实于描述对象，没有模糊不清的描述，也不可臆造或添枝加叶；取舍的灵活性目的在于省略次要部分，突出主题，节约版面和绘图时间，也易于读者理解；绘制的规范性要求表述、符号描绘等技术规范化。

绘制插图的要求与表格一样，也应具有"自明性"，即只看图、图题和图例，不阅读正文，就可理解图意。每一幅插图都应该配备图题，图题应简短确切，其要求与表题一致，连同图序置于图下。图例说明应将图上的符号、标记、代码以及实验条件等，用最简练的文字加以说明，位于图中或横排于图题下方。

插图的种类分为曲线图、柱状图或直方图、饼状图、绘图、照片五大类。

1. 曲线图

曲线图（Line Graph）用以表示连续的变化趋势或不同变量在某特定区间的变化及关系。

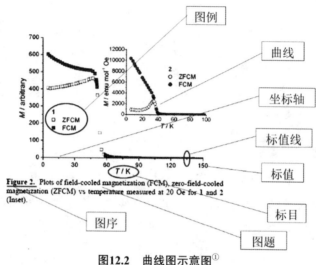

图12.2　曲线图示意图[1]

曲线图中的"标目"表示坐标轴的物理意义，由量（或函数）符号与相应的单位组成。"标值"是坐标轴定量表达的尺度，它对应标目的数值。量表示法：量=量的数值×量的单位。标目与标值的关系：量符号/量单位=标值。

坐标轴的标值应该有限，纵坐标一般遵循"1—2—5原则"，即标值分隔为"1，2，3，……""2，4，6，……"或"5，10，15，……"，而不是"7，14，21，……"。

标值的取值范围为0.1~1000。有效数字：10^n×量符号/量单位=新的标值。

在一幅图中可以有多条曲线，称其为曲线图的叠置。但一般图中叠置的曲线不宜超过6条。超过6条时，应使用两幅或更多的图表示。

---

[1] *J. Am. Chem. Soc*, CXXIII（2001），p.11809-11810.

现在，推荐几种比较规范的曲线图制作方法。①

曲线图中标识的正确使用：在一幅包含多条曲线的曲线图中，需要使用不同类型的曲线（如实线、虚线或点线等）或数据点（实心点、空心点以及◇、◆、□、■、△、▲……）对不同曲线加以区分标识，但是在使用时需以方便读者阅读为目的，适当选择标识。下面我们举一个例子看看如何适当选择标识。

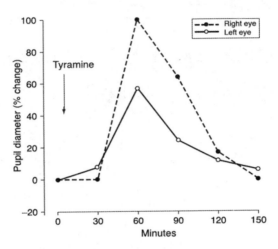

图12.3　酪胺溶液对瞳孔大小的影响

图12.3展示了酪胺溶液对左眼和右眼瞳孔大小的影响（如图题所示），并使用了实线和虚线、实心点和空心点等曲线标识表示。但是，该图重复使用了两组曲线标识，读者阅读时会不断强迫自己核实右上角图例对应的曲线标识，实际上增加了读者阅读负担。因为曲线仅仅需要区分两组数据，所以只需用实线和虚线为一组（图12.4），或实心点和空心点为一组（图12.5）表示即可，同时将图例标记在相应曲线旁，以便读者认读。

---

① 相关资料来源于文献 Björn Gustavii, *How to Write and Illustrate a Scientific Paper,* Cambridge University Press, 2008, p.20。

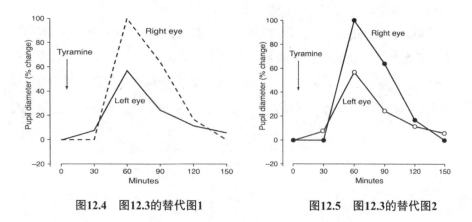

图12.4　图12.3的替代图1　　　　图12.5　图12.3的替代图2

从美观的角度，可将纵横坐标比例设置为3:2，但在学术论文中纵横坐标比例一般使用1:1。

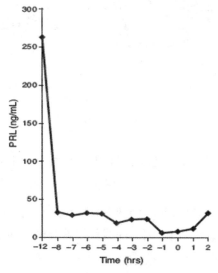

图12.6　催乳素含量随时间变化图

图12.6存在两个错误，一是纵横坐标比例不当，二是横坐标标值不均。其改进方案为图12.7：

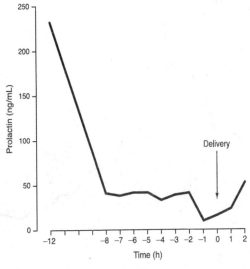

图12.7　图12.6的替代图

2. 柱状图或直方图

柱状图或直方图（Bar Graph, Histogram）表示相关变量之间的对比关系。

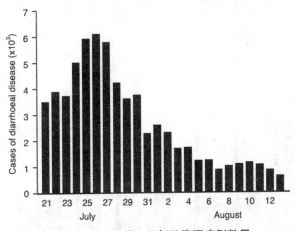

图12.8　7月21日至8月13日每天腹泻病例数量

图12.8表示在7月21日到8月13日间每天腹泻病例的数量。如果对同一组数据使用曲线图（图12.9），虽然也能从图中查找到每天的腹泻病例数，但是它们之间的区别在于：柱状图或直方图更多地表示相对时间的独立事件，曲线图

则表示随时间变化的趋势。

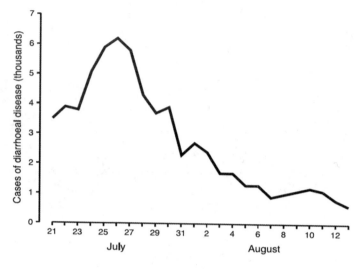

图12.9　图12.8的替代图

在柱状图或直方图的使用中，需要注意的是图中每一组柱状图中不宜有三种及以上分类组同时出现（如图12.10）。在这种情况下，使用表格会比使用柱状图或直方图更直观。

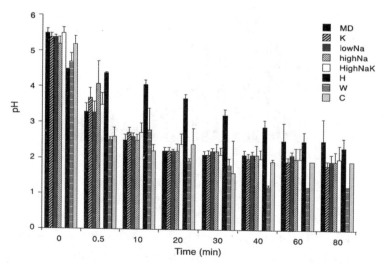

图12.10　8种物质pH值随时间变化

在一幅柱状图或直方图中表示两类数据比较合适（如图12.11）。

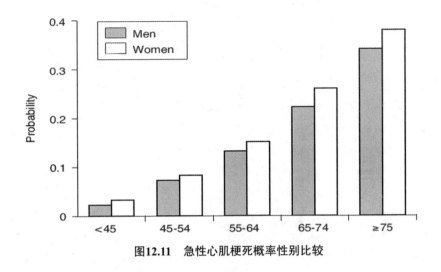

图12.11　急性心肌梗死概率性别比较

在柱状上方标注精确百分数（如图12.12），集合了表的精确性和柱状图的直观性。

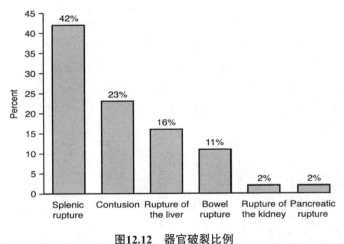

图12.12　器官破裂比例

数据较多时可使用横向柱状图（如图12.13）表示，以节省版面。

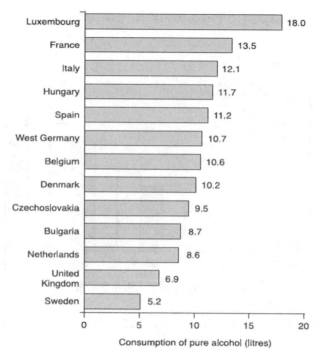

图12.13　各国烟草消费情况

计算机绘制立体图（如图12.14）已经非常容易，但二维图（如图12.15）更加简洁、清楚。注意：二维图中柱宽应大于柱之间的宽度，柱用灰度标注。

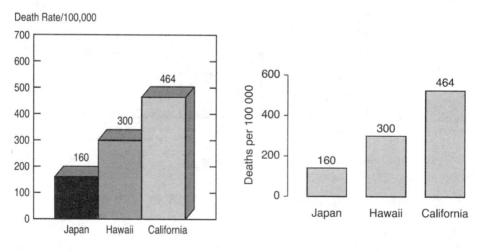

图12.14　立体图示意图　　　　图12.15　二维图示意图

3. 饼状图

饼状图（Pie Diagram）可直观地表示研究对象中各组分的含量关系及相关变化。

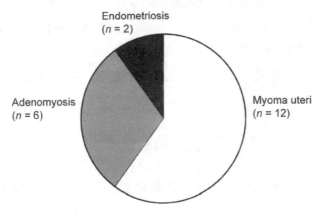

图12.16　饼状图示意图

如同柱状图，饼状图可分为二维和立体，立体饼状图在学术论文中很少使用，二维饼状图的使用日益变多。其使用规则为：最大部分从12点开始；排列的组成部分不要超过5个；标注放在圆环的外面。

4. 绘图

绘图（Line Drawing）包括素描、组织图、流程图等，可清楚地展示研究对象的结构（包括内部结构）。在绘图时可以省略不必要的细节，以突出重点；绘图前要考虑整张图的结构、布局，更要考虑缩小后的印刷效果。

5. 照片

照片（Photograph）展示研究对象的外观、形态等。其缺点是展示了对象的整体性，无法区分和展示作者需要表达的重点，所以可能会因为包含过多的细节而难以突出重点，也无法展示研究对象的内部结构。

照片要求主题和主要显示部分的轮廓鲜明，便于制版。照片上应该有表示目的物尺寸的标度；照片应图像清晰，层次分明，反差适度。

（四）表格和插图比较和选取

表格和插图有不同的特点。表格的优点在于能够很方便地列举大量精确数据或资料，而插图能直观、有效地表达复杂数据之间的关系。因此，在选择表格和插图时，作者若要强调展示精确数值通常选择表格，若要强调展示数据的分布特征或变化趋势则通常选择插图。但是需要特别注意的是，切忌重复使用表、图和文字内容，表、图中的术语、符号（缩写）和单位等应与正文一致。

三、缩写词

在文章中使用缩写词的目的在于缩短论文长度，降低印刷成本。如：

Bacterial plasmids, as autonomously replicating deoxyribonucleic acid (DNA) molecules of modest size, are promising models for studying DNA replication and its control.

文中DNA在第一次出现时使用了全称"deoxyribonucleic acid"，并介绍其缩写为"DNA"，随后文中再次出现时使用缩写。

需要注意的是，在论文题目中一般不使用缩写，也有些期刊允许在论文题目中使用共知共识的标准缩写，如DNA等。在摘要中应尽量少用缩写词，在多次重复使用较长词语的情况下，可以使用缩写词。文章中较长词语重复出现三次以上时，建议使用缩写词。

计量单位在文中与数值一起使用时需缩写，如"4 mg was added"，计量单位在使用时没有单复数之分。没有数值时，计量单位不能缩写，如"Specific activity is expressed as micrograms of adenosine triphosphate incorporated per milligram of protein per hour"。

对于组合单位应谨慎使用，如"4 mg/ml of sodium sulfide was added"宜改为"4 mg of sodium sulfide was added per milliliter of medium"。

英语中的一些常用缩写是可以使用的，如用"i.e."表示"that is"，用

"e.g."表示"for example"。

四、小结

　　数据的准确表达——中文数字和阿拉伯数字的规范使用以及国际单位的正确运用——保障了学术交流的正常进行。

　　图、表使文字表达更加生动和形象，制作需遵循简洁、清楚和重点突出的原则。在对某一特定内容可使用文字、图、表表达时，只能选择任意一种。能用简短文字表达的，选择文字；图、表具有自明性，需要标题和配合适当的注释，包含完整信息；图用于变化趋势，表格展示精确数据。在使用已发表的图和表时，除准确引证外，还需根据相关学科的规范向出版商获取引证授权。

　　字母缩写也应参照相应规范。

第十三章 文献注释论文和文献综述的写作

　　无论是学术研究还是学术论文写作，都需要从阅读文献开始。在学术研究初期，文献研究对于寻找和制定研究方案而言必不可少；在学术论文写作阶段，文献研究有助于作者梳理研究的逻辑，引导读者阅读。与普通的随意阅读相比，对文献的学术性阅读和研究不仅停留在对文献内容的了解和熟悉上，更为重要的是需要对文献进行研究，即学术性文献研究，包括对文献的内容进行归纳整理、评价和总结。这些由文献研究形成的学术成果也成为学术写作的一部分，我们将学术性文献阅读研究按照学术写作类型划分为文献注释和文献综述两大类，文献注释是对一篇文献研究的基本方法，文献综述是对大量文献的综合研究。文献注释和文献综述是进行学术研究和学术写作的基础，本章的主要目的在于解决学术性文献研究中的一般问题，培养读者的良好习惯，规避不良习惯造成的科研道德失范行为。本章参阅了多篇文献[①]。

[①] 尼尔·布朗、斯图尔特·基利:《学会提问》（原书第 10 版），吴礼敬译，机械工业出版社，2013 年；劳伦斯·马奇、布伦达·麦克伊沃:《怎样做文献综述——六步走向成功》，陈静、肖思汉译，上海教育出版社，2011 年；"Difference between Annotated Bibliography and Literature Review," http://www.differencebetween.net/language/difference-between-annotated-bibliography-and-literature-review/[2017-10-9]。

一、文献注释及文献注释论文

（一）文献的批判性阅读方法

学者在阅读文献时通常需要用笔记的方式，将文献中重要的思想、观点记录下来，作为自己研究的信息基础。与一般的记录相比较，文献注释（Annotated Bibliography）要求批判性思维，形成面向文献的批判性阅读方法。

批判性思维能力作为科研工作者的基本素质，表现在学术研究和学术写作上就是在已有研究包括自己先期研究的基础上实现创新。学术研究是我们认识周围世界并获得新知识的过程，是在旧观念与新事实之间产生令人困惑的冲突时不断变革、自我纠错的人类活动。因此，学术研究具有可证伪性的特征，这也是批判性思维的基础。

在开展学术研究之初，需要了解学科研究范式，了解学科的发展前沿。在研究方法上，就是应对相关文献进行研读和过滤，具体来说是从每一篇文献的批判性阅读开始。在此，我们介绍一种充分体现批判性思维的文献阅读方法——文献注释。文献注释告诉我们如何阅读文献并记录相关信息，一篇完整的文献注释应包括文献来源信息、文献信息内容和注释三个部分。

（二）文献注释撰写

文献注释的撰写步骤与其三个组成部分相对应，分为三步。

第一步是文献的选取，并完成文献注释的第一部分——文献来源信息的撰写。选取的文献应是与自己的兴趣和研究相关的学科领域中具有代表性和处于前沿的文献。这些文献应来自书籍、期刊、政策、标准等可靠的信息源。文献注释的第一步就是准确记录信息源信息。

该部分的训练和要求有助于读者养成良好的信息源记录习惯，为将来撰写论文时整理参考文献提供准确的信息。在标注获取文献来源信息时可根据不同学科的规范要求，将信息按照参考文献各著录项的标准准确无误列出。在此我们强调，文献来源信息部分非常重要，科学不端行为中剽窃他人成果的行为，部分是由于作者在阅读时未做好文献来源信息的记录，事后在引证时无从核对，并存在侥幸心理，导致错引、漏引或不引。

第二步是记录和总结文献的重要内容，实现文献注释的第二部分——文献信息内容的撰写。该部分包括文献中的研究问题、基本概念的界定、研究材料和方法、研究结果以及研究结论、重要的公式和图表。从某种意义上讲，文献信息内容记录部分有助于海绵式思维，是对有价值信息的完整和准确记录。该部分需要特别注意的是，如果记录的是文献信息的原文，建议使用引号进行标注。清晰和准确的标注对论文撰写时正文中的正确引证提供了便利。

第三步是对文献的评价，即撰写文献注释的第三部分——注释。该部分是应用批判性思维方式对信息进行甄别。注释的主要内容包括：第一，可以是对文献的总结。第二，可以是对文献所提供的信息的评估和评价：文献中作者的论点是否明确？论据是否充分？论证过程是否完备和符合逻辑？如果你来撰写这篇文献，你会做出哪些改进？第三，文献信息可能给你带来哪些启发？以上三方面的内容可以根据你的文献阅读和研究的目的灵活选择。

文献注释是应用批判性思维阅读文献的一种有效、实用的方法，使用该方法的能力需要通过不断地训练才能获得。初步涉猎学术研究的学者，可能仅仅只能完成第一部分和第二部分，即海绵式思维；随着知识的积累，学者会逐渐掌握第三部分的能力，形成批判性思维。

文献注释不仅仅限于研究者基于个人研究需要对单一文献进行研究记录，目前已有对相关领域多篇文献进行逐一注释后，按照一定的逻辑要求进行汇总，形成一篇学术文章或一部著作发表或出版，以供相关学者阅读使用。文献注释论文需按照学术论文的写作要求撰写。因此，笔者将其归入学术论文的类型之中。

（三）文献注释论文案例

文献注释论文的撰写规则一般分为有以下两种：按照文献作者姓氏字母排序；按照研究主题分类组织。

1. 按照文献作者姓氏字母排序

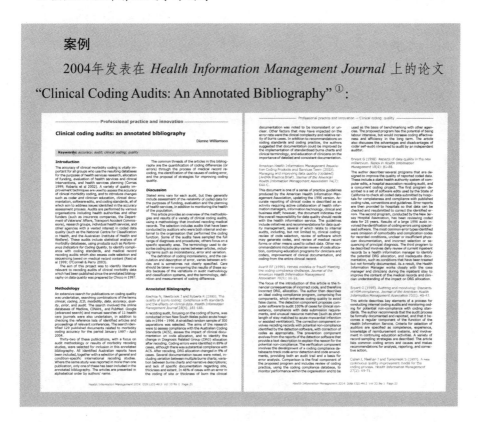

案例

2004年发表在 *Health Information Management Journal* 上的论文 "Clinical Coding Audits: An Annotated Bibliography"[①]：

该文严格按照IMRAD学术论文格式撰写，论文研究内容与文献综述相同，只是在撰写方式上对所有文献单元按照文献注释形式撰写，通过文献作者姓氏字母顺序排列而成，略去了文后的参考文献，突出了每篇文献的贡献。

---

① Dianne Williamson, "Clinical Coding Audits: An Annotated Bibliography," *Health Information Management Journal,* 2004, 33(1), pp. 21-27.

2. 按照研究主题分类组织

案例

2013年联合国粮食及农业组织出版的 *Vulnerability Assessment Sessment Methodologies: An Annotated Bibliography for Climate Change and the Fisheries and Aquaculture Sector* [①]：

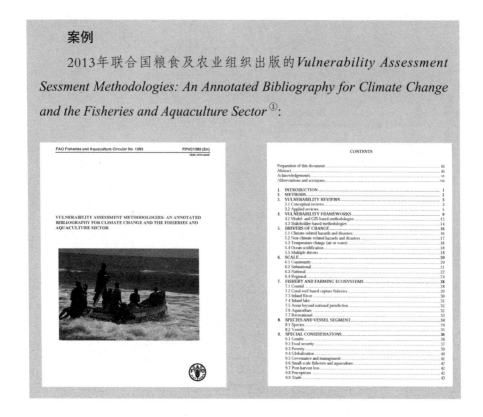

该书是典型的文献注释汇总。书中将所收录的文献注释分为七大类，并对重要文献进行了标注。

文献注释是对阅读某一篇文献信息的处理方法。在实际学术研究中，学者将面临一系列相关文献。尤其是在一项研究开始之初，对大量文献的梳理和研究，即文献综述，是通往研究的必经之路。下面我们将介绍文献综述的概念及写作方式。

[①] W. Barsley, C. De Young and Brugere, *Vulnerability Assessment Methodologies: An Annotated Bibliography for Climate Change and the Fisheries and Aquaculture Sector,* Food and Agriculture Organization of The United Nations, 2013.

二、文献综述

文献综述是一种典型的学术论文，它有别于其他形式的学术论文，如研究论文、快报、评论等。它需要广泛查阅某一研究领域的文献资料，运用分析和综合的方法进行鉴别、分类和归纳，从总体上进行研究和组合，形成极有价值的文献论文。期刊上发表的文献综述应包括对已有文献内容的概括和回顾，还要着重阐述某一研究领域中事物的客观规律和未来的发展趋势。期刊的文献综述通常是通过特约获得的，特约对象一般是在本领域有一定影响力的人群。他们不仅有大量阅读论文的基础、坚实的研究成果和对相关领域的杰出贡献，熟悉学科研究的发展规律，同时也对学科未来的发展趋势有前瞻性的预测能力。文献综述的撰写凝聚了他们多年研究的经验和智慧，因此，文献综述是被引用率相对较高的论文。刚步入研究领域的青年学子更应重视文献综述的阅读。

（一）文献综述分类

撰写发表在期刊上的、高水平的综述性论文，对于初学者而言难度较大，但是文献综述的撰写方法是初学者需要学习和掌握的。文献综述分为初级文献综述、中级文献综述和高级文献综述三类，对应于不同的学习和研究阶段。

1. 初级文献综述

初级文献综述是对相关学科基础知识的总结和评价，可以通过学科的发展历程对不同阶段的、不同的学术流派和各类学术观点进行梳理和批判。这种方法可以应用到课堂知识学习之中，对应于学生批判性思维训练的最初阶段。具体来说，是要求学生能正确和充分地引证他人思想和知识，鼓励学生对已有的知识提出质疑，哪怕是最为基础的知识，重点培养学生学会将自己的观点和别人的思想区别开来，并保证文后参考文献的完整性。这一阶段的训练可以延伸到中小学教育之中，让学生从小具有良好的批判性思维和规范的写作习惯。

2. 中级文献综述

中级文献综述是对相关领域已有研究的总结和评价，其目的在于总结已有研究的现状，了解已有研究存在哪些缺陷、该领域还有哪些值得研究的地方。以此为依据，作者将确定所从事研究的论题（Thesis）——选题。中级文献综述是每一位从事科学研究的学生和学者都应该掌握的基本方法。在研究生培养的开题环节，查阅文献和文献综述占据了重要地位，文献综述也成为学位论文的重要组成部分。需要强调的是，文献综述贯穿研究生培养的始终，即使在学位论文最终成稿阶段仍需继续查阅文献和综述文献，以保障研究生阶段研究的创新性和学位论文的学术价值。

中级文献综述相较于初级文献综述，多了提出问题并围绕相关问题对相关文献进行总结和评价的要求。提出问题比解决问题更加关键，以兴趣为出发点形成研究问题是从事学术研究的起点。如何提出好的问题？美国学者尼尔·布朗等认为应从批判性思维开始，批判性的提问是检索信息和搜寻答案的最好方法。

"为什么……？假如……？这是真的吗？" 成功的研究都始于这类问题，这是研究者对研究对象好奇心的体现，研究就是有好奇心，并善于学习和发现。质疑是研究的必要前提，善于提出问题的研究者需要拥有开放的、没有偏见的和敏锐的思想；研究者需具有周全的考虑、不断的自我反思和勤奋的品德；研究者还要对所有信息和资料进行批判性思考，所有的研究工作都必须符合道德的要求。

中级文献综述从选题开始，也就是选择作者感兴趣的研究话题（Issue）。这里需要从研究问题（Study Question）出发，告知读者问题所在。但是问题常常比较大或比较复杂，作者将会对研究问题进行拆分，将研究目标集中在一个研究主题（Topic）上。研究主题为文献研究提供具体的方向和框架。对文献的总结和评价应该包括：针对一个具体的研究论题的发现过程、已有的观点以及对研究问题的解决方案。

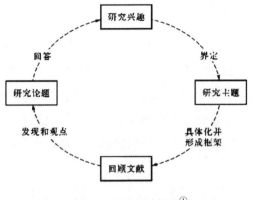

图13.1 中级文献综述[1]

3. 高级文献综述

高级文献综述是在中级文献综述的基础上，对文献更加深入地研究和总结，其目的是建立一个研究项目。这个研究项目与现有研究成果相比，将获得新的发现和结论。因此，高级文献综述是原创性学术研究的基础，也是对学术问题进行研究的基础。在学术界，研究型硕士和博士学位论文中的文献综述就应该按照高级文献综述的标准进行写作。高级文献综述也常常应用于课题基金申请中。

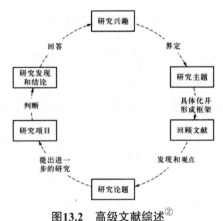

图13.2 高级文献综述[2]

---

[1] 劳伦斯·马奇、布伦达·麦克伊沃：《怎样做文献综述——六步走向成功》，陈静、肖思汉译，上海教育出版社，2011年，前言第2页。

[2] 同上。

（二）文献综述的撰写

依据劳伦斯·马奇和布伦达·麦克伊沃的观点，文献综述分为六个步骤：选择主题、文献搜索、展开论证、文献研究、文献批评、综述撰写（图13.3）。本部分我们将在《怎样做文献综述——六步走向成功》一书的基础上，结合学生需求，重点介绍选择和确定主题，其他几个部分仅仅提及。为了保证完整性，我们依然按照六个步骤依次撰写，略简部分可查阅相关资料。

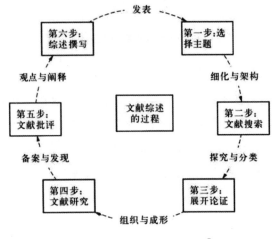

图13.3　文献综述撰写过程①

1.第一步：选择主题——从日常兴趣到研究课题

每一个研究主题都必须是一个明确的学术研究问题。问题来源于对日常生活的观察和体会，确定研究主题就是使用学术语言提炼出研究问题并选择学术观点。

选择主题经过三个步骤：从日常生活中选择一个研究兴趣，确定研究兴趣，根据研究兴趣确定研究主题。

---

① 劳伦斯·马奇、布伦达·麦克伊沃：《怎样做文献综述——六步走向成功》，陈静、肖思汉译，上海教育出版社，2011年，前言第4页。

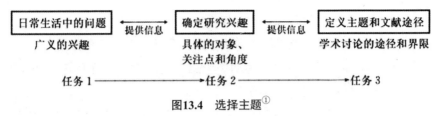

图13.4 选择主题[①]

（1）选择研究兴趣

学术研究始于一个日常生活中的问题、兴趣或关注点，研究者可以从各种工作或生活环境中发现问题，也可以向专家请教或通过各种学术和专业期刊来发现需要研究的主题，甚至媒体的报道都可能成为你的研究兴趣，与你研究领域相关的国家、地区的争论和创新以及相关理论的应用中出现的问题也可能成为你的研究内容。总之，我们可以从工作经历、专家建议、学术期刊、媒体等途径找到研究兴趣。

练习1：找出我的研究兴趣或要探讨的问题

1. 我的研究兴趣或问题是什么？
2. 它有几个部分？
3. 这个研究兴趣包含哪些主要观点？

在选择研究问题的时候，应该秉承谨慎和客观的精神，避免研究者个人偏好和偏见。因此，需要不断对自己就研究问题理解的观点进行梳理。

练习2：理解个人观点

1. 对于研究兴趣，你已有哪些知识？
2. 哪些个人经历会影响到你对这个兴趣和问题的研究？

[①] 劳伦斯·马奇、布伦达·麦克伊沃：《怎样做文献综述——六步走向成功》，陈静、肖思汉译，上海教育出版社，2011年，第3页。

> 3. 对于这个研究兴趣或研究问题，你有哪些看法、偏见和观点？
> 4. 是什么让你预先对这个研究兴趣或研究问题有某些结论？
> 5. 你将如何辨识并控制你的个人偏见、观点、感情和直觉，从而保持研究者应有的中立？

（2）确定研究兴趣

如何将日常生活问题转化为研究主题？这一问题对初学者而言比较普遍。从日常生活问题转化为研究主题要经历三个过程：

第一，具体化。精确的研究主题界定是必要的，这需要通过对关键术语的准确阐释，对研究对象进行细致的准确界定，研究方法必须具体和准确。例如，"汽车排放废气问题"是一个对环境和健康产生重要直接影响的日常生活问题，研究本身是有意义的。但是"汽车排放废气问题"涉及的领域非常广泛，可能是汽车排放的废气对环境的影响问题，也可能是汽车排放废气对人体健康造成多大程度的危害，也可能由于汽车排放废气的诸多危害，需要进行治理等。因此"汽车排放废气问题"不是一个可供研究的主题，这个问题宽泛而缺乏清晰描述，研究无从入手，需要进一步提炼，将其转化成一个可研究的、具体化的研究主题。

如何将"汽车排放废气问题"准确化、具体化？如我们将"汽车排放废气问题"改为"政策对汽车排放废气治理程度的影响研究"，是通过对"政策""废气治理程度""影响"等关键术语的准确使用，从对政策研究的方法入手，界定研究对象汽车排放废气治理程度为研究的核心问题，从而将问题具体化，把生活问题转换为可研究的主题。

第二，问题聚焦。可研究的主题也可能是比较宽泛的，它可能包含很多具体的研究问题，因此，研究问题需要进一步聚焦，专注一个研究主题，明确研究对象，并设定清晰的界限。前面的例子"政策对汽车排放废气治理程度的影响"虽然是一个可以进行研究的主题，但其中的研究问题还可以从不同的角度提出追问。如，就政策而言，可以从国家政策、行业政策等诸多具体政策角度进行研究。如果将政策限定为国家政策，即从国家政策角度研究政策对汽车排放废气治理程度的影响，研究的关注点就可以确立下来了。因此，研究问题聚焦是明确研究主题的重要措施。

> **练习3：选择研究的关注点**
> 1. 你能否清晰地界定研究兴趣的关注点？
> 2. 你关注的对象是个体、群体还是组织机构？
> 3. 你是否已经给研究的个体、群体或组织机构以特定的具体称谓？

第三，选择视角。研究视角应该是具体的学术角度或立场，这要求通过专业学习和大量文献阅读，从自身拥有的知识背景出发考虑：自己个人关注的问题是否是更大范围的研究群体所关注的问题？前人是否有过类似的研究？研究问题和研究方法是否具有创新性？这些问题都可以通过阅读其他学者的著作获得答案。

我们仍然使用前面的例子。如果研究的对象是汽车排放的废气本身，如废气的组成成分、性质等，可能涉及的研究领域应为化学；如果研究的是汽车排放的废气与环境之间的相互作用和关系，可能涉及的研究领域应为生态学；如果研究的是有关治理汽车排放废气排放的政策制定和实施效果，可能涉及的研究领域就是公共管理；除此之外，可能还有从其他学科领域来研究"汽车排放废气问题"。如果从国家政策角度研究政策对汽车排放废气治理程度的影响，公共管理学的政策分析就成为最佳立足点。当明确了研究的核心观点且确定了具体的关注点和立足点，研究问题就从宽泛的日常生活话题发展成为科学研究的方向。

> **练习4：选择研究的视角**
> 1. 哪些学术领域能最好地帮助你进行研究或者给你提供切入的视角？（如果你考虑的不只是一个视角，那么给每一个视角选择一个合适的学科领域。）

2. 这个学科领域的哪些具体指示能最好地帮助你探索和确定研究兴趣？

3. 在这个学术领域你有哪些知识和才能？

4. 你还要学习哪些学术领域的知识，为进行研究打好牢固的基础？

练习5：研究兴趣陈述

利用前面4个练习中得到的信息回答下面3个问题：

1. 你的具体研究兴趣是什么？
   - 用7句话来回答：我的研究兴趣、问题和关注事物是……
   - 在不改变主要观点的情况下，删去两个最不重要的句子。
   - 将剩下的内容缩减到3句话。
   - 确定最后剩下的3句话满足以下要求：能表明你的研究兴趣（研究什么？），能表明你的研究视角（怎样观察它？），能表明你的研究立足点（研究的学术领域是什么？）。

2. 什么研究成果能凸显研究的重要性？

3. 你的研究期待、价值观、偏见和观点是什么？
   - 以上因素对你的研究有什么帮助？
   - 怎样防止你的个人观点和倾向影响你作为研究者的中立立场？

现在，利用你对问题1—3的回答，写出一个清晰明确的研究对象。然后，写一个你的个人倾向和你怎样克服这一倾向的明确陈述。解决了这些问题后，你将找到一个可供研究的对象。

（3）确定研究主题

总之，根据研究兴趣确定研究主题，具体地讲是如何将确定的研究对象转化成一个合适的研究主题的过程。这一过程分为三步：第一，确定研究问题和明确研究对象；第二，通过聚焦具体的研究对象、视角和立足点，缩小研究范围；第三，规避个人立场，保证中立，使用专业的学术术语将研究对象转化为正式研究的主题。

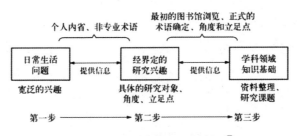

图13.5 从研究兴趣到研究课题[①]

第三点是最重要的，需要完成两个任务：第一，熟悉专业术语，这需要通过专业知识的学习才能掌握；第二，着手进行论述（上面的练习已经有了相关阐释），这一步需要对文献资料进行查询。

2. 第二步：文献搜索——搜索任务和方式

依据研究主题，对文献进行批判性阅读，选择与论题相关的最有力的资料证据。通常经历九个阶段[②]：

第一阶段：发现需要审阅的文献（选择资料）；

第二阶段：进行文献查询（预览、选择、组织）；

第三阶段：浏览文献（识别有价值的资料）；

第四阶段：使用网络（可靠性）；

第五阶段：资料管理（参考书目信息和浏览进程）；

第六阶段：快速阅读文献（找出文章重点）；

第七阶段：将资料化为图表（核心观点图、作者图谱）；

第八阶段：精炼主题（主题陈述决定研究内容和范围）；

第九阶段：主题扩展（查缺补漏）。

---

① 劳伦斯·马奇、布伦达·麦克伊沃：《怎样做文献综述——六步走向成功》，陈静、肖思汉译，上海教育出版社，2011年，第11页。

② 同上书，第18—32页。

3. 第三步：展开论证——为文献综述建立论证方案

要成功地论证主题，需要建立和呈现论证方案。论证方案要对论断进行逻辑安排，对相关资料加以组织，使之成为证据主体。证据主体则要对关于研究课题的现有知识进行解释。

具体步骤包括五个阶段①：

  第一阶段：为文献综述建立论证方案；
  第二阶段：论证；
  第三阶段：评价论证的基本要素；
  第四阶段：形成论断；
  第五阶段：复杂论点的论证。

4. 第四步：文献研究——进行发现式论证

文献研究是对检索到的资料进行集中、综合和分析，从而建立探究式论证。依据证据，可以建立一系列合乎逻辑的、可信的结论和论断。这些结论就是阐释研究问题的基础。

5. 第五步：文献批评——对研究进行阐释

文献批评是对研究课题现有知识的理解，分析先前的知识是如何回答研究问题的。

6. 第六步：综述撰写——撰写、审核、修改

通过构思、塑造、修改，文献综述成为一份可以准确传递研究内容、让目标读者明白研究问题的书面资料。

三、文献注释论文与文献综述的区别

上面我们分别介绍了文献注释论文和文献综述的详细撰写方法，现在我

---

① 劳伦斯·马奇、布伦达·麦克伊沃：《怎样做文献综述——六步走向成功》，陈静、肖思汉译，上海教育出版社，2011年，第35—48页。

们将它们的区别加以说明,该部分内容主要来源于文献①。

文献注释论文和文献综述都是对特定主题、其内容和来源的信息进行汇总。文献综述和文献注释论文都可以涉及任何主题,但是文献综述的目的通常是回答关于特定主题的特定问题,而文献注释论文则是强调关于信息来源的重要性。

每篇学术论文都有一个参考文献。它的目的在于让阅读这篇文章的读者知道作者从哪里获得的信息,并检查和核实其中包含的事实。同时,参考文献实际上也实现了支持作者对某个话题的结论。在许多情况下,一个简单的参考文献是不够的,作者将被要求做一个带注释的参考文献,也就是文献注释论文。注释是对文章内容及其信息来源的简要总结、评价和分析。因此,文献注释论文是按字母顺序或主题列出作者在论文中收集和使用的所有信息来源,以及对每个来源100—200个单词的描述。它并不只是一个简单的列表,包含了作者工作中的所有信息源,和对每个信息源的简短评估。

文献综述本身就是一篇文章。它可以作为特定主题的指南。它对主题进行概述,评估其来源,并就什么是可接受的和重要的向读者提出建议。它可以包含几个部分,每个部分都有关于主题的不同论点。论点可以是相反的,也可以是与作者的分析或论点相似的。文献综述的目的是总结和评价已经发表的关于某一主题的论点,分析这些论点,揭示它们的规律性以及存在的不规则性。

尽管文献综述的范围各不相同,但它往往是文献注释的产物,提供了对文献注释中引用的参考文献的类似主题的使用。好的文献综述是由好的文献注释衍生而来的,每一篇文献综述都包含着文献注释。

总之,文献综述是对某一特定主题的总结,而文献注释论文是对该主题的信息来源按字母顺序或主题排列的罗列,其中包含简要的总结和分析。文献注释论文包含关于信息来源的事实,而文献综述则包含对特定主题或论点的总结、评价和分析。文献注释论文告诉读者来源的准确性、相关性和质量,而文献综述则告诉读者主题的正、反两方面,以及作者的见解如何不同于和是否符

---

① "Diffence between Annotated Bibliography and Literature Review," http://www.differencebetween.net/language/difference-between-annotated-bibliography-and-literature-review/[2017-10-9].

合之前关于它的论点。

四、小结

　　文献注释的撰写针对的是一篇文献的阅读，它强调在阅读每一篇文献时读者应关注三个方面：第一，文献来源，为将来正确、完整标注参考文献做好充分准备；第二，对文献重要观点、方法和论证过程的概括和总结，为准确引证做准备；第三，对文献进行评价：文献中哪些观点需要改进，存在哪些问题要进一步研究，带来哪些启示。文献注释论文由多篇文献注释按照要求组合而成，已逐渐成为学术论文的一种表达形式。文献综述是对大量文献的综合研究，初级文献综述应该成为日常阅读的总结，应尽量早开始培训；中级文献综述应用于课堂作业或研究生开题报告之中；高级文献综述以发表为目的，是重要的学术论文形式，也常常应用于基金申请之中。

第十四章 投稿与发表

目前，国际学术出版界，尤其是有一定影响力的学术期刊，是有同行评审制度的，这类学术期刊就是通常所说的同行评审期刊。同行评审在保障发表的学术论文的质量方面起到了关键性作用，同行评审期刊在学术文献中的地位也越来越重要。因此，在投寄和发表学术论文时，作者应该了解学术论文投寄、评审和发表过程中的规则。

中国学者对国际学术界的贡献越来越大，从在国际期刊上发表的论文数量看，中国已经成为学术论文产出大国。但与此同时，不少中国学者的学术论文在投稿和发表中也存在不符合规范的问题。《色谱杂志》（*Journal of Chromatography A*）的主编保罗·哈达德（Paul Haddad）认为，现在有大量的优秀研究成果来自中国，但是随着论文数量的增加，也出现了一系列问题，如：同一篇论文同时投寄两个或更多的期刊；已经以中文发表过的论文再次投稿；稿件中出现剽窃现象，尤其突出的是论文的小部分内容的剽窃。以上行为时有发生，但是更为普遍的不规范行为则表现为：投寄的稿件明显与期刊刊登内容的方向不一致；体例格式不符合期刊的要求；作者不采纳审稿专家的建议；不能恰当地答复审稿专家的意见；英语表达不规范；对被拒的稿件未经修改直接提交。

爱思维尔（ELSEVIER）是欧洲著名的出版机构，针对中国学者在国际期刊上投寄论文的普遍问题，提出了一些忠告：根据期刊的研究范围和其声誉选择合适的期刊投稿；每篇论文只投寄一个期刊；注意期刊的要求；关注稿件格式；仔细检查英语写作；注意道德标准。①

本章我们将针对以上问题重点讨论有关论文投稿和发表的规则及注意事项。本章的资料来源于相关文献②。

一、稿件投寄前准备

在科研得到一定研究成果时，人们就要开始考虑如何将研究结果公布于众。什么样的稿件可以投寄期刊？这是在投寄之前应该慎重考虑的问题。

（一）对稿件的自我审核

根据学术论文的基本要求，作者可以从以下几个方面，对稿件进行自我审核。

1. 研究成果是否具有创新性

论文撰写不是仅仅在研究结束以后才进行，而是与研究同步，因此在研究工作开始之际作者实际上就已经进入论文准备阶段。论文的质量不仅与写作有关，更与研究有关。

想要有高质量的论文产生，作者需在研究过程中核对自己的研究观点是否具有创新性：所做的工作是新的或是有趣的吗？具有挑战性吗？与当前的热点问题有关吗？是否解决了某个难点问题？是否提供了某些重大难题的解决途径？如果回答都是肯定的，作者可以开始准备起草论文。

---

① Elsevier，《中国科技论文写作培训大纲：如何撰写世界一流论文》，https://wenku.baidu.com/view/604ed97604a1b0717ed5dd2e.html[2019-7-31]。

② Elsevier，《中国科技论文写作培训大纲:如何撰写世界一流论文》，https://wenku.baidu.com/view/604ed97604a1b0717ed5dd2e.html[2019-7-31]; Elsevier：《期刊投稿流程》，https://wenku.baidu.com/view/dc9862174431b90d6c85c78c.35[2019-7-31]； M. P. Federle, H. A. Cohen, M. F. Rosenwein, et al, "Pelvimetry by Digital Radiography: A Low-dose Examination," *Radiology*, 1982, 143(3), pp.733-735; Philip Portoghese, "Editorial - Ethical Guidelines to Publication of Chemical Research," *J. Med. Chem.*, 1990 (1), 33, pp. 1-3, https://doi.org/10.1021/jm00163a600[2019-7-31]。

2. 确定论文类型

在着手撰写论文时,应根据研究结果确定论文的类型。

研究论文是最重要的论文,是对重要研究成果的充实的、完整的表达,通过严密的逻辑论证得到重要的研究结论。作者需要考虑的是:论文如果要成为一篇完整的研究论文,研究材料和结果是否充分?能否实现完备的论证?是否得到了有意义、有价值的、重要的结论?以上几个问题若能得到完美解决,便可按照研究论文的形式进行撰写。

快报/短讯是对重要而原始的研究进展的快速和早期交流,在篇幅上比研究论文短,具体长度通常有严格的限制。如果研究结果需要尽快被展示出来,可按照快报/短讯的形式进行撰写并尽快投寄,及时与同行分享研究成果。

评述性(综述)文章是对某一特定话题最新进展的总结,虽然评述的观点已正式发表过,但评述性(综述)文章是相应领域研究的总结和学科发展的展望,对他人的研究具有指导意义。如果作者是一位经历多年研究的学者,在相关领域查阅过大量文献,有自己对文献的独到理解,并研究和总结了相关领域的研究成果,对下一步研究有明确的思路,就可以撰写评述性(综述)文章,以对他人研究起到引导和指导作用。

对于青年学者而言,采用哪种稿件形式,可以向导师和同事征求建议,有时候外人看得更清楚。

3. 读者是谁

在论文撰写过程中,作者应考虑读者是谁。不同的期刊面向不同的读者群,论文应该以吸引读者的兴趣为目的。针对不同的读者群,撰写论文的策略和方式完全不同。

4. 选择正确的期刊

在选择投稿期刊时不应盲目地任意选择,每个期刊都有自己的办刊宗旨、读者对象、侧重点和研究兴趣。投稿之前,应该对这些都有所了解,减少投稿的盲目性。不能一味地选择最好的期刊,而应根据论文的实际情况寻找与之匹配的期刊。

一般从以下几个方面考虑选择期刊：

第一，期刊的办刊宗旨、研究领域。有些期刊看似是综合性期刊，却有其特定的研究领域，比如某些学报，要判断其属于自然科学领域还是社会科学领域。

第二，期刊刊登的论文类型。有的期刊只刊登综述性论文，有的期刊只刊登快报［如《物理评论快报》（*PRL*）刊登快报，其对论文的体例格式全部按照快报要求］，有的期刊会刊登各种类型的论文。

第三，期刊面向的读者群。如《自然》和《科学》都是面向极其广泛的读者，相较于很多专业性的期刊，它们希望吸引更多各行业各专业的读者。

第四，期刊通常会根据学科的发展需要，在做出近期规划时，针对当前的热点话题重点集中刊登相关论文。作者可以通过阅读近期的摘要了解期刊关注的话题，期刊也常常在其主页发布相关信息。

通过关注以上几个方面，作者可准确选择中意的、合适的期刊，提高论文录用的概率，避免因期刊选择不当而影响出版周期。对于刚刚步入学术领域的青年学者而言，往往需要得到导师或同事的帮助，如果必要的话可模仿他们的处理方法来处理自己的论文。另外，关注撰写论文时使用到的引用文献，了解发表这些文献的期刊情况，也可能帮助作者选择恰当的期刊。

需要特别强调的是，无论在何种情况下，一稿多投是国际学术界道德和制度规范中严厉禁止的。有作者抱有通过投寄多种期刊来提升发表概率的侥幸心理，认为一稿多投被发现的可能性不大，想撞运气；但是，由于同行研究人员的人数有限，很多同行专家同时是多个期刊的评委，一稿多投的行为常常会败露。

对于论文发表的费用（受理费和版面费），国际上有些学术期刊不需要缴纳这笔费用，如施普林格（Springer）、爱思唯尔、皇家学会等旗下的期刊。有些期刊需要提交相应的费用，如《自然》及近年兴起的开放获取期刊。

5. 反复阅读作者须知

从初稿（正文设计、文章的引证、术语、图表等）的准备开始就应充分参考投稿指南或作者须知，这样可以节省作者和编辑的时间。提交没有充分准备的稿件是不尊重他人的表现。

学术论文的体例要求往往来源于期刊的要求，各期刊都有自己的规范标准。尤其在一些细节上，期刊之间的要求是有差异的。因此认真阅读欲投寄期刊的投稿指南是非常必要的。

投稿指南的内容包括：期刊的性质、宗旨、稿件体例要求、版权问题、道德行为指南、稿酬支付、其他约定、投稿方式、联系方式等。作者应详细阅读欲投寄期刊的投稿指南，在论文撰写时严格按照投稿要求撰写论文，成文后依照投稿指南仔细检查文稿。为了便于评审，有些期刊要求文章每一部分分页打印：题名、作者、地址在第一页，摘要在第二页，图、表集中附在文后（也有不少期刊要求图表插入文中）。最后，作者应对文章的语法和字词进行核查，确保语言表达准确。

在投寄稿件之前，作者应对论文进行反复修改，以达到期刊的基本要求。作者，尤其是青年学者，普遍存在以下几种情况：不遵照期刊稿件格式和版面设计要求，如错误使用字体、行间距、页码等；论文的字数、页码超出稿件限定的长度，如《物理评论快报》要求稿件篇幅控制在4页之内；论文的主题不符合期刊要求。

许多稿件在初审中就被退稿。初审是由期刊编辑对论文进行格式和内容审查的过程，目的是过滤掉有明显缺陷的论文。评审系统非常庞大，工作超负荷，编辑希望同行专家将其精力用于评审那些有可能发表的文章。

（二）初稿的慎重处理

唐代诗人杜甫认为："文章千古事，得失寸心知。作者皆殊列，名声岂浪垂。"曹丕则将文章提升到了更高的地位和肯定了文章的重要作用："文章乃经国之大业，不朽之盛事。"在中国的传统文化中，因文章的重要作用，作者也占据了极其重要的地位。

每一篇撰写完成的学术论文，都是凝聚着作者们的辛勤研究和大量心血的作品。学者们对其撰写完成的学术论文的情感是难以言表的。唐代诗人白居易在其《与元九书》中说道："凡人为文，私于自是，不忍于割截，或失于繁多。其间妍媸，益又自惑。必待交友有公鉴无姑息者，讨论而削夺之，然后繁简当否，得其中矣。"清代学者李渔在其《闲情偶寄·词曲部》中说道："文章出自己手，无一非佳，诗赋论其初成，无语不妙，迨易日经时之后，取而观之，则妍媸好丑之间，非特人能辨别，我亦自解雌黄矣。此论虽说填词，实各种诗文之通病，古今才士之恒情也。"

从古至今，作者们都非常看重自己撰写的作品，不愿对其内容进行删减或增加也在情理之中。但是要产出公布于众的精品，还需要对撰写完成的学术论文做进一步的打磨和修改。因此，对初稿的处理建议为：将自己完成的作品搁置一段时间，而非即刻公布于众；请同行对作品进行讨论，听取同行的修改意见。不断对作品进行反复修改，可以避免因不够严谨而留下遗憾。

（三）初审退稿原因及对策

论文在编辑部初审阶段即被退稿，可能是论文撰写和投稿前的准备工作不充分造成的。

未满足提交要求就匆忙提交论文是最易被退稿的情况。作者应该重新仔细阅读作者指南，根据指南要求逐条检查论文，确保论文的每个方面都符合期刊的要求，包括论文的字数、文字和插图的布局、参考文献的格式和文献引用的方式等。

当编辑质疑论文文献是否完整时，作者应该仔细检查文献引用中是否有太多自引，或有国际读者不易获得引用文献的情况。

当论文因语言表达出现问题而被退稿时，作者一方面应仔细纠正语法和字词错误，另一方面可以请同事或导师重点检查论文的可读性。

二、稿件投寄及处理

（一）编辑部处理稿件流程

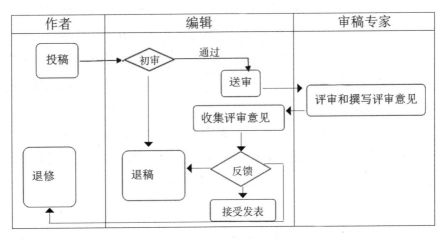

图14.1 编辑部稿件处理流程图

稿件经历了如下处理流程：作者向期刊编辑部投寄论文；编辑对论文进行基本形式检查，对于满足基本要求的论文将组织同行专家对论文进行评审，对于不满足期刊基本要求的论文通常以退稿处理；同行评审专家对论文进行全面评审以后，向编辑反馈评审意见；编辑收集同行评审意见后，通常做出三种决定：拒绝出版（即退稿）、接受发表、需要根据评审意见修改；对于需要修改的论文，作者修改后重新提交论文；对于接受发表的论文，编辑部对论文进行排版处理，最终稿件需要作者对其进行校对，最后由出版社印刷出版。

直接面对作者受理稿件发表的是期刊编辑部，作者不应与同行评审专家直接交流。但在实际运作中，编辑部背后还有一个强大的专业人士团队：一部分是为期刊制定出版规划、监督期刊出版质量的编委会，通常由学科专业知名学者构成，他们同时担任同行评审专家对稿件进行评审；还有一部分是由更加庞大的同行专家组成的同行评审专家，他们不定期地接受期刊的邀请，参与对论文的评审。

国际上，成为同行评审专家标志着被业界认可，同时，参与评审是每一位学者的责任和义务。评审专家的评审意见仅仅为稿件是否刊登提供参考，期刊的主编是最终决定是否刊登稿件的人。无论是编委会成员还是外请专家都要对学术论文做出实质性、专业性的评价，以保证学术期刊的质量。

每一位评审专家独立地对论文进行评审，并向主编提出是否接受发表被评审稿件的建议。论文最终是否发表的决定权在于主编。编辑部的主编可能由一人或多人组成，其主要责任是对稿件做出是否录用的决定。然而，作为主编，他不可能对所有的稿件做出详细的判断，通常需要依赖编委会或期刊涉及领域的专家的建议。

编辑部的编辑有明确的分工，论文的责任编辑主要负责与论文作者的沟通、论文格式的检查、发表论文的编辑等具体工作。出版商负责的是对接受发表的论文的印刷和发行工作。

（二）投稿

1. 投稿方式和投稿信

目前主要的投稿方式包括网络投稿、电子邮件、普通邮件等，具体使用哪种投稿方式要根据期刊要求而定。网络投稿使用比较普遍，作者需要先注册，可以随时查询稿件的处理状态。作者应充分利用好相关资源，随时跟踪和关注自己的论文，并配合编辑做好稿件的处理工作。

投稿时，向编辑提供相关信息至关重要。在传统的投稿中，与稿件一起提交给编辑的信件（Covering Letter）必不可少，在网络投稿中相关的内容已在投稿选项中提交。信件内容包括：论文提交的期刊名、论文的类型；论文未一稿多投的申明；其他相关信息申明，如有无利益冲突问题、人体和动物实验的相关许可、知情同意等；通讯作者及所有作者的姓名、地址、电话和电子邮箱地址，以及发件人的传真号码；推荐审稿专家名单和欲回避审稿专家名单。

2. 同行评审专家的推荐

针对近年来中国论文大量退稿中存在的与推荐审稿专家相关的突出问题，在此我们重点强调有关推荐同行评审专家的国际规则。按照国际学术界规则，作者有责任和义务向编辑部推荐同行专家名单和欲回避审稿人名单，这些名单仅仅作为参考，供编辑在选择审稿专家时使用。这一规则不是说编辑必须按照作者的要求选择，而是为了让稿件的评审更加公正和客观，避免由于编辑专业知识的局限而无法找到合适的审稿专家，耽误审稿速度。许多稿件因杂志编辑部找不到合适的审稿人而一拖再拖，也存在找到的审稿人因不熟悉该研究方向、低估稿件的意义而轻易退稿的现象。

作者在提供审稿专家的名单和通讯地址时需真实、详细、仔细。因此，在投稿的同时，提供一些熟悉稿件工作的审稿人是必要的，这就需要我们在阅读文献时留意一下，做些记录；提供的审稿人要尽可能熟悉该稿件所做的工作，或者估计他们对此稿件感兴趣，至少是了解问题的背景和研究的意义，以加快审稿速度，获得中肯的意见。作者应在研究过程中特别留意和关注同行的研究，在文献阅读中除了研究内容的研读外，对研究者信息的关注也非常必要，因此，从论文的参考文献中寻找审稿人是一个不错的选择。

为了公正公平，避免观点不同导致退稿的情况发生，作者也可以向编辑部建议欲回避评审专家名单。

很多杂志要求投稿者提供审稿人名单，以及详细通讯地址、邮箱地址、电话号码和传真号码等信息。有的期刊规定，不提供者的稿件将被作拒稿处理。《中国科学》在"投稿信息"中明确指出："提供6—8位非本单位同行专家的详细通讯方式和研究领域，也可提出要求回避的同行专家名单，以备稿件送审时参考。"《应用数学快报》（*Applied Mathematics Letters*）要求："为了缩短评审过程的时间，在邮件中提供6位可能的审稿专家名单，包括完整的姓名和地址。"编辑部在给作者的邮件中还特别强调："作者若没提供该研究领域的审阅专家名单，或缺少审阅人的信息（全名、完整地址和电子邮箱），我们将会拒绝其稿件！"

（三）稿件评审过程

同行评审专家由编辑选取，同行评审专家的人数可能依据不同的期刊而不同，通常是2至3人。同行评审专家提出评审意见，向作者提供改进的建议，并帮助主编做出是否刊用的结论。当所有的审稿专家一致认为稿件质量优秀、可以刊登时，稿件被接纳的可能性最高；当几位审稿专家意见出现分歧时，编辑部可能以多数人意见为依据决定稿件的取舍；在无法做出判断时，编辑部会增加审稿人数，以尽量对稿件做出准确评判。

作者收到审稿意见后，如果认为评审意见有失公正，可提供充分证据为自己的观点辩护。很多学者经常处于与编辑和评审专家辩论之中，也有很多经过辩论使得论文成功录用的案例。这在一些探索性很强的专业领域是极其常见的事，因此，作者不要轻易放弃自己的权利。

同行评审专家对稿件进行评审的基本内容包括：稿件的主题与期刊研究范围的相关性；研究内容的新颖性、研究结论的重要性和工作的创新性程度；实验描述是否清楚、完整；讨论和结论是否合理；参考文献的覆盖，即引用是否必要、合理；文字表达和图表表达是否简洁、清楚。

影响同行专家做出评审结果的因素是多方面的，作者的信誉是必须强调的重要因素，因为学术研究的基础就是研究者的诚实和守信。

同行评审专家的意见由编辑汇总后发给论文的第一作者或通讯作者。评审意见中评审结果的类型包括：第一种，修改。修改分为修改后发表和重大修改后重审两类。修改后发表是指论文基本符合期刊录用要求，但存在一些技术性问题，编辑要求作者对论文做相应的修改。修改稿通常由编辑审核，无须再提交同行评审专家评审。而重大修改后重审是指论文还存在一些重要问题，期刊是否录用需要视这些问题是否得到解决后方能决定。作者需要非常重视这些实质性问题，并认真修改。修改稿还需要同行评审专家评审，是否由原来的同行评审专家评审由编辑决定。第二种，退稿。论文被期刊拒绝录用，作者有权对论文进行其他处理，包括投寄其他期刊。第三种，发表。能直接发表的情况比较少，有修改要求的情况比较多。

（四）属于研究内容（目的和范围）的退稿原因及对策

退稿的原因是值得作者关注的，它对作者进一步改进稿件非常重要。以下是普遍的退稿原因及相应对策。当编辑因"论文的兴趣有限，或仅涉及局部问题（样本类型、地理、特定产品等）"退稿时，作者应检查论文是否对期刊涉及的读者有吸引力。当退稿原因为"论文是众所周知的方法的常规应用"时，作者应检查论文是否对现有方法添加了重要的、有价值的内容，或者探讨了对现有研究方法的显著扩展。当退稿原因为"论文有一点新的进展，但是涉及的范围有限"时，作者应检查论文是否提供了与期刊性质一致的观点，是否从结果中得出了正确的结论。当退稿原因为"新颖性和显著性没有立即显现或充分证明"时，作者应检查论文的工作是否扩充和改进了现有的知识体系。

（五）评审意见的处理

针对不同的评审结果，作者处理的方式也有所不同。

1. 修改

为了达到发表的目的，作者应根据审稿专家和编辑的建议与意见进行修改。经过修改的文章，作者可以再次投寄同一期刊。有些期刊按照原论文编号继续处理，也有些期刊可能会将修改稿重新编号，作为新投寄稿件处理。

作者应认真修改论文稿件。应仔细研究评审意见和编辑要求，对论文进行全面的、完整的修改，而不是仅仅修改专家指出的部分。

论文修改是一个极好的学习机会。对已经修改过的论文进行进一步评审非常常见。在提交修改稿时，作者要认真准备一封详细的答复信，即修改说明：复制专家的每一个意见，将答复直接写在下面；明确阐述论文中的修改细节，指出所在页和行数；对一些典型问题，除了说明修改之处外，可提供一些必要的讨论。对于能接受的意见，作者需提供准确的答复；对于不认同的评审意见，作者应用令人信服的、可靠的和有礼貌的方式辩驳。

修改说明不仅运用于论文评审中，在论文投寄之前的论文撰写过程中也可以用到。在对论文进行反复修改的过程中，修改说明能节省导师和同事很多时间，提高论文修改的效率。对于初学者而言，应该有意识地接受该方面的训练。

下面是一个修改说明写作范例[①]：

> **Reviewer's Comments:** It would also be good to acknowledge that geographic routing as you describe it is not a complete routing solution for wireless networks, except for applications that address a region rather than a particular node. Routing between nodes requires further machinery, which detracts from the benefits of geographic routing, and which I don't believe you have made practical.
>
> **Author's reply:** *We agree and will add an appropriate caveat. Note that for data-centric storage (name-based exact-match and range queries for sensed events), the storage and query processing mechanisms "natively" address packets geographically-without a "node-to-location" database.*
>
> ...
>
> **Reviewer's Comments:** The footnotes are driving me crazy!
> **Author's reply:** *We'll strive to remove some of them.*
>
> ...

2. 退稿

编辑通常会在退稿信中逐条叙述拒绝的原因，作者应该仔细阅读。退稿的原因包括：论文存在严重的缺陷；论文超出期刊的研究范围；论文的论点、数据等出现原则性的错误；等等。

每个人都有被退稿的经历，作者应设法去弄清楚稿件为什么被拒绝。作者已经受益于编辑和审稿专家的付出，得到了他们的建议，现在应重新评估自己的研究工作，并决定是否在别处提交。

[①] Dr. Ramesh Govindan, professor, Computer Science Department, University of Southern California, http://enl.usc.edu/~ramesh/writings/files/NSDI_response.txt [2019-7-31].

在没有做出重大修改之前，将被退稿的稿件直接投寄到其他期刊并不能节省时间。由于同行的局限性，论文的最初的评审专家可能恰好是重新投寄期刊的评审专家，论文未修改的状态可能被发现，而且这种情况发生的概率并不低。

建议作者在投稿信中提及论文被拒和相关的期刊，包括评审报告和作者详细的答复，解释为什么稿件要重新投寄到现在的期刊上（如现在的期刊更加合适），并表示稿件已经在上次投稿的基础上进行了完善。

3. 发表

编辑直接接受、无须修改并发表在即将出版的期刊上的论文非常少见，大多数接受发表的文章已经被反复修改过。最终正式发表之前，作者还需要对排版的论文进行校对。

三、论文发表

（一）校对

校对是对被接受发表的论文清样进行核对的基本方法，是完善文字和避免错误的重要环节。校对过程应严谨认真，通常需多次校对。第一遍，通读清样；第二遍，与原稿一起逐字逐句校对清样，特别注意图表。还有一种方法是请一人慢速阅读原稿，作者对照清样校对，或自己阅读原稿并用录音机录制，播放录音的同时对照清样校对。

在此阶段，作者只需校对排版错误，不要再对语言进行修改。对于严重的错误，如摘要和正文中的数据不符，需进行修改；或如果论文部分内容的观点需要修改或增加一些新的信息，可在正文后参考文献之前加附录（Addendum或Notes added in proof），因为该部分没有通过审稿专家审阅，应与其他部分有所区别。如：

> **Addendum**
>
> Since this manuscript was submitted, 25 additional patients have been studied. DR [Digital Radiography] pelvimetry has completely replaced the conventional method at this institution.[①]

对参考文献中在投稿时还处于接受状态、现已正式发表的文献,要添加期刊的卷、期等必要信息。

(二)版权转让

一旦稿件被期刊接受发表,编辑部将要求作者履行版权转让手续。以下是中国科学杂志社的著作权转让声明书样本:

> 中 国 科 学 杂 志 社
> 著 作 权 转 让 声 明 书
>
> 论文中文题目:_____
> 论文英文题目:_____
> 稿　件　号:_____
> 全体著作权人:_____
>
> 遵照《中华人民共和国著作权法》,自本声明书签署之日起,上述论文全体著作权人同意:上述论文将刊登在《_____》中文版和英文版上,并将全体著作权人就上述论文(各种语言版本)所享有的复制权、发行权、信息网络传播权、翻译权、汇编权在全世界范围内免费转让给《_____》的出版单位中国科学杂志社。全体著作权人授权中国科学杂志社根据实际需要独家代理申请上述作品的各种语言版本(包含各种介质)的版权登记事项。

---

① M. P. Federle et al.,"Pelvimetry by Digital Radiography: A Low-dose Examination," *Radiology*, CXLIII, 1982, pp.733-735.

> 上述论文的著作权人保证：
> （1）上述论文是著作权人独立取得的原创性研究成果；论文内容不涉及国家机密；
> （2）未曾以任何形式用任何文种在国内外公开发表过；
> （3）上述论文的内容不侵犯他人著作权和其他权利，否则著作权人将承担由于论文内容侵权而产生的全部责任，并赔偿由此给中国科学杂志社造成的全部损失。
>
> 并承诺：
> （1）以后不考虑以任何形式在其他地方发表该论文；
> （2）未签字的著作权人授权签字的著作权人作为全体著作权人的代理人签署本声明书的，此声明书对全体著作权人均有约束力；
> （3）签字的著作权人保证其本人具有签署此声明书并做出各项承诺之权利。
>
> 全体著作权人：
>
> 　　　　　　　　　　　　　　　　　　　　　　　年　　月　　日

从该样本我们可以看出，著作权转让明确了著作权人和出版者对发表论文拥有的权利，也为读者包括作者本人对发表论文的使用提出了相应的法律要求。因此，作者在发表论文的过程中，应仔细阅读相应期刊的著作权转让声明书，明确自己的责任和义务。这也是规避学术不端行为的一道重要防线。

四、作者与编辑、审稿专家沟通

在初审阶段，大多数期刊在收到稿件后会通过电子邮件或其他方式给作者发"收稿回执"（Acknowledgement of Receipt），回执上有该稿的编号等信息。如果未收到回执，作者可通过电话或信件咨询编辑部。有些期刊在此阶段还要求所有署名作者核实投稿信息并签名返回编辑部。作者应及时配合编辑部做好相关工作。

《物理评论快报》要求作者提交论文时承诺：该文提交的是署名作者的原创性工作；该稿精确反映了科学结果；所有作者对研究内容的概念、设计、实施或解释做出了显著贡献；那些对该文做出重要贡献的人均已列入署名作者名单；所有署名作者了解并同意提交该稿；该稿没有在其他刊物上发表过，没有同时投寄其他期刊，也没有处于其他期刊的评审之中；作为投稿的一部分，作者已经向编辑提供了所有相关材料（例如，作者近期尚未发表的与该稿有关的相关稿件）；作者接受审核发表论文的所有程序。

审稿阶段，编辑通常希望审稿专家在一定的时间里完成稿件的评审工作。但审稿专家都是利用业余时间评审，所以评审时间可能会相应延长。在此期间，作者可通过网络、电子邮件或电话查询稿件的处理状态，每次查询时应告知稿件的编号。

在稿件处理的各个阶段，作者一定要按照期刊的规定按时认真完成各个步骤，在编辑要求的时间内返回相应信息。

如果文章接受，作者会收到一封简短的录用函。如：

> Dear Doctor:
>
> Your manuscript has been accepted for publication. It is now being sent to the Publisher and in due time you will receive a proof.
>
> （你的文章已经被接受发表。该稿将被送出版者，你也会收到清样。）

如果文章被退稿，作者会收到一封退稿信。如：

> Dear Dr ...,
>
> I hope we shan't dismay you by failing to accept this paper. I should like to have enabled our readers to see your further interesting findings but at present we are in such trouble from pressure on space... I am sure you will readily make an alternative arrangement.

> （我希望你不要因为拒稿而沮丧。我希望能让读者阅读到你将来有意义的研究结果,但是由于版面的压力,目前不能发表。……我确信你会欣然地接受这种安排。）

在科学史上,重要论文被拒时有发生。1937年,《自然》拒绝了汉斯·克雷布斯的一篇文章。在这篇文章中,他提出了柠檬酸循环的观点。这种循环是细胞代谢中的重要特性之一,现在被称为"克雷布斯循环"(三羧酸循环)。后来,这篇文章被《酶学》杂志编辑接受并发表。正是因为这篇论文报道的这项研究工作,1953年克雷布斯获得诺贝尔生物学奖。

五、编辑的职业道德

该部分引自美国化学会的出版道德指南。

编辑应对所有投稿做出没有偏见的判断,评判的依据是论文的价值而不是作者的种族、信仰、国籍、性别、资历和单位;要关注该稿与相同作者先前和同时提交的正在处理的论文的相关性;应尽快处理稿件。

主编独自具有决定发表或拒绝发表稿件的权利。为了做出可靠和谨慎的决定,主编需要参考评审专家意见,公正评价稿件的质量和可靠性。

如果稿件不符合期刊要求,如由于不符合期刊的宗旨、研究内容深度不够、英语写作具有缺陷或其他原因,编辑可以不组织稿件的外审而直接退稿。

在审稿过程中,编辑不能透露有关稿件的任何信息……编辑可以提前刊出录用稿件的题目、作者姓名,更多的信息只能在获得作者允许后方可公开。编辑应该尊重作者的学术独立性。期刊编辑或编委会成员提交的稿件应该由编辑部其他编辑或编委会其他有资格的人员负责审理。

编辑不能将正在受理但尚未发表的论文中的任何信息在未经作者同意的情况下用于自己的研究。

对有充分证据显示主要内容或结论存在错误的已出版论文，可以由发现错误的人或作者本人针对其撰写相应的文章，指出并更正错误。

作者可以提出欲回避的审稿专家名单。这种情况可能是该论文的观点与可能参与评审的专家先前的工作存在严重分歧。但是如果编辑认为这些专家能够对该稿进行公正的评审，编辑可以仍然请他们参与评审。[1]

六、小结

学术论文发表对研究者而言非常重要。为了顺利发表论文，作者应认真阅读期刊的征稿要求，在投寄稿件时认真审阅稿件的内容和格式，不要因为准备不充分而在初审阶段被编辑拒稿。作者应正确对待编辑反馈的审稿意见，完善论文，通过修改说明向编辑和审稿专家说明修改状况。论文被接受发表不等于发表工作已经结束，作者还需要对样稿进行校对。在稿件处理过程中，作者需配合编辑完成好每一步稿件处理工作，以促使稿件尽快发表。

对于被拒的论文也应保持平和的态度。在选择新刊投稿时，需要认真对待之前审稿专家的意见，修改稿件，根据新刊的要求重新组织稿件。

---

[1] Philip Portoghese, "Editorial - Ethical Guidelines to Publication of Chemical Research," *J. Med. Chem.*, 1990, 33 (1), pp.1-3, ttps://doi.org/10.1021/jm00163a600[2019-7-31].

第十五章　专利和学术会议

无论是科学发现还是技术发明，首发权一直是学术界所关注的话题。学术论文收稿日期的标注解决了学术研究中首发权的问题，专利对于技术发明的保护起到了决定性的作用。技术发明既可以通过发表学术论文进行学术交流，又可以通过申请专利保护发明人的知识产权。那么学术论文发表和专利申请的关系是什么？它们之间的矛盾如何处理？

除通过学术期刊发表学术论文外，学术会议是历史更加悠久的学术交流方式。学术会议的规模日益壮大，内容越来越丰富，形式变得多样化。学术会议不仅是学术交流的极佳场所，也是青年学术获得演讲技能的舞台和事业发展的起点。

本章内容包括两个方面，一是介绍专利、专利申请和学术论文发表的关系，二是重点介绍学术会议的特征和学术会议交流方式，包括口头发言、墙报和会议论文。本章信息源于文献[①]。

[①] APS, "Code of Conduct for APS Meetings," https://www.aps.org/meetings/policies/code-conduct.cfm[2020-3-1]; ACM, "Policy Against Harassment at ACM Activities," https://www.acm.org/special-interest-groups/volunteer-resources/officers-manual/policy-against-discrimination-and-harassmen [2020-3-9]; Philip E. Bourne, "Ten Simple Rules for Making Good Oral Presentations," *PLoS Comput Biol*, 2007-4-27, https://www.ncbi.nlm.nih.gov/pmc/articles/PMC1857815/[2020-3-5]；《墙报交流是重要学术交流形式》，中国化学会第31届学术年会，2018年，http://www.chemsoc.org.cn/meeting/31st/poster.html [2020-3-9]; Angela Hoffman, "How to Design a Scientific Poster," *Chemistry*, 2012, https://www.acs.org/undergrad[2020-3-9]; ACS, "ACS Policies for Poster Sessions," https://www.acs.org/content/acs/en/meetings/national-meeting/agenda/student-program/poster-sessions.html [2020-3-9]; Thomas C. Erren and Philip E. Bourne, "Ten Simple Rules for a Good Poster Presentation," *PLOS Computational Biology,* 2007, 3(5), https://www.ncbi.nlm.nih.gov/pmc/articles/PMC1876493/（接下页）

一、专利与学术论文

现在我们就专利和学术论文的区别和关系做一些讨论，相关信息来源于中华人民共和国国家知识产权局网站（https://www.cnipa.gov.cn）。

知识产权的问题越来越得到社会的重视。知识产权是指对智力劳动成果所享有的占有使用、处分和收益的权利。知识产权是一种无形财产权，它与房屋、汽车等有形财产一样，都受到国家法律的保护，都有价值和使用价值。学术论文的发表所涉及的著作权（版权）、专利权等都属于知识产权范畴。

专利是专利权的简称，从字面上讲，是指专有的利益和权利。专利权是一种独占权，是指各国专利局对提出专利申请的发明创造，经依法审查合格后，向专利申请人授予的、在规定时间内对该项发明创造所享有的专有权。

专利具有独占性、时间性和地域性的特征。独占性是指一旦拥有了某项发明专利，任何他人都不能侵占；时间性是指发明成果只在专利保护期限内受到法律的保护，期限届满或专利权中途丧失之后任何人都可无偿使用；地域性则指一项发明在哪个国家获得专利就在哪个国家享受法律保护，别国不予保护。

有了技术成果应该先申请专利还是先发表论文？这是大家最为关注的问题。在我国，审批专利采用先申请原则，即两个以上的申请人向专利局提出同

（接上页）[2020-3-5]; "How to Present an Awesome Poster," https://www.sigmapisigma.org/sigmapisigma/congress/2019/how-present-awesome-poster[2020-3-5]; "Tips for Presenting Your Scientific Poster at a Conference," https://www.scientifica.uk.com/neurowire/tips-for-presenting-your-scientific-poster-at-a-conference[2020-3-5]; "Less is More: Advice for Keeping Your Poster Concise," https://www.scientifica.uk.com/neurowire/less-is-more-advice-for-keeping-your-poster-concise[2020-3-5]; "How to Make Your Scientific Posters Stand Out," https://www.scientifica.uk.com/neurowire/how-to-make-your-scientific-posters-stand-out[2020-3-5]; Elzbieta Cook, "Writing an Abstract for the Undergraduate Research Poster Session," Louisiana State University, https://www.acs.org/content/acs/en/meetings/national-meeting/agenda/student-program/undergraduate-abstract.html[2020-3-9]; "Anatomy of an Awesome Infographic," 2019-9-26, https://inchemistry.acs.org/content/inchemistry/en/acs-and-you/anatomy-awesome-abstract-infographic.html[2020-3-9].

样的专利申请，专利授予最先申请专利的个人或单位，因此申请人应即时将其发明申请专利，以防他人抢先申请。由于申请专利的技术必须具有新颖性，因此发明人应先申请专利，再发表论文，以免因过早公开技术而丧失申请专利的机会。

专利申请和学术论文在写作上最大的区别在于，专利申请在对技术指标的描述上可以模糊，给出一个范围，促使使用者在应用时向专利发明者购买具体数据，只有这样才能保护发明者的权利。而学术论文要求所有技术指标具有精确性和准确性，以便他人重复。正是这一区别要求发明人先申请专利，再发表论文。

获取专利权应具有三个实质性条件：新颖性——申请专利的发明是以前从来没有见过的，也没有相同的技术方案刊登在出版物中或者已被他人申请过专利；创造性——发明者在研发时付出了创造性劳动，申请专利的发明有实质性特点，优于同类传统技术；实用性——申请专利的发明比原有技术效果好，且可以用工业方法生产。

需要注意的是，不在专利权授予范围之列的有：科学发现（如发现新星），自然科学定理、定律（如牛顿万有引力定律），疾病的诊断和治疗方法，动植物新品种等。

总之，专利权申请是知识产权保护的重要手段。对于实用性技术和方法，在投寄期刊发表之前申请专利权，可以实现作者利益的最大化。

二、学术会议

（一）学术会议及其特点

学术会议（Conference Communications）是指某一领域的研究机构、学术团体组织的将研究人员集合在一起探讨特定研究领域的问题，为研究人员在一个可控的框架内营造一个面对面进行学术交流的理想环境。相较学术期刊论文，学术会议交流更加直接，讨论更加彻底。广义的学术会议还包括各种研讨会（Workshop）、座谈会（Symposia）等，在此我们只研究狭义的学术会议，尤其是重要的、知名的学术会议。

学术会议是比学术期刊更早的学术交流手段。一方面，会议向与会者提供大量最新的研究动态；另一方面，通过参加学术会议，与会者得到发表自己研究成果的机会。随着科学研究的发展，学术会议越来越重要，学术会议的交流形式日趋多样化。

在学术会议上，除了学术交流外，参会者如果做足功课，有可能在会议上见到心仪的专家学者。与他们正面交流，或求教或拜师，一切都会顺理成章。同时，世界各国的学术机构和大学也会利用这一难得的机会，选拔和招聘优秀人才加盟。

随着科研活动的职业化，学术会议成为建立与同行联系的途径，也可以为青年研究者的研究生涯提供更多机会。同时，青年学者通过学术会议能学习到新的技能，提高和掌握多种学术交流的表达能力。

参与重要学术会议的意义和重要性越来越受到学术界的关注，学术会议的规模也越来越大，参会人数众多，组织形式多元化。如美国物理学会每年举办的"三月会议"（March Meeting），有来自世界各地的几千名物理学者，包括在校的大学生参加，2019年注册参会人员超过5000人，实际参会人员超过10000人。2020年组委会预计参会人员会超过10000人，遗憾的是，由于全球范围内的新冠疫情影响，组委会在会议举行的前一天取消了会议，并承诺将提交到会议上的摘要和墙报通过在线形式与同行分享。[①]

除了参会人数众多，学术会议的组织形式也越来越多样化。大会、分会和论坛都成为大型、重要学术会议的组织形式，此外，酒会也为参会人员提供了交流的场合。但大会仍然是一次学术会议的重头戏，重要人物参与的开幕式、精彩纷呈的大会邀请报告、各种颁奖活动都会引发参会者极大的兴趣。为了给更多的不同专业和领域的参会人员提供更多的交流机会，分会和论坛成为进一步充分、深入和具体交流的场所。分会一般根据研究领域划分，具有专业性强的特点。如中国化学会每两年一次的学术年会，是中国化学界的学术盛会，分会的数量也在逐次增加。2014年的中国化学会第29届学术年会设立了41

---

① https://march.aps.org/about/coronavirus[2020-3-9]。

个分会，2016年的中国化学会第30届学术年会设立了46个分会，2018年的中国化学会第31届学术年会设立了48个分会，2021年的中国化学会第32届学术年会设立了57个分会。①创新论坛、双边论坛、产学研论坛、发展论坛也是开展交流的重要场所。

（二）学术会议行为准则

从个人自发到有组织举办，学术会议对参会者的行为要求逐渐规范化，参会者应遵从相关的行为准则。

美国物理学会制定了《APS会议行为准则》：

> 美国物理学会的政策是，所有参与者，包括参会者、供应商、APS工作人员、志愿者和APS会议上的所有其他利益相关者，将以专业的方式进行自我管理，没有任何形式的歧视、骚扰或报复。参与者将相互尊重和关心，在APS会议上创造一个合议、包容和专业的环境。创造一个支持性的环境，以便在APS会议上进行科学讨论，是所有参与者的责任。
>
> 参与者避免因年龄、种族、族裔、性取向、性别认同、性别表达、婚姻状况、国籍、政治派别、身体状况、教育背景或受法律保护的任何其他特征等个人特点而采取任何不适当的行动或陈述。任何破坏性或骚扰性的行为都是不能容忍的。骚扰包括但不限于不适当或恐吓的行为和语言、不受欢迎的笑话或评论、不受欢迎的接触或关注、攻击性的图像、未经允许的摄影和跟踪。
>
> 若发现违反本行为准则政策的行为，应向会议组织者、APS工作人员或APS会议主管报告。惩罚方式包括口头警告、不退款地逐出会议或通知有关当局。对不当行为的投诉进行报复是不能容忍的。……②

---

① http://www.chemsoc.org.cn/meeting/home/annual.html[2020-3-1].
② https://www.aps.org/meetings/policies/code-conduct.cfm[2020-3-1].

美国计算机学会（Association for Computing Machinery，ACM）制定的《反对在ACM活动中骚扰的政策》认为：

> 思想的公开交流是计算机学会的核心任务。这需要一个包容多样性的环境，并为所有人提供一个安全、友好的环境。……希望所有参加ACM活动的人员在所有场所，包括辅助活动和非正式社交聚会，都遵守本政策：在演讲和行动中考虑和尊重他人；避免歧视或骚扰行为；关心周围环境和其他参会者；当有人处于危难中或违反本政策时，请及时报告组织方。[①]

该政策还规定了不可接受的行为：

> （1）伤害：任何（a）严重干扰该人的参与，或（b）使该人担心其人身安全（包括威胁、恐吓、欺凌、跟踪或其他类型的伤害）的行为。（2）歧视性骚扰：任何基于种族、族裔、宗教、公民身份、国籍、年龄、性或性别身份、残疾或发生ACM活动所在地受法律保护的任何其他特征歧视或诋毁个人的行为。（3）性骚扰：不受欢迎的性接触、性恩惠请求或其他语言/肢体的性骚扰。[②]

政策中还包括对不可接受的行为的惩罚方式等内容。

（三）学术会议的一般流程

学术会议一般有如下流程：

会议通知的发放。根据会议的性质，会议主办方在一定的范围散发会议通知。会议通知内容包括：会议的意义、研究领域、时间流程安排、会议地点、征稿要求等。通常会有几轮会议通知。参会者应关注组委会的相关要求，比如线上注册、提交论文摘要或论文全文及相关行程安排等事宜。

---

① "Policy Against Harassment at ACM Activities," https://www.acm.org/special-interest-groups/volunteer-resources/officers-manual/policy-against-discrimination-and-harassment[2020-3-9].

② 同上。

会议论文的审定。在一定时间范围内，收集欲参会人员提交的论文摘要或完整的学术论文；组织专家对论文摘要或完整的学术论文进行评审；根据研究成果的重要性和研究领域，安排大会报告、口头报告、墙报等交流。通过在线提交摘要或全文、在线评审都已经非常普遍，如会议摘要编程系统（The Meeting Abstracts Programming System，MAPS）是美国化学会的在线会议编程系统，供参与美国化学会举办的学术会议的作者提交论文摘要，项目主席和学术会议组织者查看、审查和编辑美国化学会国家会议出版物。[①]

学术会议的召开。在组委会的安排下，会议按照流程进行。会议最为重要的特邀报告和大会报告将在所有人的共同参与下进行。按照组委会的安排，分组会议常常同时进行，与会人员可以根据自己的兴趣选择，但需要注意的是，有小组口头报告的参会者应准时参加并报告。由于闭门会议对参与者有一定的要求，所以我们把其归到分组会议里，参会者也应按照组委会要求准时参加。对于墙报的展示，组委会会通知参会者张贴墙报的时间、地点及墙报的编号。在墙报展示期间，作者应在现场为参观者提供说明和讲解。在组委会安排的墙报展示时间结束后，作者应自行摘下墙报。此外，组委会还有其他交流活动，如酒会等，这些活动都有助于学术交流。

学术会议文集的出版。传统的学术会议在其结束后，会有由参会者提交的会议摘要组成的会议文集出版。随着网络技术的发展，现在很多著名的会议主办方将举办的历届学术会议相关的学术交流信息存放在其官网上，长期保存，供读者阅读。这些信息包括学术会议论文（包括论文摘要或完整的学术论文），以及一些学术会议（如美国物理学会）的重要口头发言的演示文稿（PowerPoint，PPT）等。

不同的学科领域对参会者的论文摘要或论文全文有不同的要求。在物理学和化学领域，目前以提交论文摘要为主，参会的论文摘要最终将汇集成会议文集出版，并在学术领域传播。论文摘要对原创性没有要求，但是摘要的写作与期刊发表的学术论文摘要有所区别。在信息科学领域，通常要求提交

---

① https://www.acs.org/content/acs/en/meetings/national-meeting/abstract-submission.html[2020-3-9]。

原创性的研究论文全文，会议对评审过的会议论文按照期刊论文的要求正式出版。因此，这类学术会议的论文与学术期刊发表的论文在学术领域的地位和作用是一样的。

三、学术会议的交流方式

在大型学术会议召开期间，学术交流方式通常包括口头报告、墙报和会议文集等多种形式。我们将各种交流方式的要求、内容及技巧梳理如下。

（一）口头报告

通过口头报告（Oral Report）清晰、合理地表达观点和科学成果是学者科学事业的重要组成部分。口头报告可以更广泛地传播研究成果，并突出可能没有得到书面关注的作品。大型学术会议通常包括大会报告、分会报告等。

大会报告一部分由会议主办方邀请，被邀请的报告人是学科领域中最为著名的学者，报告内容是该领域最重要的研究成果；另一部分是经过专家评审认为研究成果比较杰出的报告，通过大会报告能在较大范围起到重要作用。大会报告时间一般为20至30分钟。分会报告、论坛报告时间一般为10分钟左右。目前，无论是大会报告还是分会报告，通常会使用多媒体手段。报告者认真准备演示文稿并严格按照会议规定时间完成报告，这既是规范要求，也是对其他与会人员的尊重。

大多数情况下，口头报告的文体与提交发表的学术论文不同，其目的是让听众更容易理解。演讲内容可以或按照逻辑顺序或按照要点进行安排。在演示文稿中，应避免过多的技术描述和过泛的参考文献，尽量使用简单的一般术语解释研究。可以展示完整的研究论文，但不要逐字逐句地阅读。语速应低于80个单词/分钟（英语），包括更换幻灯片的时间，让听众有时间阅读幻灯片的内容。事先要有充分的准备，严格遵照会议时间要求（如分会报告一般为10分钟陈述和5分钟讨论）完成口头报告演讲。

口头报告中应注意避免使用缩写，避免使用大量的数据和统计表格。在回答问题时，最好重复提问者的问题，以便听众更好地理解。

口头报告中应该阐述：研究目的、研究方法和步骤、获得的研究结果、结论描述和对未来研究的建议。口头报告中不应该包括：研究的历史背景、参考文献、实验过程的细节、中间结果、负面结果的细节（除非在辩论中特别需要）。

有学者对如何做好一个口头报告归纳出10条策略[①]：

策略1：面向不同观众采取不同演讲策略

口头报告是面对观众的演讲，在演讲之前应该确定观众是谁，他们拥有什么样的知识背景，他们希望获得什么信息。面向不同观众，报告人根据报告的目的组织报告的主题和内容，传达观众希望获得的信息。在演讲中应尽可能多地进行眼神交流，使演讲增加一种亲密感和舒适感。

策略2：简洁，突出重点，少而精

一个人对研究领域的贡献主要依据其最好的研究成果，而非他在研究活动中付出了多少心血、做了多少工作。

缺乏经验的报告人常犯的错误是说得太多，他们觉得有必要通过更多的信息传递，向观众证明他们知识渊博。结果恰恰相反，大量信息可能造成主要的、重要的和本质的信息丢失，导致宝贵的提问时间被缩短。

主题的陈述最好通过一个清晰简洁的演讲来完成。另外，材料太多可能会导致语速太快，这也是造成信息丢失的一个原因。

策略3：报告已有结果的研究

观众的时间是宝贵的，报告的内容应该是有价值的。不要把一些初步的没有结果的研究过程展示给观众，这些信息没有任何意义。

策略4：强调要点，使信息具有持久性

检验信息是否具有持久性，有一个很好的检验方法：如果在报告结束一周以后，听众能够回想起报告中的三点，且这三点是报告人要强调的关键点，说明报告很成功；如果回想起来的三点不是报告的关键点，说明报告有问题，

---

① 参见 Philip E. Bourne, "Ten Simple Rules for Making Good Oral Presentations," *PLoS Comput Biol*, 2007-4-27, https://www.ncbi.nlm.nih.gov/pmc/articles/PMC1857815/[2020-3-5]。

需要强调的地方不对；如果听众根本就无法回想报告中的三点，说明报告失败了。

口头报告重要的是要说清楚到底做了什么，意义何在，难度几何。

策略5：合乎逻辑，条理清晰

可以把口头报告想象成讲一个故事，讲解过程中有一个逻辑流程：开始、中间和结束，每个环节清晰，相互之间连接自然。因此在设计报告时，要注意故事的起因（即研究背景和问题）、故事的发展过程（即问题转化或分析，问题求解，具体到研究材料和方法，以及研究结果）、打动人心的故事结尾（即研究结论，解答的检验，以及与先前工作的比较，回答最开始提出的问题）。这样的报告清楚且易于理解，才会给听众留下比较深刻的印象。

策略6：充分发挥讲台的作用，吸引听众

报告中可以增加幽默、风趣的成分，实现策略4的信息持久性；但是不要过度，毕竟学术会议是非常严肃的场合。若非天生幽默，就不要刻意幽默；若不擅长讲轶事，也不要试着讲轶事。刻意的行为只能起反作用。

策略7：反复练习，安排演讲时间

日常和参会前的练习和训练，对于缺乏演讲经验的青年学者来说尤为重要。报告偏离关键点是时常发生的，最坏的情况是报告人对自己的报告内容比听众了解得还少。只有通过不断的练习，才能纠正偏离正题的情况，做好口头报告。这种训练不应只寄希望于在参加会议之前的短期培训，而应该在日常的学习和研究中有意培养，课程学习、组会等都是极好的训练场合。

演讲中各部分的时间安排也是训练的重点，要根据重要性分配时间，总演讲时间一定要控制在规定时间之内。

策略8：充分有效利用多媒体工具

报告人有不同的演讲风格。充分有效利用多媒体工具有助于提高口头报告的质量，尤其是图表会给听众带来良好的视觉效果。目前，PPT是使用最为普遍的多媒体工具。根据经验，PPT的制作大致按照演讲时间来安排，每分钟一页比较合适，在实际演讲中也有快有慢。避免照读PPT上的内容，除非想明确强调相关内容，并引导观众一起阅读。PPT的内容，包括图、表和数据，应该支持、强调或证明口头表达的观点。PPT不可过于复杂，把关键性的要点表达清楚即可。

做好PPT是做好报告的重要因素，但可能不是最重要的因素。

策略9：反复审读PPT，练习改进

对于准备好的PPT还需要反复审读。如果是很重要的口头报告，应请有经验的人试听，或者录音录像，看看还有什么需要改进的地方。

策略10：恰当致谢

致谢是对有贡献的人的承认，人们喜欢自己的贡献被承认。恰当的致谢非常重要。通常可在报告的开始对做出贡献的人或组织给予适当的致谢，避免最后时间不够，无法致谢。

（二）墙报

墙报（Poster）是传播科学的重要渠道，也是科学事业成功的重要因素。墙报在提供同样高质量的科学知识的同时，也提供了不同于口头陈述或论文发表的媒介。使用墙报的目的是让同行参与到研究工作的对话中，或者，即使作者不在场，它也是研究总结的展示，激励读者对研究的兴趣。许多终身合作都是在墙报前开始的。

在学术会议上，用墙报展示研究成果是一种很重要的学术交流方式，尤其在一些规模较大、学术水平和学术影响力高的学术会议上使用极其广泛。在参会人员众多、会议时间有限、口头报告人数只能涉及少数人员的情况下，墙报形式可以让更多的参会人员有机会在同行之间展示自己的研究成果，是现代大型学术会议的通用途径。美国物理学会、中国化学会等主办国际或国内会议时都会安排墙报的展示。

设计和制作墙报对青年学者而言非常重要，本节内容是笔者对通过国际、国内重要的学术学会（美国物理学会、美国化学会、中国化学会）举办的国际、国内会议及相关学术网站（scientifica）收集到的墙报的制作方式、制作技巧等相关信息整合而成。

1. 什么是墙报

对墙报的概念，不同的学科有不同的解读。有的学科强调以文字表达为主，辅助图表。有的学科强调以图表为主，辅以文字说明。如中国化学会认为："墙报是用直观的图像和图表展示主要的研究结果，配以简洁明了的说明，吸引参会者的注意，让感兴趣的参会者在几分钟时间内就可以了解作者的研究发现和结论，并且可以在墙报面前面对面地直接交流。相对于口头报告，墙报尽管信息量受到限制，但展示时间长，交流更加充分。"[①]通过墙报展示的方式更容易建立学术联系，扩大学术影响。若青年学者能认真做好墙报，充分利用墙报展示的机会，墙报展示可以成为他们学术生涯的助推器。

2. 墙报的特点

从广义上讲，墙报也是学术写作的一种。墙报除具有学术写作的简洁性、可读性之外，还具有自明性、直接性、美观性和吸引性等特点。

墙报的简洁性源于墙报规格的限制，一般会议会要求墙报的规定尺寸，如中国化学会第31届学术年会规定的墙报尺寸是90厘米（宽）×120厘米（高）。[②]在有限的篇幅内，要将研究成果尽可能地展示出来，将重要信息凸显出来，简洁就非常重要。

墙报的可读性是指让交流信息对观看者而言易于理解，因此，墙报在专业术语的使用上应考虑观看对象。

墙报的自明性是指有限信息也需要由研究问题、研究方法、研究结论、图表等部分组成，逻辑清晰。

墙报的直接性是指，墙报作者能与参会者面对面交流。尤其是在墙报展示期间，墙报作者有机会向参会者介绍自己的研究状况和研究成果。这种直接性给墙报作者提供了非常好的展示自己才能的机会。

墙报的美观性和吸引性是指在设计墙报时要考虑如何能引起观看者对墙

---

① http://www.chemsoc.org.cn/meeting/31st/poster.html[2020-3-5].
② http://www.chemsoc.org.cn/meeting/home/annual.html[2020-3-5].

报的兴趣。一般要求墙报的字体大小应保证在1.5米处能看清楚，图表清晰，从色彩到图表、文字的布局都能吸引路过的参观者，并能给他们留下深刻的印象。

3. 墙报的格式

如何做出一个好的墙报，是青年科研人员，尤其是刚刚跨入研究领域的研究生最希望获得的建议。有学者[①]、学术网站和学会（美国物理学会、美国化学会[②]、中国化学会）网站提供了制作墙报的方法和技巧，以下是我们对这些信息的整理和综合。

学术墙报不是一篇学术论文的放大版本。墙报的目的是总结研究项目，写作格式上遵循报告研究结果的标准格式。

不同的学术团体和组织对于墙报的规格要求差别很大，作为参会者应详细了解会议对墙报的具体要求。通常，每次会议的组委会都会提供墙报模板。

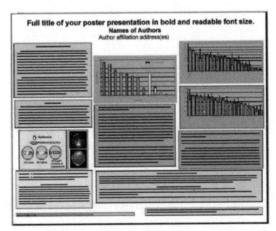

图15.1 美国物理学会提供的墙报模板

---

① Angela Hoffman, "How to Design a Scientific Poster," *Chemistry*, February/March 2012, p.16, http://www.acs.org/undergrad[2020-3-5].

② "ACS Policies for Poster Sessions," https://www.acs.org/content/acs/en/meetings/national-meeting/agenda/student-program/poster-sessions.html[2020-3-5].

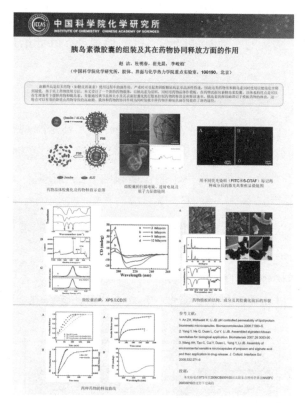

图15.2　中国化学会第30届学术年会推荐墙报模板[①]

要根据会议的语言要求，决定墙报的语言。国际会议通常要求使用英语，国内会议使用中文。需要注意的是，与学术论文一样，墙报应使用完整、简洁的语句。

墙报的内容实际上是在讲述研究故事。为了让观看者驻足，墙报讲的必须是显而易见的内容。因此，一些深奥的专业术语要谨慎使用。不要试图在有限的版面里介绍整个研究的历史，只提供足够的数据来支持研究结论，并展示研究的原创性。最好的墙报在开始时就展示主要结论的简洁陈述，然后是支持性的文字和最后的简要总结。

为了让墙报的内容简洁清晰，可以适当使用照片、图、表、公式、反应式。所有图表和照片都需要有标题，并在文字叙述中提及。为了吸引观众，

① http://www1.chemsoc.org.cn/meeting/30th/poster.asp[2020-3-5].

在墙报中可使用彩色图片和表格、透明图片的叠加、实验样品的照片等。避免使用过于拥挤的图和数据过多的表，图例和标题应与相应的图、表对应，便于辨认。

可以使用分级标题，如标题、作者、导言、方法、结果和讨论/结论，使版面更加清晰。方法部分的信息要注意细节，提供详细信息。不要因为墙报版面紧张而忽略致谢，这部分也非常重要。每个部分的材料要简洁，但对观众要有视觉冲击。

墙报排版和印刷效果非常重要。如美国化学会要求：使用清爽、干净的设计；每个水平墙报板的尺寸为4英尺（约1.2米）高，6英尺（约1.8米）宽（包括框架）；所有字体应在5英尺（约1.5米）外清晰可见；标题字体应为2至3英寸（约5至7.5厘米）宽；副标题字体应为1/2至1英寸（约1.25至2.5厘米）高；文字字体应大约为24点（0.625厘米宽）；使简单插图和粗体图题，图题至少为3/8英寸（约0.95厘米）高；放大照片、图表以清楚地显示相关细节。

照片的大小应不小于13厘米×18厘米。使用纯色（最好是白色）背景，有图案的背景可能会使版面显得混乱。图片的简洁、易读比艺术展示更重要。在大型墙报会议中灯光可能会很暗，因此，要确保墙报的对比度和颜色组合易于阅读。

在打印墙报之前应仔细校对，并征求老师、同学，特别是导师的意见。他们可以更加客观地感受墙报是否清晰和具有吸引力。墙报文件一定要备份。

将墙报带到学术会议上时，可以印刷一些与墙报内容相关的资料，并在会议上散发，但是不要有任何广告的成分。学术会议禁止在墙报中包含商业活动和广告信息，一旦出现，主办方会将这类墙报移出展厅。

4. 墙报展示注意事项

会议期间，需要在规定的时间到会议主办方提供的墙报场地张贴墙报，会务人员会提供必要的工具（胶带、图钉等）。墙报制作人应做好交流的准备，可以提前准备一些名片。[①]

---

① http://www.chemsoc.org.cn/meeting/31st/poster.html [2020-3-5].

在墙报时段结束时，需要取下自己的墙报，注意维护场地和设施的安全和整洁。

5.墙报准备和展示策略

在学术会议上展示的墙报，必须简洁。一张清晰、设计精良的墙报不仅会引起人们的注意，而且更容易阅读，使想法得到有效沟通。墙报不应该解释研究的每一个细节，而应清晰地传达主要观点，从而引发关于研究的交流和讨论。在制作和展示墙报时，可遵循以下策略[1]。

策略1：目标明确

根据学术会议的性质及参会目的设计墙报。墙报想吸引什么样的人关注？就哪些内容进行讨论？想合作吗？哪些资源可以共享？可以针对这些问题设计墙报。

策略2：墙报属于学术写作

墙报也是学术写作的一种，也应具有清晰性、简洁性、逻辑性的特点。要根据参会者的不同背景确定墙报的内容和深度。学术论文的IMRAD结构同样适用于墙报。

策略3：好的墙报具有的独特功能

墙报呈现的内容远远少于一篇学术论文呈现的内容。墙报是经过精心提炼的，但信息不流失，保证学术逻辑性。与阅读一篇学术论文相比，墙报的展示是让观众从远处看，但可以利用现场优势，分发相关论文、补充信息和其他讲义作为辅助媒介，使交流更加充分、深入。

---

[1] Thomas C. Erren and Philip E. Bourne, "Ten Simple Rules for a Good Poster Presentation," *PLoS Computational Biology*, https://www.ncbi.nlm.nih.gov/pmc/articles/PMC1876493/ [2022-3-5]; "How to Present an Awesome Poster," https://www.sigmapisigma.org/sigmapisigma/congress/2019/how-present-awesome-poster[2020-3-5]; "Tips for Presenting Your Scientific Poster at a Conference," https://www.scientifica.uk.com/neurowire/tips-for-presenting-your-scientific-poster-at-a-conference[2020-3-5]; "Less is More: Advice for Keeping Your Poster Concise," https://www.scientifica.uk.com/neurowire/less-is-more-advice-for-keeping-your-poster-concise[2020-3-5]; "How to Make Your Scientific Posters Stand Out," https://www.scientifica.uk.com/neurowire/how-to-make-your-scientific-posters-stand-out[2020-3-5].

通常只有墙报的标题或摘要被视为已经出版过，并被广泛传播。相较于传统文献而言，根据不同目的，墙报内容还有更多的解释空间可以继续挖掘。这就是墙报的独特功能。

策略4：没有好的研究结果的墙报没有任何意义

大型会议为了解决只有少数人有机会做口头报告的问题，会接受与会者的墙报，让每一位与会者都有机会呈现自己的研究。但是，要让同行认可，必须在有好的研究结果的基础上，通过学术会议的墙报更好地展示出来。因此，如果墙报仅仅被会议接受而未被同行认可，其作用就没有达到。

策略5：吸引观众是墙报的第一要务

在重要的大型会议上，常常有数百张墙报展示，需要想办法让自己的墙报引起与会者的关注。墙报的标题应该在3米外清晰可见，正文文字和图片应该在1.5米外清晰可见。

策略6：墙报设计坚持简洁原则

墙报的每一部分都需要压缩和精简。墙报上的一切都应该有助于传达信息。文本必须符合科学报道的基本准则：清晰、准确和简洁。因为固有的空间局限性，简洁对墙报而言尤为重要。

相较于学术论文，在制作墙报时应适当去掉一部分内容，不要把包括在一篇论文中的所有章节都放在墙报上。方法、目标和讨论等或省略掉，或包括在其他部分中，或仅仅把它们的内容以要点或图表表达出来。

策略7：墙报布局和格式至关重要

（1）有效利用空白

墙报的画面需要留有一定的空白，大约40%的面积可以留白。空白使墙报更容易阅读，吸引更多的人，帮助观众注意墙报上最重要的观点，引导读者按照预期的顺序阅读。

（2）确保墙报的视觉平衡

墙报上的文字和数字/图像需要保持平衡，以保持观众的参与度。避免制作一边文本、另一边图像的墙报。将布局拆分为列，多列并排会使行变短，更易于阅读。拆分布局中添加垂直线有助于布局对齐。对于英文墙报，建议文本采用左对齐，因为虽然两端对齐可能使墙报看起来整齐，但词与词之间空间的不一致会造成一种不好的阅读体验。

将墙报结构安排成从左到右和从上到下的阅读顺序。墙报可以由一个一个简洁的框架组成，它们之间用合乎逻辑的方式连接，如用箭头、编号或其他任何有意义的引导方法，以引导观众的阅读。

把关键发现（结论和关键数字）放在首要位置，并通过深色背景和浅色字体来突出它们的重要性。

（3）干净明亮的配色更易于阅读

墙报的背景色大部分应该是浅色、中性色，文本通常应该是黑色的。对于墙报的重要部分可以使用更大胆的颜色，但不应使用纹理背景或图片背景。

策略8：标题一定要有吸引力

标题是墙报上最重要的文字。标题需要传达墙报的主要信息，可能是提出一个决定性的问题，定义研究的范围，或暗示一个新的发现。标题应该简短且内容丰富，易于理解，包含尽可能多的关键词，并鼓励观众进一步研究。

策略9：简化文本

（1）简短的摘要和结论

用大一点的字体写一个简短的、有重点的关于主要发现的摘要，可以帮助读者更好地理解研究。一个经过精心提炼的清晰明了的结论，是观众最关注的部分。有了结论的吸引，观众会关注研究结果和研究方法。

（2）直奔主题

使用尽可能短的文字，可以不用完整的句子，而用要点来表达。阅读要点比阅读大块文本更有吸引力，也更易理解。

（3）尽量少引用

引用研究中使用的主要参考文献，切忌过度引用。

策略10：图表要精致

图表是墙报的重要组成部分。精心制作的图表能替代大量文字，清晰地描绘复杂内容。

（1）确保图表传达清晰的信息

在选取图表时，要确保它们具有代表性。图表要简洁，应尽可能清楚地显示数据之间的关系，有清晰的轴标签、标题和打印线。适当使用图表注释，有助于不同领域学者对图表的理解。

（2）大而清晰的图像和数字

确保墙报中的所有数字都是有用的信息，并且清晰易懂，读者能从中推断出主要结论。确保每一个图表都足够大、清楚，吸引远处观众的注意力。

（3）用插图解释较难理解的概念

在解释一些深奥的概念时，使用文本会导致冗长和过于复杂的描述，产生混淆和误解。用注释清楚的插图或漫画来解释往往更容易、更清楚。

策略11：墙报展示也需要演讲

当观众对墙报感兴趣时，常常希望了解更多研究细节，此时可以辅以讲解，讲解时间为10分钟或更短。

开始（引言）部分是研究背景：关于该研究主题，必须知道哪些必要的背景信息？研究问题是如何提出的？希望研究什么？为什么？研究对象是什么？它们的"特点"是什么？

中间部分是研究方法：如何从研究问题中得出结论？为什么选择这种研究方法？在研究中发现了什么？

最后是结论：研究的最终结果是什么？研究结果对研究对象意味着什么？结果是研究的终点吗？还有没有更多的可能研究方法呢？它们可能是什么？

如果不确定听众对该主题领域有多熟悉，可以询问观众对墙报内容是否清楚了解，或者是否还需要提供更详细的讲解。

策略12：辅助材料会使墙报如虎添翼

除了墙报的展示和墙报内容的讲解外，还可以准备一些辅助性的材料，这些材料是支持墙报内容的关键信息。同时，考虑到知识产权等相关问题，这些材料的分发存在一定风险。权衡利弊的因素包括：墙报的目的是什么？希望通过演讲达到什么目的？它是否会提高听众对研究的参与度？

辅助材料应包括以下几项内容：项目名称、作者姓名和隶属单位、电子邮箱地址（以及电话号码）、墙报中的关键信息［包括相关论文的链接（如果已经发布）］、任何墙报上未包含的可能有帮助的支持材料。

策略13：反复练习

制作墙报草稿，让不同的人检查，找出错误。与朋友或同学一起练习，让他们提问，并练习回答。也可以向所在单位的同行询问他们做墙报和展示墙报的经验，或考虑向导师和年长的学生寻求帮助。

反复练习是成功的主要因素，练习的目的是确保：准确地了解墙报上的所有数字所显示的内容，以便能够充分地理解并解释它们的全部含义；记下演讲的简要大纲；熟悉研究报告的所有要点，而不用参考书面笔记；准备好自信地回答可能出现的问题，并知道如何处理可能无法完全回答的难题。

策略14：处理反馈意见

做好讨论准备，积极面对批评。对于看似不相关的问题或评论，可以请评论者解释其评论的相关性。看似负面的评论或问题实际上可能不是批评，而是想要了解该研究的某些方面，以便充分理解墙报。

要感谢听众的倾听，感谢他们的反馈。

策略15：延长墙报的影响

墙报的影响力是通过与观众的互动实现的。

在整个墙报环节站在墙报前，让潜在的观众更容易靠近。邀请走过来看墙报的阅读更多的内容，问他们有什么需要交流和提问的地方。在讲解墙报时，指向墙报的相关部分，尽量不要把手放在口袋里或背后。

充分利用随身携带的讲义或数据和结论的副本，与感兴趣的观众分享。一些作者还提供了登记表，记录与会者的姓名和地址，希望获得更多信息，保持交流。

好的墙报展示可以提高作者所在研究团队或组织的声誉。

（三）学术会议论文

学术会议论文（Conference Report）是参会者向学术会议主办方提交的用

于在学术会议上进行学术交流的信息材料,是学术写作类型之一,在体例和内容上应符合学术写作的规范要求,并遵循相关的学术道德和制度规范。在学术研究领域,学术会议论文被视为一种重要的引证信息源。

不同学科的具体规范要求差异比较大,我们按照学术会议论文的形式要求划分为两类:会议摘要和会议论文。会议摘要相对比较短小,有严格的字数、图表数量要求,类似于期刊上发表的学术论文的摘要;会议论文等同于期刊上正式发表的学术论文。

1. 会议摘要

会议摘要是在学术会议上提交的篇幅较为简短的论文,用于在会议上宣读或交流,随后一般会被收入会议文集,以印刷版本或电子版本方式出版。物理、化学等学科领域对学术会议论文的要求相当于一篇较为翔实的摘要,会议通知中也会明确要求提交的是会议摘要,会议摘要内容没有严格要求原创性。

大多数会议摘要是评论性文章,或观点属于尝试性论点。会议摘要的发表没有经过像学术期刊出版流程中那样较为严格的同行评审和筛选程序。传统的印刷版本会议文集是局限于特定领域、寿命较短的出版物,没有广泛传播。会议摘要不等同于在学术期刊上发表的原创性论文,不影响学术论文在学术期刊上的正式发表。随着网络技术的发展,基于信息资源共享的理念,重要的大型学术会议上的交流信息,包括会议摘要在内的电子版本的会议档案,一般在学术会议主办方的官网上长期保存,并对外免费开放。会议摘要通常比期刊论文发表更及时,利用最新的会议文集可以很好地获得该领域最新的研究成果信息。

美国化学会鼓励大学生参加学术会议,并针对大学生如何撰写会议摘要进行专业培训。学术会议摘要包括三大部分:标题、作者和单位、摘要主体,图15.3是美国化学会提供的摘要模板。每部分的撰写要求[①]如下:

[①] Elzbieta Cook, "Writing an Abstract for the Undergraduate Research Poster Session," https://www.acs.org/content/acs/en/meetings/national-meeting/agenda/student-program/undergraduate-abstract.html[2020-3-9].

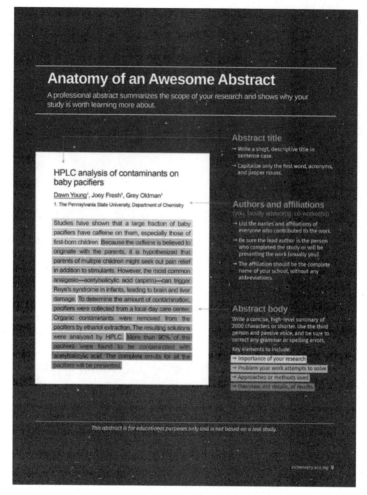

图15.3　美国化学会提供的学术会议摘要结构图[①]

标题是信息性的,既不太长也不太短,不要过度推销或包含耸人听闻的内容。标题使用描述性语言,且短小精干,不要以"The""A"或"An"开头。不要在标题的末尾加句号。

---

① "Anatomy of an Awesome Infographic. General Rules and Accepted Practices," https://www.acs.org/content/inchemitry/en/acs-and-you/anatomy-awesome-abstract-infographic.html[2020-3-9].

摘要的主体部分简要地阐述研究问题，简洁地描述研究过程、概述研究结果和一般结论，而不要涉及太多细节或使用大量数字。

作者如果是学生，要确保摘要内容得到研究导师的批准，导师有权决定在学术会议上公布哪些研究结果。摘要的单词数限制为2500个（英文），包括标题、正文、作者及其隶属单位。

作者名单必须包括提交作者。摘要和墙报作者列表中需包含研究导师的姓名。在大多数情况下，研究经费、研究思想、研究指导均来自研究导师。摘要的审稿人将检查作者名单是否包括研究导师的名字（主要针对本科生）。没有此信息的提交将不被接受，除非做出必要的更正。

标明隶属单位。隶属单位是指作者所在的研究院所及大学。确保学院、大学、研究所等的名称和地址准确。隶属单位的顺序应遵循作者的顺序排列。

表15.1　学术会议摘要和墙报的内容比较

内容	摘要	墙报
项目实施原因	必要时说明	在引言中适当提及
研究问题选定	无须论述	论述的好地方
过程、方法、结果及结论	一般性陈述，不必详细说明	清晰、明了、简洁地陈述
文献引证	无须引证	引言部分引用，尽量少引
资金来源	无须提及（除非特别要求）	致谢部分提及
图形、方案和表格	克制使用	克制使用

2. 学术会议论文

为了与会议摘要相区分，本书将要求与期刊论文形式一致的会议论文界定为学术会议论文。学术会议论文必须是原创性的，因此，参加学术会议提交的学术会议论文，一定要根据会议要求撰写和提交，并严格按照相关伦理规范执行。学术会议论文属于正式出版的文献。

如2020年计算与数据科学国际会议（The 2020 International Conference on Computing and Data Science, CONF-CDS 2020）发布的有关学术会议论文的伦理的通告：

提交会议的文章应报告原创的、以前未发表的实验或理论研究结果，不得考虑在其他地方发表。我们坚信，道德操守是任何一个学者最基本的美德。任何剽窃行为都是不可接受的学术不端行为，不能容忍。如果发现作者有抄袭行为，我们将采取以下惩罚措施：

（1）拒绝提交的文章或将文章从最终出版物中删除。

（2）向其主管和附属机构报告提交人的违规行为。

（3）向相应的学术道德和研究资助机构监督办公室报告作者的违规行为。

如有任何关于提交的问题，请随时通过confcds@gmail.com与我们联系。[1]

学术会议主办方还会发布会议论文撰写指南。国际上一些著名的学会、协会每年都举办年会，其会议录定期被科技会议录索引（ISTP）收录，工程索引（EI）和科学引文索引（SCI）中也有其他重要的学会、协会会议录。

在各种学术会议上，会议主办方都会发布相关的学术会议论文提交指南，这些指南对学术会议论文的格式提出了不同要求。如第29届信息和知识管理国际大会（The 29th ACM International Conference on Information and Knowledge Management）的学术论文提交和评审指南中要求：

作者应提交原创的、未发表的完整研究论文和短的研究论文，这些论文以前没有发表过，也没有被接受发表，或者没有考虑在任何其他会议上发表。完整研究论文应满足国际顶级研究会议的标准要求，篇幅不得超过10页（包括参考文献）；短的研究论文应描述有趣的正在进行的工作、新发现、见解或重要项目的摘要，并且是适合于墙报展示的材料，篇幅不得超过4页（包括参考文献）。论文的评审实施盲审，因此要求论文中不得出现作者的信息。

鼓励从事应用研究或系统应用研究的参会者提交技术报告。

---

[1] "The 2020 International Conference on Computing and Data Science (CONF-CDS 2020)," https://www.confcds.org/submission.html[2020-3-1].

会议实行双重提交政策：不允许提交与以前已发表或接受发表的版本相同（或实质上相似）或与其他会议同时提交的论文。如下情况例外：允许提交在没有会议记录或只发表摘要的会议或研讨会上提交或将要提交的论文；允许提交以前作为技术报告提供的文件（或类似论文，如提交到arXiv数据库的论文），在这种情况下，作者在其提交的论文中不应引用上述论文，以保持匿名性。[①]

总之，不同的学科领域的学术会议，对提交的学术会议论文的要求存在较大差异。务必以自己领域或将要参加的会议的要求为准。

四、小结

在学术交流中要注意知识产权的保护，尤其是能直接转换的技术发明。专利申请为技术发明提供了保护。在学术论文发表和专利申请之间，应坚持专利申请优先原则。

学术会议是学术交流的重要途径，与会者通过参会与更多的同行进行面对面交流，口头报告和墙报更是为学者提供了传播研究成果的平台。参会者应秉承学术会议主办方制定的道德和制度规范，坚持诚实、相互尊重的基本原则。不论是口头报告、墙报还是学术会议论文（包括会议摘要和会议论文），都应按照学科领域的规范和学术会议的要求认真准备和严格执行。青年学者应将参加学术会议作为增长技能的机会，虚心向师长和同行学习，为自己的学术生涯营造良好开端。

---

① https://cikm2020.org/call-for-papers-full-and-short-research-papers/[2020-3-1].